U0828248

曾宪一

语文学堂

构建“以学为本”的认知启动式语文学堂

曾宪一 著

上海科学技术文献出版社
Shanghai Scientific and Technological Literature Press

图书在版编目（CIP）数据

曾宪一语文学堂 / 曾宪一著．—上海：上海科学技术文献出版社，2014.4

ISBN 978-7-5439-6195-1

Ⅰ．①曾… Ⅱ．①曾… Ⅲ．①中学语文课—教学研究 Ⅳ．①G633.302

中国版本图书馆CIP数据核字（2014）第033605号

责任编辑：石　婧　陈云珍

装帧设计：唐　龙

曾宪一语文学堂

曾宪一　著

出版发行：上海科学技术文献出版社

地　　址：上海市长乐路746号

邮政编码：200040

经　　销：全国新华书店

印　　刷：上海中华商务联合印刷有限公司

开　　本：787×1092　1/16

印　　张：14

字　　数：243 000

版　　次：2014年4月第1版　2014年4月第1次印刷

书　　号：ISBN 978-7-5439-6195-1

定　　价：48.00元

http://www.sstlp.com

钟情教育，开展研究，探求语文教育规律，努力为提高语文教育质量作出卓越贡献！

于漪

二〇一二年二月

全国教书育人楷模　于漪　题词

内容提要

语文课堂应当由“以教为主”的讲堂向“以学为本”的学堂转型。应从教学原则、教学内容与教学策略三个方面构建“以学为本”的认知启动式语文学堂：

一、遵循预学再教、能学缓教、观学思教、自学少教、以学评教的教学原则；

二、编排既符合学生认知规律，同时又获得学生喜爱的教学内容；

三、指导学生采用记忆启动式“版块法”学基础知识、动机启动式“加注法”学文言文、情绪启动式“小先生课”学古诗词、推理启动式“问题化”学现代文、思维启动式“自能式”学写作的教学策略。

“以学为本”的认知启动式语文学堂达成的教学境界是：每一节课的教学都可以如此教；每一个具有基本素养的老师都可以如此教；每一所普通学校的学生都可以如此自主地学习。

目　录

引　言

教学是经由师生之间的良性互动，通过教师正确恰当地组织与引领，促使学生自我觉悟与自我构建的自主学习过程。为此，课堂转型应当由“以教为主”的讲堂向“以学为本”的学堂转型。如此确立的学堂以“以学为本”作为出发点与归宿，以学生为学习的主体，通过创设学生自学的教学环境，引导学生成为学习的主人，主动将其学习成果应用于问题解决的实践活动中去。在“以学为本”的学堂中，自学不仅仅指学生能看懂书本知识，还要求教师加强对学生非智力因素的培养，因为这既是学生自主学习的策动点也是根本点。那么，教师该如何依托学堂帮助学生培养素质教育的核心能力——学生的自主学习能力呢？又该如何在培养自主学习能力的同时，兼顾学生学习潜能的开发、学科素养的提升以及个性化的发展？在较为长期的语文教学实践中，我通过从“以学为本”的教学原则、教学内容以及教学策略等三个方面的教学变革，力图系统构建“以学为本”的认知启动式语文学堂。

做教师主动发展的领跑者①

曾宪一：尚学　崇思

［教学风格简释］　尚学　崇思

变讲堂为学堂，完成从传授知识向自主学习能力培养的转型。构建“以学生为中心”的语文学堂，指导学生采用“版块法”学基础知识、“加注法”学文言文、“小先生课”学古诗词、“问题化”学现代文、“自能式”学写作的教学策略，从元认知入手，以学生为主体——基于“主体”、立足主体、依靠主体、为了主体；还要基于“实践”——充分实践、主动实践、有效实践。改善学习方式的路径是由学生提出问题——分析问题——解决问题。是问题驱动了学堂，是解决问题的对话演绎了学习过程，是培养思维力提高了学习效率。

［格言］　“习惯出能力”，让学生做主动有为的人；“学法出成绩”，让学生做学会学习的人；“思考出问题”，让学生成为越来越智慧的人。

［同行印象］　一堂课的好坏，关键不在于教师的教，而在于学生如何学，又学得如何。教师应该是学生学习的辅导者和引领者，绝不能居高临下、越俎代庖。聪明的教者，应该从学生的实际出发，让学生不仅听讲，而且动脑、动口，有智慧地学，深入思辨，提出问题，进而达到新的层次，新的境界，这就要求教师有较为深厚的功底和涵养，又有驾驭教学的艺术。曾老师在二十多年的教学中不断积累、提高，成功地做到了这一点。（徐汇区教师进修学院原副院长、特级教师　赵白超）

［学生感受］　曾老师特别注重让我们提问题，有时是逼问，甚至让每个学生轮流当小老师，引领我们做学习语文的学问，提升了思维品质。我终于明白了：会提问题——会思考是学习的关键哦。（徐汇中学高三(4)班　唐荟元）

［专家点评］　曾宪一是在探索一条“高效能语文学习”之路，非常有价值；把课堂教学转型提到一个新的境界，很不容易：其一，把课堂教学看做教与学是浑

---

① 刊于2013年11月27日《文汇报》第4版“教育专刊”.

然一体的，是教师和学生生命成长的过程，是智慧生成的过程；其二，课堂不是讲堂而是学堂，学堂就要让学生的兴趣爱好得到激发，积极性得到调动；其三，继承和发扬了我国历史上学习语文的一些好传统，如归总式的积累背诵、点句读加注学文言文、鼓励“小先生”兵教兵等。（上海市教委教研室原主任　王厥轩）

曾宪一：尚活　求实[①]

［教学风格简释］　尚活　求实

从活练字、活读书、活积累、活创意、活问题到活思维（变式思维）、活思辨、要活化、活迁移的做法，源于以学为本、改善学习方式的“活”思想，力争做到活学语文。尚活是路径，求实是根本，尚活是为了求实：从实效意识、目标实、实发展学生的语言、实整合教法学法、实作文、实实在在教好学习困难的学生、实实在在培养自学能力到实建设校本课程、实进行校本教研，提倡“大三实”——从实际出发、实事求是、讲究实效，追求“小三实”——扎实、朴实、真实。践行“活活泼泼教语文，本本分分为学生，扎扎实实求发展”的语文教育理念。

［格言］　孩子要开花，我们就奉献给养；孩子要成长，我们就奉献智慧。

我们的教学就是要研究怎样有利于学生的学，怎样为了学生的“再学而学”奠好基。

［同行印象］　尚活求实，感悟思辨，语文教学是活的。曾老师上课活力充溢，善于把握学生脉搏，打开心扉，让学生的思维动起来。教师逐次导引，学生深入领会，获取实实在在的知识和能力，进而思辨、质疑、创新。教师不刻板，学生不被动。有知识、有能力、有活力、有文采，语文教学便有了新局面。（徐汇区教师进修学院原副院长、特级教师　赵白超）

［学生感受］　每次见到曾老师步入教室，同学们总会兴奋不已——因为喜欢他，而喜欢语文。他“引导——点拨——开窍”让我们的思维活了，尤其注重学法指导和以文育人，传递了学习语文的爱心和自信心。他用有光彩的生命，一下子照亮一种职业，照亮其他人的命运。（徐汇中学高二(3)班　孙康婕）

［专家点评］　曾宪一勤于学习，热心研究，成果颇丰，尤其是3次参加上海市中考命题且颇有心得，在语文教学方面有一定的影响力，不愧是2010年第7～8期《语文教学通讯》的封面人物，2010年第8期《语文世界》的语文人物。（浦东新区教育局副局长、浦东教育发展研究院院长、特级校长、特级教师　程红兵）

---

①　刊于2012年11月21日《文汇报》第4版“教育专刊”.

自序
尚学·崇思·砺行①

工作业绩的取得，源于对教育的热爱和忠诚，
真是越热爱，越忠诚——越忠诚，越热爱！

——题记

为人——老实是我的处事方式

老老实实做人，是我的做人准则。

一是做善良正派的老实人。我经常和基层老师讲，“欺负一般老师的教研员(校长)肯定不是什么好东西”。凡是在专业上需要我帮助的同仁，我都热情周到，帮人帮到底。我认为，帮助基层教师成长就是实实在在地做老实事。为此，我的课堂、我的文章、我的命题、我的发言、我的教研活动、我的学科基地等都追求“大三实”——从实际出发、实事求是、讲究实效和“小三实”——扎实、朴实、真实。

二是做个能干事、会干事、干成事的人。我做高中语文教师时，学生整体成绩遥遥领先，我做教研员时，所带的毕业年级区均分全市领先。这些成绩的取得，归根于我的教学和教研与众不同，独树一帜。早在1995年我就整合教材，该重点教的内容甚至延长课时以求教到位，可以不教的内容干脆删掉，该补充的内容每学期都要补充十多篇。我分管了五年的初高中的全区教研任务，为了走在

① 刊于《语文教学通讯》2010年第7～8期，后被中国人民大学书报资料中心G351《初中语文教与学》2010年第11期全文转载.

全市课改的前列，我领着教师做了所有课文的“教法学法一体化”教学资源库，采用“同课异构、主题式教研、分层教研”等创新模式，组织了上百节公开课、示范课，还主编出版了《作文粮仓》《做人即作文——中考作文一本通》，试着解决初中作文教学中的“放羊”问题。我花了大量精力重点解决了“深度解读教材，适度教给学生”和“教学目标的准确定位”两个困扰二期课改语文教学的难题，把有效备课的操作流程归结为：

一备基础知识的语音、词语成语（注意错别字）、近义词辨析、标点符号用法、句式、文学文化常识等；

二备整体感知的核心问题及设计问题链（从标题开始逐段提出问题、梳理核心问题）；

三备口语交际训练设计；

四备写作借鉴；

五备精段题目设计；

六备教学高潮设计；

七备板书设计；

八备课内外选择性跟进作业；

九备对教材的质疑。

在教学目标的操作上，不主张三维分开叙写，主张突出语文元素教学目标的落实。

三是做诚实守信的老实人。我有一说一，答应别人的事，一定办好，能力所不及的，及时对人家解释清楚。我以自己的人格获得了教师的信赖，以自己良好的学术涵养得到了普遍认可，在全市语文教研员队伍中、在全区中学领导干部群体中、中学语文老师中都有良好口碑。凡是我给基层干部、教师、学生做的报告，因实在、可操作，请一次的以后都会多次再请。近几年来，我曾到18个省市为校长、中层干部、班主任、语文教师等做培训、做讲座、上公开课累计200多次，被华东师范大学特聘为兼职研究员。我每个成功的专题报告的背后都是无数个挑灯夜战的辛勤，每个满意的课堂设计后面都是反复揣摩的心血。但我更愿意认为，这些辛勤和苦心揣摩的过程正是我充电和磨炼的过程。自我加压，负重拼搏，是我必须有的精神品质。

为学——读书是我的生命方式

读有字书：我自费订阅了36种报刊，每年买书款大于3000元。读无字书：我自费参加全国语文界的大型学术活动，虔诚地向名师学习，尽可能不放过任何一次和大方之家交流的机会：一个会议、一节课、一本书、一席谈话、一次发言都是帮助我专业成长的契机。我有幸成为于漪老师的上海市中学语文学科德育基地学员，三次被确定为徐汇区教育系统高研班学员。我深知：获得学问必须具有顽强的执著精神，借鉴谁的思想，都要加上自己的独立思考。

早在1995年，我就为自己制订了"教研'十一个一'工程"(也是学习工程)：

一天必读一本有关教育教学方面的刊物，必写出至少100字的札记、摘抄、心得；

一天必拟出或发现一个好"文题"；

一周至少写出一篇或累计字数为2000字的文章；

一周批阅出一篇达到发表水平的学生习作，写出评语；

一个月读一部教育教学理论书；

一个月至少在省级报刊上发表一篇文章；

一周必自练一套中高考模拟题；

一学期至少命出一套达到发表水平的现代文或文言文阅读题；

一学期至少发表一篇德育(班主任)工作的文章；

一学年(或一循环)必研究一个专题或课题。

值得欣慰的是，我坚持做了。迄今，我已在省级以上报刊发表了500多篇论文，指导学生在省级以上报刊发表了500多篇习作。其中，有20篇被中国人民大学书报资料中心《中学语文教学》《中学语文教与学》《中小学教育》《中小学学校管理》等刊物全文转载。我曾被于漪老师吸收为上海市教师学研究会理事，被钱梦龙老师吸收为中国语文教学艺术研究会理事，当年曾是苏州市最年轻的学术带头人。

教研员必须有自己的思想麦田，成为一个敏锐的深情的思想者。我重积累以求厚重，重实证以求建构，重反思以求深刻。我提出了语文学科的本质属性是语言交际性(因为工具性和人文性是所有文科的共有属性)；创新设置了"小先生课"、"读书报告课"、"专题讲座课"、"答学生问课"、"作文演讲课"、"学法交流课"

等中学语文课堂教学素质教育新模式；在阅读教学过程中，突出思维能力的培养，提出了“动—思—巧—快—活”的现代教学方略，总结出了提高阅读教学效率的整体思路；设计了独到的“议论文写作提纲量化训练卡”，探索了指导学生作文训练的有效操作程式和解决作文教学中现实性问题的可行性方略，进而探索了作文教学现代化的有效策略；创设了加注法教学文言文的操作模式；总结了评价语文课堂教学和评价语文复习课的着眼点；构建了语文教研组长培训的课程菜单等原创思想和有效操作流程。

我认识到学习是为自己打工，学习是硬道理：有条件不学习就是没道理，没有条件创造条件学习才会有道理。我以不懈的努力、探讨精神、交流能力、共生品质和反复思考做踏踏实实的学习型语文教育工作者。我力求多读书，读好书，认真学习，每天进步一点点。

读书之后就是自我教研。教学研究是教师的品牌，教研的品牌要靠自己去打造。作为教研员，我经常反问自己关于教研的十个问题：

一、怎样理解教研？

二、我为什么要进行教研？

三、我教研的兴奋点在哪儿？

四、为了眼前的教研，我在读什么书？

五、对于有效教研，我有方法吗？

六、我的教研对教育教学有指导作用吗？

七、教研我能坚持多久？

八、我是教研的快乐者吗？

九、我有自己的教研成果吗？

十、我有远期的学科教研方向吗？

人之可贵在于有自己的思想，教研源于思考。我勤思考、勤动笔，努力做到“有根据地思考，有条理地思考，反省性地思考，系统地思考”，并及时写下来。因为没有及时写出来，思考的内容就会流失。我相信：思考者经长期系统思考，才能思考出原创思想，才有望成为思想家。作为教研员，当我整天在忙着开会、忙着跑基层学校时，我会扪心自问：“我什么时间用于思考呢？”我的回答是：只争朝夕。因为一天不教研，自己知道；三天不教研，同事知道；一个月不教研，全体语文教师都知道。

为师——公正是我的引领方式

教师进修学院的教师就是基层教师的老师，在具体工作中，我给自己定了“教研员的八荣八耻”。

以构建核心骨干教研队伍为荣，以拉帮结伙、“近亲繁殖”为耻。教研员构建自己的人脉资源，要与高尚者为伍，向高水平看齐；与有思想、有道德、有专长、有发展潜能的优秀教师互相帮助、共同成长。

以为教师成长服务为荣，以压抑教师个性为耻。教研员的基本功能就是为教师的专业成长服务，为教师指明学科教学的方向，指导基层教师的日常学科教学，让教师在实践中不盲目，有正确的教学价值取向，进而做正确的事。教研员要有宽容之心，有思想的人大多为有个性的人，有个性是教师形成自己的教学特色的“基因”。作为教研员，要多加理解、多加扶持，与人为善，善待每一个需要帮助的基层教师。因此，基层教师都说我是“有本领没脾气”的好人。

以务实的学问为荣，以务虚的学术霸权为耻。教学研究能力是教研员的基本功之一。从教研角度讲，教师就是做学问的。做学问式的自培是成为骨干教师的有效途径之一。专业学问是教研员的立身之本。教研员自己不做学问的话，就不可能指导基层教师学会做学问。教研员的榜样力量是无穷的。

以经常深入一线课堂为荣，以不深入一线课堂为耻。在新教材面前没有老教师可言。因此我必须经常深入一线课堂参与备课、说课、上课，也只有这样，才有第一手资料，才能提炼经验来指导教学。我每学期至少到基层学校上公开课5节，每学期听课、备课、评课大于100节。每次“下水”上完课后，我都会进行“课堂六问”：

一、学生思考了吗？

二、感情投入了吗？

三、学生参与了吗？

四、教法为学法服好务了吗？

五、教出自己的思维成果了吗？

六、我的教学高效吗？

以有教研成果发表为荣，以没有教研成果发表为耻。教研员要有一定的理论素养，有搞专题研究写论文的能力。教研员一定要有教研成果发表，诸如搞课题写专业论文、案例研究及评价、教学创意设计、研修活动综述等。迄今，我一共主持和参加了市级以上立项课题16个，均有丰硕成果。能帮助教师修改论文，让基层教师信服。一位教育工作者让同行信服最难，如果教研员没有自己的学术专长，很难让同行信服。我每年至少在省级以上报刊发表20篇文章，近两年的《语文报》上海版还给我开设了“阅读三重门”、“阅读讲练”、“作文金手指”专栏。

以有专业引领的有效操作为荣，以空谈理论概念为耻。对于基层教师来说，教研员在某种程度上是专业权威。权威的引领有其带头作用。为此，本着“想教师之所想，急教师之所急”，为教师专业成长负责的精神，教研员一定要在实践操作层面上教给教师一些切实可行的操作方法。现今基层教师们不缺乏理念，但理念纷杂甚至造成了理念泛滥，引起了操作层面的混乱。如果一个教研员只能从概念到概念的话，很难获得基层教师的认可。教研员的角色理应是二期课改从理论到实践的桥梁。我带头编写教辅资料，撰写教学设计，在如何上复习课和试卷讲评课上给教师以操作性指导。徐汇区语文中考成绩在全市遥遥领先是对我工作的可喜回报。

以科学命题为荣，以粗糙命题为耻。我经常担任本区一两个年级的期中或期末监控考命题工作，2009年我参加了上海市中考命题工作。这些大型考试命题不仅是对教师教学成绩的检验，更是对教师下一阶段教学重心的导向，又是教育主管部门评价学校乃至教师教学效果的依据。本着精益求精的原则，我拿出了高质量的科学命题，让辛苦工作的基层教师们叫好。我几乎每周都有命题任务，真的成了“命题专业户”。

以公正公允评价教师为荣，以感情用事评价为耻。评课能力也是教研员的基本功之一。校长们会经常向教研员询问自己学校的某位语文教师的专业教学能力和水平，教研员在回答校长的问题时要慎重，要多谈优点、谈发展潜能，不能以偏概全，在专业上全盘否定教师，更不能让教研员的评价成为校长否定某位教师的口实。要慎重考量：专业上的否定对于一位教师来说意味着什么。此外，有时一两节课的教学未必能真实反映一位教师课堂教学的实际水平。

教研员会经常担任语文教师的评优课、基本功竞赛、论文评选等评委工作。此时，教研员应本着公平之心，注重真才实学，不戴有色眼镜、不以个人关系和感情亲疏来做主观的、不负责任的评价。不仅如此，还要自觉抵制评选中的不正之风。我是区中级职称评委，是骏马奖、育人奖评委，还是引进外地人才评委，在这些工作中我都做到了公正、公平，从不以权谋私。

为政——感恩是我的工作方式

胸藏万汇为励志，腹有感恩自奋蹄。我是充满着激情工作的，因为我感恩党给了我这样一个和谐的社会环境，感恩单位领导对我的肯定和鼓励，感恩同事对我的帮助和愉快合作，感恩服务对象对我长期的信任和支持。

教研员虽然不是行政领导，却是专业领域内的无冕之王，也行使着一定的行政权力。只有怀着感恩之心，才会勤勉地磨炼自己，做到教和研相长，践行教学工作的实践员、指导员、参谋员、宣传员职能，才能超越自我，才能拘小节以成德行，才能处理好各种复杂的问题。

我更感恩上级组织把我派到有160年校史的上海滩的第一家学堂、开启了我国近现代中西教育交汇先河的名校——上海市徐汇中学担任管理工作。在管理中，我怀着感恩之心，为师生成长服好务，为学校发展尽全力。

我铭记学校的一句宣传语：走进徐汇，体验快乐、尊重、博爱；置身徐汇，感悟感恩、责任、诚信；走出徐汇，透露正气、大气、志气！

说到底，做管理就是做人。我努力对人真诚，说话有谱；处事公正，做事实在。对教师真心呵护，诚心关怀，耐心扶助，细心体察，全心全意，做到思想熏陶灌注情，精神鼓励饱含情，专业发展倾全情，物质激励赋予情。力争做到为人处世讲正气，团结合作讲人气，对待工作有朝气，思维敏捷有才气，应对挑战有勇气，做人做事有大气。

我要深入解读学校文化：包括精神文化、愿景文化、制度文化、管理文化、课程文化、教研文化、班级文化等，试着解读百年名校的文化基因密码，传承其内在精神。

替别人开启一扇窗时，也使自己能看到更完整的天空。保持一颗平常心，看得开，看得透，拿得起，放得下；尽责任不谋官位、干事业不谋私利、重实绩不图虚名。这是我一辈子要修炼的精神境界。只有淡泊名利，才能无怨无悔，开开心心。

我要继续保持勤勉精神，勤于深入班级、课堂，和师生在学海中游泳，对同事等距离，对业务近距离，对学生零距离。

管理就是服务——管理就是让人做事并取得成果，管理的科学性在于让人成就地做事，管理的艺术性在于让人愉快地做事，管理的战略性在于让人用心做事。

“做管理就是担责任”，且“责任比天大”，怀着激情、韧性、责任来工作，我将一辈子即使吃亏也甘愿老老实实做人，踏踏实实做教育，扎扎实实做学问。

孩子要开花，我们就奉献给养！孩子要成长，我们就奉献智慧！

原理篇

“以学为本”认知启动式语文学堂的建构

建构主义学习观：构建“以学为本”的认知启动式理念

学生素质观：构建“以学为本”的自主学习能力结构

信息加工理论：指导语文学堂“以学为本”的知识分类体系

第一章

建构主义学习观：
构建“以学为本”的认知启动式理念

建构主义学习理论

建构主义学习理论是20世纪90年代在西方兴起的一股教学思潮，对当时世界上许多国家的教育改革产生了重要影响，被誉为“当代教学心理学中的一场革命”。我们的“以学为本”认知启动式语文学堂的理念正是在该理论的基础上建构起来的，因此在本章中我们将简要介绍建构主义的产生、发展及其基本观点。

一、建构主义学习理论的产生

（一）哲学基础

作为一种学习的哲学，建构主义至少可以追溯到18世纪文艺复兴时期的哲学家詹巴蒂斯塔·维柯。在1725年出版的《新科学》中，维柯认为人与生俱来就具有一种本能的、独特的“诗性的智慧”指引他们对周围环境做出反应。他曾指出，文化使人完全不同于其他动物，人们能够清晰地理解自己建构的一切。

康德的所谓“哥白尼式的哲学”也集中体现了主体能动性的思想，成为建构主义思想的来源之一，他本人也被大多数建构主义者奉为鼻祖之一。康德哲学思想的核心是围绕着人的主体性展开的，在他的理性批判哲学中，分别从认识领域、实践领域等不同角度建构个体主体性思想。他认为人在认识世界的同时认识了人类自身，人在建构与创造世界的同时建构与创造了自身。康德哲学强调了认识过程中人的主体作用，克服了唯理论和经验论各自的局限。但他把主体认识能力看成是先天的，使得他对人的认识能力就不可能做出正确解释，建构主义的理论思潮中的某些派别也存在这个缺陷。

马克思主义辩证法思想和实践的观点真正解决了这一问题。马克思主义认为，人的认识能力是在实践中发生、发展和提高的。因此人的学习过程就是在实践中逐渐建构的过程①。

无论是维柯的认识论，还是康德强调的主体性，抑或马克思对学习建构的观点，我们都可以从中看到建构主义的身影。这些正是建构主义得以产生和发展的哲学基础。

（二）心理学基础

学生是如何习得知识的，这一点是教育心理学家们一直感兴趣的课题。行为主义认为，学习是通过强化来建立起刺激与反应之间的联结的。而他们对于学生是否理解、内化了知识的过程则不感兴趣。在行为主义思潮占主流的时期，造成了教育界机械学习、填鸭式被动学习的盛行。随着认知心理学学派的兴起，开始反对行为主义的机械训练、完全忽视学生的主体性。他们认为，刺激与反应之间存在着主体的意识，强调学习者内部的认知结构。建构主义学习理论在认知心理学的基础上，认为学习是主动构建内部心理表征的过程。在将建构主义理论发展的过程中，杜威的经验自然主义作出了重要的贡献。

杜威把经验看作现实世界的基础，试图运用新的经验方法取代二元论的非经验方法。他强调，教育必须建立在经验的基础上，教育就是经验的生成和经验的改造，学生从经验中产生问题，而问题又可以激发他们运用探索的知识产生新概念。他指出，学习者的学习过程就是在现实的生活环境中建构知识的过程。正是现实生活环境这种独特的、积极的、复杂的不确定性激励着学习者不断进行探索，并引导着探索的行进。由此他提出了“从做中学”的教育原则，教育的本质应是在实际的生活情景中，通过学习者的主动活动，获得直接经验的过程。

正是在这些心理学理论的基础上，建构主义学习理论逐渐得到进一步发展。

二、建构主义学习理论的发展及其基本观点

现代建构主义是在行为主义心理学和认知心理学理论的基础上发展起来的。皮亚杰和维果斯基被认为是建构主义学习理论的直接先驱。经过长期的理论探索和实践经验，建构主义形成了许多理论分支，如激进虚构主义、社会建构主义、信息加工建构主义、社会文化认知观点等。在此主要介绍两种主要的建构

① 王沛，康廷虎.建构主义学习理论述评[J].教师教育研究，2004，16(5)：17～21.

主义理论:认知建构主义与社会建构主义。

(一) 建构主义学习理论的先驱

1. 皮亚杰的理论

建构主义学习理论的先导当属皮亚杰。皮亚杰的理论充满唯物辩证思想,坚持从内因和外因相互作用的观点来研究儿童的认知发展,被称为发生认识论。他认为,心理、智力思维既不是起源于先天的成熟,也不是起源于后天的经验,而是起源于主体的动作,这种动作既包括外部的动作也指内化了的思维动作①。动作的实质在于儿童对客体的适应,这是心理发展的真正原因。他认为儿童通过两种形式实现适应:同化与顺应。所谓同化指的是当儿童遇到新知识时,把这种新知识纳入到自己已有的认知结构之中。顺应则是指遇到新知识时,自己已有的认知结构缺乏这种结构或图式,那么儿童就应该对已有的认知结构进行调整,以使其与环境相适应。儿童通常通过以上两种形式来实现机体与环境之间的平衡。如果机体与环境失去平衡,就需要通过动作重建平衡。这种不断的"平衡——不平衡——平衡"的过程,就是适应的本质。儿童的认知结构就是通过同化和顺应达到与环境之间的平衡过程逐步建构起来的。皮亚杰关于建构的思想是当代建构主义思想的重要基础之一。

2. 维果斯基的理论

俄国杰出的心理学家维果斯基的研究,对于理解建构主义也是十分重要的。他提出的理论被称为"文化历史发展理论",强调学习者所处的社会文化历史背景的作用。他强调文化历史创造了用于帮助人们思维交流以及解决问题的符号,如语言以及计算系统等。

学习者的认知发展涉及符号的获得,这种符号是通过接受教育以及从他人那里得来的信息而获得的。儿童首先通过活动建构起符号系统及其与之联系的意义,然后经由一系列练习内化这些符号,最后能够在没有他人帮助时自己运用符号进行思维和解决问题,形成自我调节能力。因此在维果斯基看来,儿童首先需要掌握文化交流系统,然后学习运用这些系统来管理自己的思维过程,从而形成了运用思维控制自己行为的能力。维果斯基进一步认为,在个体高一级的心理机能的发展需要通过个体之间的交流与合作的"活动"及"社会交往"的参与。

维果斯基理论还提出了"最近发展区"概念,认为教学只有落在儿童的最近发展区之内,学生才有可能进行真正的学习。最近发展区指儿童无法单独解决

---

① 林崇德.发展心理学(第二版).人民教育出版社,2009.

问题，但是在他人的帮助下能够解决问题的区域。由此引申出一个重要的概念——搭建支架，即指在学习的早期阶段由更有能力的他人提供大量的支持，随后在学习过程中减少这种支持，以便尽快让儿童自己逐渐承担起学习的责任。维果斯基的这些理论思想都是社会建构主义的重要理论基础。

（二）现代建构主义学习理论

皮亚杰与维果斯基的理论奠定了现代建构主义学习观的理论基础，形成了许多建构主义理论分支，如激进建构主义、信息加工建构主义（将在第三章中介绍）、认知建构主义以及社会建构主义等。下面简要介绍三种主要的建构主义分支。

1. 激进建构主义

这是在皮亚杰思想基础上发展起来的建构主义，以 VonGlasersfeld 和 Steffe 为典型代表。他们提出，知识不是通过感觉或交流被动获得的，而是以学习者个体的认知过程为基础，由自己通过积极的意义建构而获得的。学习者的心理在知识形成过程中，处于绝对支配地位。认知的功能在于适应自己的经验世界，组织自己的经验世界，而不是只是对某一客观存在的现实发现。这种建构主义关注个体与其外部物理环境的相互作用，忽视了学习的社会性。

2. 认知建构主义

认知建构主义主要源于皮亚杰的研究。它是从个人的角度探讨学习和认知。该理论认为知识是在个体和环境相互作用过程中逐渐建构起来的，学习就是总结个人经验而不断重构个人的理解和知识的过程。正因为学习的个体建构性，学习者无法直接理解和应用别人提供的信息，只能在自己的建构式学习过程中获得知识。

尽管认知建构主义观点并不否认社会性交往的重要性。虽然认为学习者在获得知识过程中可以通过社会场景中的交流来接触跟他们自己建构的经验世界不一致的现象，但他们关注的中心仍然是学习者自身的建构。因此，该理论也被称为“自我建构理论”。

3. 社会建构主义

社会建构主义源于维果斯基的社会文化历史论。与其他建构主义理论不同的是，它更强调知识建构的社会性。该理论承认个体自我建构的同时，认为知识是由身处一定社会历史背景中的学习者通过社会性交互作用建构起来的。

个体的知识建构过程与社会的共同理解过程密不可分。知识的建构主体具有社会性，是生活在一定文化历史社会环境中的社会人。知识建构的过程不仅仅是个体心理过程，也是社会过程。个体通过师生之间、学生之间的合作和沟通形成个人知识，个人知识通过人际互动转化为他人能够理解的公共知识，公共知识再次被内化而建构成个人知识，形成循环的知识的社会建构过程。其中文化与社会情境起了重大作用，社会建构主义者认为知识首先是“以社会文化工具的形式存在于社会之中”，通过社会互动才被学习者所建构。

对建构主义学习理论的评析

一、建构主义学习理论的先进之处

建构主义学习理论与以往强调“教学”的理念相比，有许多先进之处。①

首先，从学习观来看，以往许多流行的学习观均认为：知识的获得是一个被动(Passive)的接受过程，它的结果是确定的，而且是可以量化的。教学的时候学生就在学习，因此“教学与学习”这一术语的含义往往是“教学及其策略”，而很少关注学习本身。但是目前关于学习的研究越来越强调学习者可以利用已有的知识经验积极建构新的知识，这种观点就是学习的建构主义观点。其核心是：学习是一个建构的过程，学生新旧经验之间是一个双向交互作用的过程，即通过同化和顺应两种途径来建构意义的过程。学习者可以主动建构知识，他们要么是自己、要么是求助他人或其他信息源的帮助来达到建构知识的目的。在这一过程中，父母、教师与同伴起着决定性的帮助作用。

其次，传统的教学目的是让学生达到对教材内容的“标准化”理解；教学过程强调的是“教”的问题，教师是课堂的“主宰”，学生是被动的知识“接受者”；教学评价就是通过考试检查学生是否理解并记住了有关教材内容的“标准”的唯一答案。而建构主义教学观则不同。在教学目标方面强调发展学生的主体性。在教学观念上强调教学的理解性，重视教学的情境建构，重视活动与主体的交往。在师生观上，建构主义认为学生要充分认识到自己具有发挥主体性的潜力，应学会自我管理，而教师的职责与任务是提供给学生现实世界复杂的真实问题，在于为学生提供一定的辅导，在于为学生创设良好的学习环境，其角色从权威角色转变为学生学习的辅导者或高级合作者。同时在教学设计上要充分考虑学生的认知

① 王沛，康廷虎.建构主义学习理论述评[J].教师教育研究，2004，16(5)：17～21.

主体作用，要求发挥学生的主体性，培养学生主动发现问题、解决问题的能力。

再次，从知识观来看，以往的教学规定教师必须严格按照教材规定的内容进行教学，将教材看成是对世界的“标准”解释，是客观存在的“真知识”、“真理”，具有客观性与准确性。教师要用“标准”的语言清楚表达出来，对学习者进行知识传授。建构主义则对知识的客观性和准确性提出了质疑，强调知识不是对现实的准确表征，而是对客观世界的一种解释和假设。知识不是以实体的形式存在与个体之外，而是由个体根据自己的经验建构起来的，而对意义的建构，又要依赖于特定的情景。建构主义提出了“超二元论”的知识观，即知识的客观性与主观性的辩证统一，以“发现”为主导的知识的接受与发现的辩证统一，以“建构”为主导的知识结构与建构辩证统一，以知识的抽象性与具体性的辩证统一，达成课本理论知识与生活体验性知识的有机联系。另外，建构主义还提出了元学习观。学习是学习者利用已有的知识经验创造新知识的过程，而元学习是学习者了解关于学习的经验的过程。元学习能力包括激励自己勤奋学习，会确立自己学习目标；善于选择能达到目标的最适当的学习方法；善于检测达到目标的情况，必要时采取补救措施；善于总结自己达成目标的成功经验和失败教训，及时调节自己的学习方法等。

二、建构主义学习理论的不足之处

在建构主义理论引入国内以后，指导了我国教学改革进行一系列的尝试。其应用不只停留在基础教育、高等教育、成人教育等层面上，开始影响到具体的学科教学。这将进一步推动课程改革，促进教学方法和教学手段的革新，提高学生的学习效率。同时也可以发现，对于建构主义在教学改革过程中的应用还存在着一些不足。

首先，其理论观点本身存在着一些质疑，如以往的教学强调知识的“被动接受”，建构主义则强调知识的“主动建构”，如何辩证地看待并应用这两者之间的关系？以往的教学重视对基础知识的掌握，认为学生的学习是一个由浅入深，由易到难的过程，即“自下而上”的模式，建构主义则强调“自上而下”的学习模式，即由复杂的、不确定的问题情境出发，发现性地寻找知识之间的意义联系，建构起自己的知识体系，如何看待基础知识的作用？又如何能够更好地整合“自下而上”与“自上而下”的两种模式？

其次，对于基础教育的具体学科而言，其在教学改革中的指导作用尚处于探索阶段，研究和理论建设并不成熟，相对与其在实际教学中的应用要相对滞后。

另外，任何一项理论在运用到实际的时候，都需要考虑其所处的历史文化与现行社会体制的问题，诚如维果斯基所倡导的“历史文化论”与社会互动观点。中国具有几千年的文化与教育传承，有其自身的教育理念与相应比较完备的体制。在面临西方文化的冲击以及当下急剧的社会转型之时，如何立足于自身，同时又吸收外来理论的精华，最终为我所用，是我等教育者应该慎重思考并付诸实践的。

构建“以学为本”的认知启动式理念

基于以上缘由，我试图在建构主义学习理论的基础之上，结合我国基础教育的实际情况以及个人 26 年的教学经验，以中学语文学科为例，构建“以学为本”认知启动式学堂的理念。

“以学为本”认知启动式学堂的理念中蕴含了三个核心概念。首先“以学为本”，它意指两个含义，一方面指的是学习的主体是学生，在学习的过程中要充分调动学生的主体能动性，发挥主体作用；另一方面指的是在课堂中以学生的学习为中心，摒弃传统教学中“以教带学”的观念，围绕学生的学习设计教学，最终以学生的学习绩效来评价教师的教，即“以学评教”。第二个核心概念是“认知启动式”。该概念的第一层含义借鉴了认知心理学上的“启动效应(priming effect)”。启动效应指的是人们由于之前受某一刺激的影响而使得后来对同一刺激的提取和加工变得容易的心理现象。在此所指的认知启动指之前给学生以具体示范，使得学生对后来的相同或相似材料的认知活动变得容易，并在此基础上有所创新或突破。第二层含义强调的是学生的动机作用，即在学生学习之前充分激发学生的学习兴趣，启动他们的求知欲与好奇心，变“要我学”为“我要学”。第三层含义指的是以训练学生的认知能力为出发点，通过师生、生生以及学生与教材之间的互动，培养学生的情绪情感的体验与表达能力，以及道德意志调控能力，促进学生的社会化与人格的发展。第三个核心概念是“学堂”，以往的教学强调教师是主宰，注重教师的“教”，而我们强调的是学生的学，以培养学生的自主学习能力为出发点与归宿，强调的是学生是主体，注重学生的“学”。课堂应当由“以教为主”的讲堂向“以学为本”的学堂转型。

围绕以上三个核心概念，“以学为本”的认知启动式语文学堂的具体理念体现在以下四个方面：

一、"以学生为本"的学习观

在"以学为本"的认知启动式语文学堂中，学习的主体是学生。学习是学生主动建构自己知识的过程学生新旧经验之间是一个双向交互作用的过程，学习者通过与教师、同伴的交往，能够应用先前习得的知识与技能来理解或评价当前所处的状态，进而影响未来的活动，形成新的建构体系，新的知识与技能进一步深化、重组原有的建构体系，即学习是再创造的(教育)活动。这种新的学习方式包括三个特征，即主动、探究与合作。通过这种新的学习方式，学生不仅仅能看懂书本知识，能够将知识运用到实际中解决复杂的现实问题。同时，通过新的学习方式，还培养了学生的自学能力，兼顾了学生学习潜能的开发、学科素养的提升以及个性化的发展。

二、"以学为本"的教学观

在教学目标上强调发展学生的主体性，教师在训练学生的认知能力的同时加强对学生非智力因素的培养，以培养健全人格的长期发展性目标替代以取得好成绩为目的的短期功利性目标，努力培养全世界通用的中国人。在教学观念上强调教法为学法服务，教师的教要适应学生的学。教师要从学生的学习基础实际出发，考虑到不同学生的学习风格，注重学生头脑中新旧知识之间的联系，有效促进学生对知识的理解，形成有意义的认知体系这就要求教师具有鲜明的学法指导意识，能够围绕学法指导设计教学过程。在教学情境的建构上，通过课前创设情境、课中调控情境、课后渲染情境使教学情境最优化。采用包括多媒体在内的多种手段让课堂教学"活"起来。课堂教学就是进行"问题"或"话题"交流的场所，课堂上教师的任务在于设置鲜活的情境，提供给学生现实世界复杂的真实问题，引发学生的好奇心与求知欲。重视活动与主体的交往，这涉及教师需要营造积极活跃的课堂氛围，为学生创设良好的学习环境，让不同水平的学生充分参与进来，形成师生、生生之间的良性互动。不仅使学生习得了知识，同时也促进了他们的社会化程度。在教学设计的思路上，采用多元化模式引发学生的兴趣，培养学生的自学能力。例如"自读文"采用"小先生课"的方式让学生走上讲台；课外阅读采用"读书报告课"的方式让学生充当主角；采用"专题讲座课"的方式讲授新单元的知识，同时也方便学生复习时有章可循；采用"答学生问课"的方式提高学生提问素质与创新能力；采用"作文演讲课"的形式对学生进行语言训练等等。教学评价上注重对学习过程的实质性评价，提出了评课的"实、活、新"

三个维度。“实”即教师的教要适应学生的学；“活”即学生主体思维活跃程度高；“新”即教法为学法服务，有教学创意，用王蒙的话就是“亏你想得出”。总之，一堂好课需要将教学大纲的要求与学生的能力培养和素质养成有机结合起来，它是教师主动点化、支持、配合学生学习的实录。

三、“以学为本”的知识观

现代认知心理学把学生的知识分为两类，一类是陈述性知识，另一类是程序性知识。陈述性知识主要回答世界是什么的问题，是学生可以有意识地提取线索，能够直接陈述的知识。如诗歌的分类：旧诗与新诗，古体诗与近体诗，叙事诗与抒情诗。程序性知识用来解决怎么办的问题，是学生无法有意识地提取线索，而只能借助作业形式间接推测其存在的知识。如请学生运用诗歌的规则写一首抒情诗。广义的知识包括陈述性知识与程序性知识，而狭义的知识即指陈述性知识。我们平常所说的教育既要传授知识，也要形成技能。这里的“知识”实际上指狭义的知识，即陈述性知识。而“技能”，从广义的知识观来看，实际上是个人习得的运用程序性知识解决实际问题的能力。因此我们可以看到，学生技能的学习离不开概念、规则等陈述性知识，只有在学生掌握或理解有关规则及如何操作的知识之后，教师有目的地设计一些变式练习，让学生在多种问题情境中进行练习，才能促使他们的陈述性知识转化为程序性知识（技能），培养和训练他们的技能。由此，在教材内容的选编上必须抛弃违背知识学习规律的做法。现行高中语文教材“以单元为主题”的编排方式的科学性受到了教师的质疑，需要业内人士根据学生语言学习的实效性进一步论证需要确定怎样的单元主题，基于符合语文学习的认知规律来凸显主题之间的内在联系。比方说，文言文按历代顺序编排是否合适？因为这样做既无法体现知识学习的层次性，又违背了由易到难、由浅入深地进行训练的认知规律。另外，学生在学习不同类别的知识时有不同的要求，如陈述性知识只需要复述出相关内容，而程序性知识则要解决复杂的实际问题。为适应学生的学习，教师的教也要相应有所变化。如运用“版块法”学基础知识；运用“加注法”学文言文；运用“小先生课”学古诗词；运用“问题化”学现代文；运用“自能式”学写作等等。

四、“以学为本”的元学习观

元学习是了解并调控关于学习经验的过程。学生的元学习能力主要包括确立自己的学习目标，善于选择能达到目标的最适当的学习方法；善于检测达到目标的情况，必要时采取补救措施；善于总结自己达成目标的成功经验和失败教训，及时调节自己的学习方法。在学生学习过程中，他们如何将学习目的、学习策略、学习感受、学习情景与自己的学习联系在一起，决定了他们是否学会了学习。如果学习者掌握了学习的方法，他就可能就会重新预测学习的效果，调节自己的情感，并把上一环节中的心得应用到新的目的策略、效果、感受、情景中去，这就是元学习的过程。元学习的最高境界就是“自学”。从语文方面说，语文教育应使学生“自能读书、自能作文、自为研索、自行解决”。然而我们还应认识到，提倡自学、培养学生的自学精神、能力、习惯，教师应起主导作用。诚如叶圣陶先生所言：“教是为了达到不需要教”。

如此确立的学堂以“以学为本”作为出发点与归宿，以学生为学习的主体，通过创设学生自学的教学环境，引导学生成为学习的主人，主动将其学习成果应用于解决问题的实践活动中去。

第二章

学生素质观：构建“以学为本”的自主学习能力结构

学生的素质结构观

“以学为本”认知启动式语文学堂理念认为，学生是学习的主体，教师的教育教学工作是在学生已有的素质基础上进行的，教学目标在于塑造学生健全的人格，全面提高学生的素质，旨在培养全世界通用的中国人。为此，本章试图由学生的素质观入手，剖析教学中学生素质的核心成分——自主学习能力，构建“以学为本”的自主学习能力结构。

一、加涅的学生素质结构观

美国当代著名的教育心理学家加涅(R. M. Gagne)从学与教的心理学角度提出了学生学习的心理结构，国内学者们称之为“学生素质结构观”。加涅从学生作为可持续发展的学习者的角度考虑，把他们的素质分为先天的素质、习得的素质和自然发展中形成的素质三类①。

(一) 先天素质

素质(diathesis)，传统上是指人的心理发展的先天遗传基础，主要指神经解剖学基础。加涅认为，学生的先天素质存在个体差异，对学习具有制约作用。他从学习的过程，即信息输入阶段、内部加工阶段和信息提取阶段进行了分析。

在信息输入阶段，人的视敏度(视力)具有个体差异，这种差异尽管在某种程度上可以通过先进的医学手段加以矫正，却无法通过学习来消除。在学习的过

① 皮连生主编.学与教的心理学(第五版).华东师范大学出版社，2009.

程中，它们将切实地影响学生的感知过程。在信息的内部加工阶段，成人的短时记忆容量为 7±2 个组块(Chunk)，不同的个体之间存在差异。而儿童，尤其是年幼儿童的短时记忆容量要少于成人。这种先天的容量限制会影响学习，尽管我们可以扩大记忆组块来增加短时记忆容量，但信息单位数目一般是不会改变的。在信息提取阶段，同样存在着信息提取速度的差异，这种差异是先天的。亨特(Hunt, 1975)运用“减法技术”设计的实验证明了这一点①。

许多类似的例子还有很多。很多情况下，我们无法用教学去改变这些先天素质，相反我们的教学需要建立在学生的这些先天素质的基础上展开，避免“超越人类的潜能”。例如，在早期教育中，不能同时给幼儿呈现过多的学习材料。

(二) 自然发展中形成的素质

加涅提出，学生除了先天素质之外，还存在着一些不易受教育影响的、在自然发展中形成的素质，即能力(abilities)与人格特质(trait)。

能力是内潜的个体特征，它不能被直接观察，只能通过测验间接推测。能通过心理测量来评估的能力也就是我们通常所说的智力，包括一般能力与差别能力。一般能力指的是直接影响活动效率，并使活动顺利完成的个性心理特征。心理学家们从一般能力中分化出一些与出色地解决新问题有关的因素，称之为“差别能力”，包括言语流利、数字推理、视觉形象的记忆、空间定位等等。詹森(1969)指出，在同种族、同文化的条件下，个体智商的变化 75%～80%归因于基因，20%～25%归因于环境②。因此，智力是个体在发展过程中，由先天因素与后天因素共同作用下形成的长期稳定、不易改变的心理特征，具有明显的个体差异性。

人格特质也是被心理测验揭示的个体的一般倾向，也同样是长期稳定的，不易被教学所影响的。加涅提到的人格特质包括焦虑、成就动机、性格内向、谨慎、冲动、自我满足等，其中对学习影响较大的是学习动机与焦虑。例如，学习动机与学习效果之间的关系呈倒 U 形曲线，即中等强度的学习动机可产生最佳的学习效果。

能力与人格特质的重要性在于，因教学性质的不同，对学习可能产生不同的影响。

(三) 后天习得的素质

加涅倾注了毕生精力，找到了支配人类行为表现的 5 种学习结果。他将这 5 种学习结果作为学生后天习得的素质：言语信息、智慧技能、认知策略、态度和

①② 张振新.加涅的学生素质结构观及其对素质教育的启示.课程·教材·教法，2000(4)：16～19.

动作技能。

1. 言语信息

言语信息也被称为陈述性知识,是回答世界是什么的知识。它指能用言语表达的知识,包括名称、符号、事实和原则。也就是语文教学中的基础知识。

2. 智慧技能

智慧技能的实质就是人们应用符号对外办事的能力。可以细分为 4 个亚类,由低级到高级分别是辨别、概念、规则和高级规则。辨别是指习得的辨识异同的能力;概念和规则指运用概念和规则办事的能力;高级规则指运用简单规则解决复杂问题的能力。语文教学中的阅读、写作等技能基本上都属于智慧技能。

3. 认知策略

加涅认为认知策略是一种特殊的智慧技能。智慧技能是处理外部世界的能力,而认知策略是处理内部世界的能力,类似于学习方法。认知策略的习得能使学习者更好地解决问题。例如,高中生使用"立意新、语言清新、构思匠心"等策略来获得高考作文发展等级分。加涅认为聪明的学生一般善于运用认知策略改进自己的学习。人的聪明程度是以认知策略为中介来影响学习效率的。

4. 动作技能

人的动作技能绝大多数是后天习得的,如儿童学习走路,学会用筷子吃饭。动作技能指的是在运动规则的支配下,因练习和反馈而逐渐变得精确和连贯的实际肌肉运动。例如学生在语文课上学习硬笔书法,学习朗读;物理、化学课要学习做实验;音乐课要学习发声、弹奏乐器;美术课要学习绘画;体育课和劳技课更是以学习动作技能为主。

5. 态度

指个体习得的对人、对事、对物的反应倾向,包括认知、情感和行为倾向三个成分,其核心是情感。我国的德育教育包含在态度学习中,两者既有相同之处,也有不同的地方。例如,学生上课不好好听讲,属于学习态度问题,还不能上升到品德层面。只有涉及社会道德规范的态度才属于品德范畴。态度(德育)学习渗透在一切学科的学习中。在素质教育中,态度(德育)教育是学校教育最重要的目标之一。

学生不同的素质对学习活动产生了不同的作用。先天素质是学习的基础,直接参与新的学习;发展中形成的素质虽然不直接参与学习,但可以改善学习的速度,起支持性的作用,犹如计算机的硬件;习得的素质犹如计算机的软件,随着具体的情境而改变。

二、加涅的学生素质结构观对教学的启示

在我国素质教育的大讨论中，学者们纷纷对素质结构的内涵提出了自己的看法。无论提出了多少种素质，我们看到，基本可以用加涅的后天习得的五类素质得到比较合理的解释。可以说，加涅的学生素质结构观对我国的素质教育具有重大的启示①。

（一）教学应该以先天素质为基础

就先天素质来说，教学应该正视其限制，避免超越人类的潜能。从学生的学习过程来看，影响最大的是信息加工过程的短时记忆的容量限制，即同时进入学生大脑中的信息不超过 9 个组块。在此容量限制的前提下，最大限度地发挥语文教学的作用就成了教师应该考虑的问题。一般来说可以考虑两个解决方案。一是增加学生头脑中每个组块的容量，以此来扩展短时记忆的总体容量。例如，原来学生头脑中对写作素材的储存是以词语为单元，经过训练以后，学生头脑中对写作素材的储存扩展为一个段落为一单元。如此增加了学生有关写作的短时记忆容量，以后面对写作试题时加工更为容易，答题速度更快。第二种方法是根据罗比·凯斯提出的短时记忆由操作效率空间和贮存空间组成的观点而来。他认为，如果学生学习效率提高了，那么短时记忆贮存空间就扩大了，学习的效果也就改善了。这就要求增加学生语文知识点与基本技能的训练，只有这些基本技能达到自动化的水平，学生才能腾出手来解决复杂的问题。

（二）教学应该适应学生在发展中形成的素质结构的个体差异

加涅认为，发展中形成的素质是相对稳定，不易受教育影响的。因此，我们的教学应该考虑学生的个体差异，因材施教。

就智力来说，它是影响学生学习速度的最主要因素，存在着明显的个体差异。然而我们现行的以年龄分班的方式使一个班内的智力水平出现参差不齐的现象，这就要求我们教育者在实施教学过程中既满足高智商学生的求知欲，同时又兼顾智商相对较低的学生的学习效果与积极性。

就人格特质来说，中学生的个性正处于动荡时期，本身发展速度及其个性特点就存在个体差异。这种差异同样影响着学生的学习方式，如性格外向者喜欢提问，但容易冲动，作业马虎。性格内向者喜欢自己思考，作业认真等。

---

① 皮连生主编.学与教的心理学(第五版).华东师范大学出版社，2009.

发展中形成的素质并不是学习的必要条件，但影响了学生学习的效率，起着支持性的作用。

（三）教学的重点是后天习得的素质

后天习得的五种素质就是我国所提倡的素质教育。当代认知心理学家们发现，学生的学习都是以智慧技能为基础，智慧技能的教学为五类素质的全面发展打下了一个坚实的基础。因此，教学中的素质教育，重点在于智慧技能，包括对外解决问题的能力以及对内进行自我调控的认知策略——特殊的智慧技能。

加涅的学生素质结构观强调立足于学习者现有的素质进行针对性的教学，推进了现代科学心理学与教育的结合，为我国的素质教育奠定了坚实的理论基础，同时也为中学语文教学提供了重要指导。

构建“以学为本”的自主学习能力结构

无论从之前介绍的建构主义学习理论来看，从加涅的学生素质结构观来看，还是从我国的素质教育基本教育国策的实际诉求来看，教学的起点在于学生现有的素质水平，以训练学生自主学习能力为归宿，将学生培养成真正爱学习、会学习的全世界通用的中国人。

在西方，随着“素质教育”、“终身教育”、“以人为本”、“以学习者为中心”等教育理念的兴起，自20世纪90年代起，自主学习也逐渐成为了教育心理学研究领域中的一个热点问题。世界各国也都把培养学生自主学习能力作为一项重要的教育目标。

接下来我们将在简单介绍自主学习理论研究的基础上构建语文学堂中的“以学为本”的自主学习能力结构，为本书的实践篇提供理论依据。

一、自主学习理论

（一）自主学习的定义

由于不同的学者的立场与角度不同，对自主学习的理论大致有三种观点。第一种认为，自主学习是一种学习模式或学习方式。如国内学者余文森等认为自主学习是指学生自己主宰自己的学习，是与他主学习相对立的一种学习方式①。第二种观点认为，自主学习是一种主动的、建构性的学习，学生自己确定

① 余文森.略谈主体性与自主学习[J].教育探索，2001，(12)：32～33.

学习目标，监视、调控由目标和情境特征引导和约束的认知、动机和行为。①第三种观点主张从纵向和横向两个维度来定义自主学习。横向，即从自主学习的各个方面来定义，包括学习动机、学习内容、学习策略、时间管理、学习环境的营造以及学习结果的评价等；纵向，即学习的整个过程来定义。综合这三种定义，我认为自主学习是一种学习者主动计划、实施、控制与调节学习内容、学习方法、学习强度、学习结果评价的建构性学习模式。

（二）自主学习的理论观点

有关自主学习的理论观点主要有以下六种②：

1. 自主学习的操作主义观

以斯金纳为代表的操作主义学派认为，自主学习本质上是一种操作性行为，它是基于外部奖赏或惩罚而作出的一种应答性反应。自主学习包含三个子过程：自我监控、自我指导与自我强化。自我监控是指学生针对自己的学习过程所进行的一种观察、审视和评价；自我指导是指学生采取一定的行为趋向特定的学习结果，包括制订学习计划、选择适当的学习方法、组织学习环境等；自我强化是指学生根据学习结果对自己作出奖赏或惩罚，以便维持或促进积极的学习。

2. 自主学习的社会认知观

以班杜拉为代表的社会学习理论从行为、环境、个体的内在因素三者之间的交互作用来解释自主学习。该理论认为，自主学习本质上是学生基于学习行为的预期、计划与行为现实之间的对比、评价来对学习进行调节和控制的过程。自主学习包括三个具体的过程：自我观察、自我判断与自我反应。

3. 自主学习的信息加工观

该理论认为，自主学习要依赖于一种循环反馈回路。个体获得的信息首先要根据预设的标准进行测验。如果匹配不充分，就要对信息进行改变或转换，然后再进行检测，这样反复进行直到信息符合检验的标准。如果达到标准，就以信息输出的形式退出。

4. 自主学习的言语指导观

以维果斯基为代表的维列鲁学派认为，自主学习本质上是一种言语的自我指导过程，是个体利用内部言语主动调节自己学习的过程。他们支持，儿童的言

---

① 庞维国.自主学习学与教的原理和策略[M].上海：华东师范大学出版社，2003.

② 周炎根，桑青松.国内外自主学习理论研究综述.安徽教育学院学报，2007，25(1)：100～104.

语发展分为外部言语、自我中心的言语、内部言语三个阶段。在外部言语阶段主要是由外界的社会成员的言语来指导和控制，在自我中心言语阶段主要靠他们对自己的出声言语即自我中心的言语来调节，而在内部言语阶段，学习主要由他们的不出声的内部言语来指导和控制，因此自主学习实际上是儿童言语内化的结果。

5. 自主学习的认知建构观

以弗拉维尔为代表的认知建构主义学派认为，自主学习实际上是元认知监控的学习，是学生根据自己的学习能力、学习任务的要求，积极主动地调整学习策略和努力程度的过程。自主学习要求个体对为什么学习、能否学习、学习什么、如何学习等问题有自觉的意识和反应。

6. 自主学习的人本主义观

人本主义对自主学习的内在心理机制作了系统、深入地分析。McCombs 认为，自主学习是个体自我系统发展的必然结果，自主学习受自我系统的结构和过程的制约。他们认为，影响自主学习的过程包括计划、设置目标、选择学习策略、自我监控和自我评价等，这些自我过程的发展水平直接影响自主学习过程的质量。自主学习的步骤一般为：设置目标；制订计划和选择学习策略；行为执行和评价。

在自主学习理论的指导下，出现了三种主要的教学模式，分别为：以人际互动为取向的教学模式、以意义建构为取向的教学模式以及以学习自我调节为取向的教学模式。

二、对我国自主学习研究的评析

从对自主学习理论的简要介绍中，我们看到，自主学习理论是对传统学习理论的反思与批判。从理论上来说，有助于我们从新的、动态的角度去认识学生学习能力的实质、结构和发展规律，为丰富认知发展理论提供重要的科学依据。从实践上来说，对于发挥学生学习的主动性和自觉性，提高学习效率，培养学习能力，实施素质教育具有十分重要的意义。

尽管如此，我国的自主学习研究及实践尚有很长的路要走。第一，国内对自主学习理论的探究尚处于起步阶段，许多观念都直接借鉴于国外，还没有系统的理论建构。例如，既然要培养学生的自主学习能力，首先要解决的是到底学生的自主学习能力结构如何？如果连能力结构都没有仔细思考，何来的训练、培养？培养什么？怎么培养？第二，从我国的自主学习研究理论与实践的结合来看，研究成果多为思辨、定性研究，试验、应用研究少，高水平的试验、应用研究更缺。第三，从我国的自主学习实践来看，现行的自主学习能力训练教程大多是国外教材的翻版和经验总结材料，尚缺乏有影响的、为中国学生专门编制的训练教程，特别是在教学中能渗透训练的教程，很大程度上限制了我国学生自主学习能力发展及其训练效果。

我国教育界自主学习的理念并没有受到充分的重视，更谈不上有效落实，尤其在基础教育与中等教育领域。究其原因主要有：第一，在教育理念的影响下，中国教育界长期以来恪守师道尊严、家道尊严，从教师到家长，谁都有权处置学生的学习，唯独学生自己没有权力支配自己的学习。第二，在考试指挥棒的作用下，教育工作者来自于升学的压力“山大”，家长们的夙愿就是让孩子能够进入重点中学，将来有个好出路。因此，奋斗在一线的教师们不敢轻言改革，唯恐断送了孩子们的将来。第三，中小学教育与高等教育严重脱节。我国的中小学教育与高校教育并没有很强的连贯性，断层比较厉害。这一点还不如幼儿园与小学教育之间的联结。幼儿园园长还邀请小学教师到大班给孩子们与家长们讲讲如何实现幼儿园与小学的良好衔接，以尽快适应小学阶段的学习。许多幼儿园的孩子在进入小学之前就接受了幼小衔接教育，但很少有高校老师、教授们进入中学课堂给学生们讲讲如何实现“中—高”衔接的。进入高校之后，竟然发现以前所有的“枷锁”都不见了，“自由”了！面对这迟来的“自由”，学子们不知所措“我还要学吗?”“我该学什么?”“我该怎么学?”在同样的高校，自主学习能力强的学生飞升了，而自主能力弱的学生却沉沦了……因此，作为教育工作者，我们有必要、更有责任承担起培养学生们的自主学习能力的职责！

三、构建“以学为本”的自主学习能力结构

从以上理论观点来看，学生的自主学习能力是学习者的核心能力。如加涅的素质结构观认为，教育就是对后天习得的素质的训练，尤其是对智慧技能的训练；建构主义学习观则“以学生为本”，认为学习是学习者主动建构意义的过程，强调学习者的主动性。从我国的素质教育实践来看，教是为了达到不需要教的目的，培养学生的自主学习能力对于终身学习、立足于社会、立足于国际来说举足轻重。

基于以上原因，我们试图以建构主义理论、加涅的素质结构理论以及自主学习理论为基础构建语文学堂“以学为本”的学生自主学习能力结构，为培养学生的自主学习能力提供理论依据与实践指导。

我们认为，所谓的自主学习能力是指学生能够有效、顺利地进行自主学习所必须具备的心理条件，包括支持系统、监控调节系统以及辅助系统：

(一) 自主学习能力结构的支持系统

自主学习能力的支持系统是支持学习者进行学习的基本认知能力和思维品质，是培养其自主学习的必备条件，它指的是学生在掌握基本知识的基础上解决复杂问题的能力。学生对基本知识的掌握，即陈述性知识的掌握需要记忆力。记忆力包括短时记忆和长时记忆，就学生的学习过程来看，影响最大的是信息加工过程的短时记忆的容量限制，一般为 7±2 个组块。有研究表明，专家与新手的一个非常大的差异在于短时记忆总体容量的不同，即专家的短时记忆中每个组块的容量远远大于新手。短时记忆中的内容通过复述进入到学生的长时记忆中，形成系统化的知识结构，有助于对新知识的理解与掌握。这就需要在语文教学中训练学生的记忆力，例如，使用"版块法"训练学生对基础知识的记忆；训练学生对优秀作品的记忆，以积累写作素材，有助于提高写作水平。

学生解决问题的能力即智慧技能，其核心是思维力，包括基础思维力与高阶思维力。基础思维力主要是指逻辑思维能力，即依据头脑中感觉经验对事物进行分析与综合、抽象与概括，判断与推理的认知能力，是学习的基本思维力。美国教育家布卢姆有一个著名的"教育日标分类"理论，他将学习者的思维能力分为六个等级：即知道、理解、应用、分析、评判、创造。前两种为基础思维力，后几种思维能力又被称为高级思维。根据已有的思维理论，尤其是斯滕伯格的三元能力理论，将高层次思维能力分为批判性思维、创造性思维以及实践性思维。我认为一个自主学习者，需要具备如下三种高级思维能力：分析与评判能力、创造能力以及应用能力。分析与评判能力也称为批判性思维能力，是一种基于充分的理性和客观事实，而非感性和传闻来进行理论评估与客观评价的能力与意愿，包括关系推理与评判力。创造性思维能力也称为创新思维能力，是指一种能够产生新颖而又社会价值的产品的思维能力，包括发散思维、想象、灵感以及顿悟等。应用能力也称为实践思维能力，包括匹配分析能力、策划力和执行力。无论是教师、家长还是学生，对于高阶思维力训练的呼声非常大，遗憾的是现行的教育教学对这方面的重视及实际训练极为匮乏。

(二) 自主学习能力的调控系统

自主学习能力的调控系统指的是学生的元学习能力，主要指元认知能力。元认知弗拉维尔(Flavel)于 20 世纪 70 年代提出的一个概念，指的是个体关于自己的认知过程的知识和调节这些过程的能力。元认知由元认知知识、元认知体验和元认知监控三种心理成分组成。

元认知知识指的是个体对自己或他人的认知活动的过程、结果等方面的知识，包括个人的知识、任务的知识以及学习策略的知识。个人的知识指的是个体关于自己及他人作为认知加工者在认知方面的某些特征的知识。任务的知识指的是关于认知任务已提供的信息的性质、任务的要求及目的的知识。学习策略的知识包括认知策略、元认知策略以及资源管理策略。认知策略是一种程序性知识，是与智慧技能相对的程序性知识，智慧技能是一种对外解决问题的能力，而认知策略是指对内调控的能力。在认知策略的学习初期，往往难以自动化，需要受意识控制，如阅读中归纳中心思想的方法。如果这样的方法支配着人的阅读、解题的认知活动，提高了认知活动的效率，习得了相应的认知策略，如阅读策略、写作策略、记忆策略、复习策略等。而我们在学习时需要使用一些策略来评估自己的理解、预计学习时间、选择有效的计划来学习解决问题，这些属于元认知策略。元认知策略是一种典型的学习策略，指学生对自己整个学习过程的有效监视及控制的策略，包括计划策略、监控策略与调控策略。计划策略包括设置学习目标、浏览阅读材料、产生待回答的问题以及分析如何完成学习任务。监控策略包括阅读时对注意加以跟踪、对材料进行自我提问、考试时监视自己的速度和时间。调控策略指的是根据对认知活动的结果的检查，如发现问题，则采取相应的补救措施；根据对认知策略的效果的检查，及时更正、调整认知策略。资源管理策略包括时间管理策略、学习环境管理策略、努力管理策略、寻求支持策略。

元认知体验指伴随认知活动而产生的认知体验和情感体验。元认知监控是元认知最重要的心理成分，指在认知主体的认知过程中，以自己的认知活动为对象，进行自觉的监督、控制和调节。元认知监控主要包括确定认知目标、选择认知策略、控制认知操作、评价认知活动并据此调整认知目标、认知策略和认知操作等环节。

总之，元认知就是对认知的认知。具体地说是关于个人自己认知过程的认识、体验以及调节这些过程的能力，是自主学习能力的调控系统。学生能否真正实现自主学习，关键就在于元认知能力的发展。

（三）自主学习能力结构的辅助系统

1. 动态系统

自主学习能力结构的辅助系统中的动态系统，或称之为动力系统，指的是激发和维持学生朝自主学习迈进的心理动力，如同汽车的发动机，是学生进行自主学习的基本内驱力。其构成学习兴趣、主动意识、追求进步的价值观以及和学生的心理需要密切相关的成就动机。教学中由教师激励学生的学习动机向学生自我激励的转变，促使学生的学习由“要我学”变为“我要学”，是推动学生自主学习的心理动力。

2. 静态系统

自主学习能力结构的辅助系统中的静态系统，主要指学生的认知风格以及个性：

（1）认知风格

认知风格指的是个体知觉、记忆、思维和解决问题等认知活动中加工和组织信息时所显示出来的独特而稳定的风格。场独立型的人常常利用自己内部的参照来判断事物，不易受外来因素的影响和干扰，其认知独立于周围的背景，倾向于独立对事物作出判断；场依存型的人则倾向于以外部参照作为信息加工的依据，他们的态度和自我知觉更容易受周围的人们，特别是权威人士的影响，对事物作出判断时常常受他人干扰。沉思型的人倾向于小心地对待面临的问题，因而作出决定的时间比较长，但错误比较少；冲动型的人倾向于用自己想到的第一个答案来回答问题，因而非常快就作出了决定，但错误比较多。复合型的人在解决问题过程中运用逻辑规律，指向一个方向，直到找到唯一正确答案为止；发散型的人在解决问题过程中总是使自己的思维沿着许多不同的方向扩展，最终产生多种可能的答案，而不是唯一正确的答案。

认知风格只是学生对信息加工方式的某种习惯性偏好，并没有好坏之分，主要影响学生所采取的学习方式。包括影响学生对认知通道（如听觉、视觉）的偏好，有些喜欢利用视觉来学习，有些喜欢利用听觉系统来学习；影响学生对学习环境的选择，有些习惯在宁静的环境中学习，有些喜欢在背景声音的环境中学习；影响学生对学习内容组织程度的偏好，如场依存型的人喜欢别人向他们提供结构严谨的教学指导，场独立型的人喜欢自由自在的学习；影响学生对学科的偏好，如场依存型的人倾向于选择自然科学和工程学，场独立型的人喜欢人文学科与社会学科等。

（2）个性

对学生的自主学习产生重要影响的个性主要指性格特征。性格指的是个体在生活中形成的对现实稳定的态度以及与之相适应的行为方式。性格根据不同的标准可以分为不同的类型。根据智力、情感和意志等三种心理机能的比例不同分为理智型、情绪型与意志型；根据心理活动的内外向指向分为外向型与内向型；根据独立性可分为独立型与顺从型；根据生活方式不同可以分为理论型、经济型、审美型、社会型、权力型和宗教型等六种。

性格虽然不是自主学习的必要条件，却也会影响学生的学习方式。性格外向的学生对难度较大的新知识比较感兴趣，但容易马虎；性格内向的人在课堂上反应比较慢，但作业认真。性格也会影响学习的速度和质量，如不良的性格特征容易使学生产生消极情绪，导致学业失败。性格同样会影响学生对学习内容的选择，如男生喜欢学科技知识，女生喜欢文艺和童话故事等。

综上，“以学为本”语文学堂中的学生的自主学习能力结构由支持系统、监控调节系统以及辅助系统三大系统构成。在此能力结构的理论构想指导下，我在语文学堂的教学实践中提出了一系列行之有效的训练措施来培养学生的自主学习能力，以期使中学语文学堂学习与今后的大学学习接轨、与素质教育接轨、与时代接轨、与世界接轨！

第三章

信息加工理论：指导语文学堂“以学为本”的知识分类体系

传统教学受行为主义心理学的影响，存在着结果中心、教材中心和教师中心的偏向。行为主义认为，教学过程只涉及两个因素：教育者的教学操纵和学习者的结果操纵。前者指呈现给学生的刺激特点和强化方式，后者指学习者对刺激材料做出的反应，两者都是外部可观察的事件。行为主义主张“结果操纵”由“教学操纵”所决定，这种环境决定论的观点完全排除了学习者内部因素的作用，把学习者看作消极被动地接受外部环境的强化，从而导致传统教学思想上的误区。在这一模式驱动下，教师往往关注的是教的过程和学生对信息的接收和反馈（即“刺激—反应”的联结），而忽视学生学习过程中的主体性需要和主观能动性，显然，这种单一行为训练的教学方法已经不能满足语文学科发展的需要。

当代教育面临的一个重要问题是：为了促进学生素质的全面发展，如何安排好教学，如何促进学生综合素质的提高。当前教育界所提倡的“学生主体，教师主导，发展主线”的“三主说”恰当地阐明了学生、教师以及教学目标三者之间的辩证关系①。现代信息加工理论为解答“如何促进学生全面发展”的问题提供了新的观念和技术，这一新型发展观可概括为新的知识观、新的学习观和新的方法观三方面。鉴于此，我以信息加工理论为指导，建立了语文学堂“以学为本”的知识分类体系，在激活学生原有知识、主动构建新知识的基础上，进一步激发学生的学习潜能，从而形成语文学堂理论与实践相结合的有效教学。

① 刘瑞光.当代认知理论与教学思想的融合[J].山东教育科研，2002(5)：24～25，42.

信息加工理论

认知心理学兴起于20世纪50年代中期。这一学科以信息论、控制论、系统论、计算机科学和心理语言学为基础，采用信息加工的观点解释人的认知过程，将人脑与计算机进行类比，所以又称为信息加工心理学。它以其丰富的研究成果逐步形成了自己的内容体系(即一切对认知或认知过程，包括感知觉、注意、记忆、思维和语言等的研究)，给许多心理学分支尤其是教育心理学以巨大的影响，成为当前占主导地位的心理学思潮。

一、相关概念的界定

认知心理学涉及的"信息"不同于信息的经典概念，也不同于现代计算机科学中"数据"和"文本"两类信息的概念，其所指的"信息"是认知主体从环境刺激或决策与选择中得到的表征。一类信息源于外部环境的变化，环境的数据或资料增减会通过主体感官引起主体感知信息的变化，据此分为视觉信息、听觉信息、体觉信息、空间和时间信息等；另一类信息源于认知主体长期经验所积累的知识储存，这些知识根据信息在存储或提取过程中的不同表征形式，分为陈述性知识和程序性知识(前者可通过口头语言或书面语言描述出来；后者难以描述，只能在个体操作过程中表现出来)。

认知过程是指信息的输入、编码、储存、提取、输出的加工过程。其间，个体大脑内不断进行着编码和解码的信息加工，这一程序从简到繁，由低层次的感知信息流向高层次的知识表征或导致动作意向的决策信息。其中，高层次信息包含着低层次信息。记忆信息的过程分为信息的获得、保持和提取等不同的子过程。信息流的动力学表现为信息加工的阶段性变换及其变换信息的表征形式。研究表明，信息加工方式通常分为两类：一类是自上而下的加工和自下而上的加工，另一类是串行加工和并行加工。

人类的认知过程有两种不同类型的信息加工：自动加工过程和控制加工过程。自动加工是快速的、平行的、动力强大的而且不需要较多的意志努力，但形成自动加工能力需要长期锻炼，自动加工的过程也难以控制，而控制加工速度慢，是序列化的，需要付出较大的努力，动力较小，容易学习，能应对复杂的问题。自动加工和控制加工存在互补关系，可用于解决不同的问题。由于自动加工所消耗的心理资源较少，当个体所面临的任务非常复杂时，如果能够自动加工的部分越多，个体用于应对问题中较难部分的心理资源就越多，也就越有可能解决问题。

二、信息加工理论的源起

美国著名心理治疗专家艾利斯(A. Ellis)在临床实践中发现，人的行为不是简单的“刺激—反应”联结，刺激的功能只在于引发人们的认知和自我内在语言，而认知才是真正影响我们如何反应的决定性因素。

美国著名的认知心理学家奈塞尔(U. Neisser)从20世纪60年代起，系统总结认知心理学第一发展阶段的研究成果，倡导信息加工取向的认知心理学研究，于1967年出版了专著《认知心理学》。这部著作给一个新的领域命名并勾勒了一个整体的概念框架，标志着认知心理学学科领域的正式开创，奈塞尔也因此被誉为“认知心理学之父”。

心理学研究中的“信息加工”范式，是20世纪70年代由信息加工认知心理学的创始人纽厄尔(Newell)和西蒙(Simon)从信息科学中引入的。纽厄尔和西蒙共同提出了物理符号系统假设，认为人脑的活动和电脑的信息加工功能都是符号操作过程，并试图对人的心理和电脑的操作作出某种统一的解释，以发现一般的信息加工原理。信息加工心理学的创立，极大地促进了认知心理学的发展。但是，传统的信息加工研究范式局限于实验室“人为”情境，过于狭隘地关注人的内部认知过程，而忽视实验室之外的真实生活情境和日常生活中的认知。随后，这些不足之处引起奈塞尔、诺曼(D. A. Norman)等人的反思和修正，并最终受吉布森(J. J. Gibson)生态学观点的启发和影响，实现了认知研究的生态学转向。奈塞尔在1976年的标志性著作《认知与现实》中主张研究日常生活中的认知活动，并组织和进行了知觉、记忆、概念分类、自我认知以及智力等多个认知主题的生态学研究，其中以生态记忆的研究最为著名。诺曼在其所著的《设计心理学》一书中提出，人是生命的有机体，具有生理的基础和演化的历史，人还是社会的产物，人与人、人与社会直接发生联系并相互作用。后继的研究者从理论和实践方面拓展和深化信息加工理论，极大地推动了信息加工理论对教育领域的影响和作用。

三、信息加工理论的发展

(一) 内隐自我信息加工系统理论

信息加工理论主导主流心理学超过20年，且至今仍是解释自我与社会认知的重要理论。像所有的心理学理论一样，信息加工理论也在不断地经受检验、挑战和完善。信息加工理论必须面对的现实是：人的大脑和计算机之间毕竟存在着本质的差别，大脑的功能也许可以说是一台计算机，但更深层次的智能活动，特别是以意向性为核心的心智活动绝不是计算机的算法可以穷尽的。大脑的每一部分都是特异化的，并且在相互作用中完成整体心智活动。大脑的活动遵循相关性原理，体现出一种内在的、储存性的、整体的自涌现形式，而不是一个完全一致的系统①。

20 世纪 90 年代后期，德米提奥（A. Demetriou）等人在吸收前人研究成果的基础上，形成了内隐自我信息加工系统理论。他们反对将认知经验超验化和抽象化，认为个体的生活经验、观念和个体的大脑都是一个结构性的组织，而个体的认知操作则是结构性组织的直接反映。如果人的经验或观念以不同内容、不同数量、不同符号和不同形式的结构加以组织，这种结构组织的变化也会在个体执行任务、识别目标、加工信息和解决问题时或多或少地表现出来。德米提奥等人的研究不但丰富和发展了信息加工理论，同时也为内隐自我信息加工方式的研究提供了重要的理论依据。

（二）元认知理论

近十多年来，认知心理学领域出现了一个新的研究课题——元认知。个体大脑中的认知加工活动不是简单的信息输入和输出，随着知识经验的积累和成熟，人们逐渐了解并控制它们，这就是元认知的表现。对弗拉维尔（J. H. Flavell）提出的“元认知”概念，心理学家观点不一。有人认为，元认知是“跳出一个系统后去观察这个系统”的认知加工；另有人主张，元认知是明确指向个体自身的认知活动的积极反省的认知加工过程；还有人提出，元认知是对认知的认知，是个体对自己的认知加工过程的觉察、自我评价和自我调节②。综合这几种定义，我认为，元认知由元认知知识、对加工的认知和体验、运用自我调节机制控制加工的能力三部分组成，对认知过程起着计划、调节和评价作用。

元认知概念不断地渗透到教学领域，这是认知教学策略不断深化的表现。元认知策略是认知策略必不可少的组成部分，它涉及个体在运用一般认知策略时进行必要的计划、监控和调整的自我调节过程。弗拉维尔将学生在学习活动

---

① 张向葵，吴晓义.“内隐自我信息加工方式”研究的前提性问题探索[J].心理学探新，2005，25(1)：49～53.

② 傅小兰，刘超.认知心理学研究心智问题的途径与方法[J].自然辩证法通讯，2003，25(5)：96～101.

中缺乏认知策略的表现划分为两种:具备性缺陷和应用性缺陷。前者指学生缺乏认知策略,后者指学生不知如何使用已有的认知策略。因此,教师在教授一般的认知策略时,应及时讲授元认知策略,教会学生如何控制、调节自身的学习活动,以取得良好的效果。

(三) 信息加工建构主义理论

随着建构主义哲学思潮的兴起,信息加工建构主义在传统信息加工理论的基础上更前进了一步。该理论虽然坚持信息加工的基本范型,但它接受了冯·格拉塞斯费尔德(Von Glasersfeld)的第一条原则,即知识不是被动接受的,而是认知主体积极建构的,承认外来信息与已知知识之间存在着双向的、反复的相互作用。但是,由于它不接受冯·格拉塞斯费尔德有关知识是对经验世界的适应的第二条原则,因此,通常被称为弱建构主义①。斯皮若(Spiro)等人提出的认知弹性理论正是信息加工建构主义的一个主要代表,也被称为折中的建构主义。

斯皮若等人于1990年提出认知弹性理论。所谓认知弹性,是指以多种方式同时重建自己的知识,以便对发生根本变化的情境领域做出适宜的反应。因此,认识弹性既是超越单一概念维度的多维度知识表征方式的功能,又是作用于心理表征的一整套图式加工过程的功能。这一理论与知识的迁移以及超越初始的学习情境的技能密切相关,其基本原理是:在解决问题的过程中,往往存在着多个正确答案。通过几个具体示例说明概念,可使该概念更富有意义。显然,多重知识表征的目的正是试图通过构建各种观点的"马赛克"以及概念与案例构成的多维与非线形的"十字交叉形",达到对复杂知识尽可能完整的理解,从而使学习者获得具有足够弹性与灵活性的知识以适应多变的真实情境。

综上所述,信息加工理论与社会心理学相结合,进一步推动其关注人对各种社会性刺激的加工过程,并促成了信息加工学习理论的发展。社会信息加工理论能对作为社会人的个体的认知和行为做出更确切、合适的解释,同时它的理论成果具有更大的外推效度,可广泛应用于教学情境。

信息加工理论在语文学堂中的应用

当代认知理论以信息加工为核心,强调主体头脑中信息的输入、编码、储存、

① 高文.教育中的若干建构主义范型[J].全球教育展望,2001(10):3~9.

提取和输出的认知加工过程，并将此过程看作影响学生学习效果的直接因素，重视学生头脑中的认知结构，尤其是知识加工水平的深度①。当代认知理论不断渗透到教学领域中形成了一种新的认知教学思想，这对于提高教学效果、促进学生学习和思维、发展学生良好的心理素质具有重要的理论价值和实践意义。

上述研究取向受到前苏联心理学家列昂节夫的学习过程“环状结构”理论的影响。环状结构理论认为，理解与把握学习能力的实质首先要对学习活动进行分析。学习是学生获得经验和行为的过程。学习的实质就是在主体和客体相互作用的基础上，通过主体一系列的动作反应，在内部构建心理结构的过程。从宏观上看，包括学习者、学习过程和学习对象。从微观上看，包括定向环节、行动环节和反馈环节。在学习过程中，经过“教师—学生”、“学生—学生”和“学生—媒体”的交互作用形成认知结构、情感与意志品质，从而形成学习能力。

一、信息加工理论在教学中的应用

信息加工理论不仅重视教学操纵和结果操纵等外部事件间的关系，更重视外部事件与内部事件间的关系，而且注重研究不同的教学方法怎样影响认知过程的结果，从而影响学生的外部行为表现。经典研究表明，教材、教法和外部奖惩只是影响学习效果的间接因素，而认知加工过程是影响学习效果的直接因素②。同样坐在教室里听老师讲课，同样阅读一篇课文，学生头脑中的加工水平与理解程度不同，学习效果自然也不同。

认知派教育心理学家的研究目标主要集中于“教学环境和学习者的特征如何相互作用，从而导致学习者的认知能力增长”。认知教学理论包括三个主要论点：加工过程论、认知结构论和学生中心论。在加工过程论思想的影响下，认知策略和学习策略的研究日益受到重视。下面，简要介绍几种具有代表性的信息加工学习理论：

（一）经典信息加工学习理论

1. 布鲁纳的信息加工模型

心理学家布鲁纳（J. S. Bruner）因对教育作出杰出贡献而闻名于世。他宣称：“任何学科以一定的知识的正当形式，能有效地教给处于任何发展时期的任何青少年。”这在美国引起了一场课程改革运动。布鲁纳认为，从最广泛的意义

① 理查德·E.迈耶.多媒体学习[M].傅小兰，严正，译.北京：商务印书馆，2006.

② 李寿欣.认知方式的理论与应用[M].北京：中央文献出版社，2006.

上来看，知识力量或智力乃是人获得知识、保持知识并将知识转化成自己的工具的力量。为了说明智力的成长，布鲁纳提出了再现表象这个概念。再现表象具有媒介性、选择性、概括性和转换性。再现表象分为三种：动作性再现表象、映象性再现表象和符号性再现表象。他以再现表象作为测量认知发展或智力发展的指标，把学生认知发展分为三个阶段：动作式再现表象阶段、映象式再现表象阶段和符号式再现表象阶段。布鲁纳围绕其理论学说提出了一系列教学原则，他主张教学的最终目标在于"促进对教材结构的一般理解"，使学生"对教材能有直觉的理解"，学习和掌握有效的学习方法，从而促进智力发展。他认为，教学论必须考虑三个方面：人的天性、知识的本质和获得知识的过程的性质。由此，布鲁纳提出并论述了教与学的四条原则：

动机原则 认为内在动机的效应比外在动机持久而强有力，教师要善于激发学生的内在动机。

结构原则 强调要教给学生各门学科最基本和最佳的知识结构。任何教材结构的组织均需注意：再现的形式要适应学生的年龄和认知基础；教材的组织要符合经济法则，应教给学生简明、扼要而又有利于进一步学习的教材。

序列原则 根据学生认知发展的三个阶段，教师传授新科目、新知识时，最初宜用非语言的指导，然后鼓励学生运用由图表或图画表示的再现表象，最后通过语言的使用进行教学。对年龄较大的、基础较好的学生，可在象征式水平上开始学习新知识，但也需为之提供可依靠的基本形象。

反馈原则 为掌握某个课题，学生必须获得反馈，知道效果如何。布鲁纳把认知过程视为最重要的教育目标，确定信息加工的阶段和顺序，有利于建立精细的学习模型和总结有效的认知加工策略。他强调，"教"只是一种暂时状态，其目的是促进学生自力更生，必须指导学生学会如何学习，逐渐具备独立思考、探究发现和自我矫正的能力。

2. 加涅的信息加工模型

美国心理学家加涅(R. M. Gagné)是20世纪最有影响的心理学家之一。他是继赫尔巴特(J. F. Herbart)和杜威(J. Dewey)以来对教学过程进行理论研究贡献最大的一位学者，开创了运用信息加工理论来进行教学过程设计的成功范例。他认为，学习就是学习者所面临的刺激通过一系列内部构造被转化、加工的过程，只有弄清楚这些连续过程的加工方式，才能解决与教学有关的问题。1974年，加涅汲取整合了行为主义、认知主义等相关理论，对学习的信息加工过程及条件作了系统分析，形成了信息加工学习理论的典型模式(见图1)。根据加涅的观点，“教”是用来激活和支持内部学习过程的外部事件的安排，“学”是由经验而引起的学习者的知识变化；认知策略是学习者调节自己的内部注意、学习、记忆与思维过程的各种技能。

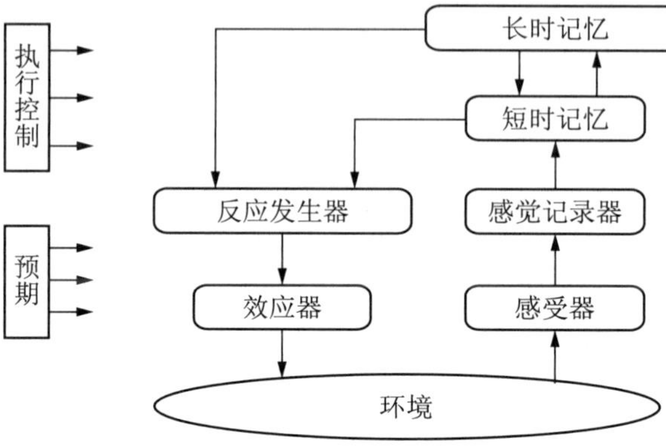

图 1　信息加工学习理论的典型模式

图 1 显示，学习者从外部环境中接受刺激，感受器被激活后，再将刺激转换成神经信息，接着这一信息进入感觉记录器，然后转换成学习者可以辨别的样式。这一系列过程称之为选择性注意，之后进入短时记忆。下一阶段，信息通过编码从短时记忆再到长时记忆，其间采用不同的手段将存储在短时记忆中的信息转化为有意义的组织形式，这样有利于学习者将更多的信息储存在长时记忆中。经过短时记忆到达长时记忆的信息随时准备着被提取，并恢复到短时记忆中，而此时的短时记忆就成了学习者的“工作记忆”。接下来，存储在短时记忆或长时记忆中的信息一旦恢复，便到达反应发生器，这一结构决定着人们反应的基本形式，包括语言、躯体肌肉的活动。随后效应器被激活，产生了人们可以观察的活动模型。信息流的最后一个环节是“反馈和强化”，它来自于学习者所处的外部环境，通过观察学习者行为表现的结果进行相应的反应。此外，在学习者加工信息的过程中还有一项重要环节，即“执行控制”和“预期”(前者主要起调节和控制信息流的作用，后者主要起定向作用)，它们通常建立在学习开始之前，直接指向学习目标，具体表现为学习者达到其学习目标的动机。至此，一次完整的信息流加工完成。

从上述信息加工模型可以看出，学习过程是一个信息加工的过程，即学习者对来自环境的刺激进行内在认知加工的过程。在这一过程中，个体把环境中的刺激转化为可进入长时间记忆状态的信息，这些信息能给个体提供完成各种操作的策略。加涅把学习动作分为动机、领会、习得、保持、回忆、概括、作业、反馈八个阶段(见图 2)。学生内部的学习过程一环套一环,相对应的学习阶段就把这些内部加工的学习过程与构成教学活动的外部事件联系起来了。

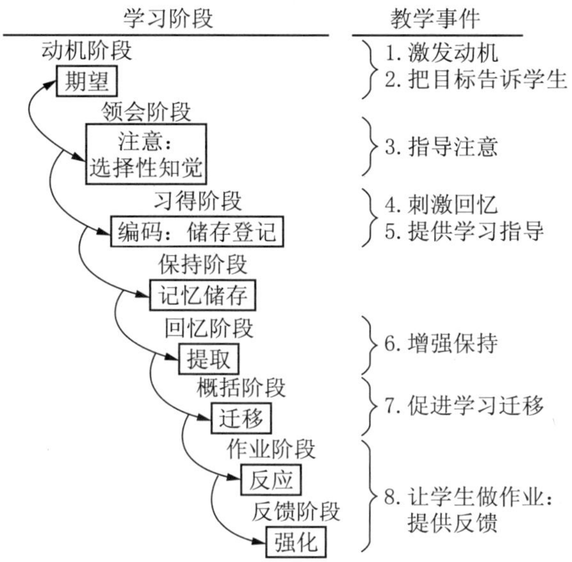

图 2　学习阶段与教学事件(加涅,1985)

加涅提出,教师是教学活动的设计者和组织者,也是学习效果的最终评定者,因此教学要根据学习的基本原理来设计。据此,教学结构可以分成准备阶段、展开阶段、结束阶段,将学生的内部条件(即学习)和教师的外部支持(即教学)紧密连接起来,从而构建有效的课堂教学。教学过程既要根据学生的内部加工过程,又要影响这一过程。在此理论的影响下,逐渐产生了既要发挥教师主导作用又能充分体现学生主体作用的现代教学模式。这一模式既有别于以教师为中心的行为主义教学模式,又有别于以学生为中心的建构主义教学模式。

(二) 现代信息加工学习理论

1. 梅耶的信息加工模型

20 世纪 90 年代以来,美国加州大学圣巴巴拉分校(UCSB)心理学教授梅耶(R.E.Mayer)从认知主义和建构主义相结合的角度提出了记忆系统的一种信息加工模型(见图 3)。他认为,教学无非是创造条件帮助学习者进行信息加工,即完成三种记忆(感觉记忆、短时记忆、长时记忆)任务。新进入的信息通过各种感觉接收器后,用感觉记忆贮存的方式粗略地保留下来。如果学习者在感觉记忆消退之前就对新进入的信息继续给予注意，即选择将要进一步加工的信息，能够将选择的一部分信息转换为短时记忆。短时记忆是形成主动积极意识的记忆环节，学习者与短时记忆中的信息片段建立起一种内部联系。在构建内部联系时，学习者要做的事情是将已经选择的信息组织成一个有内在联系的整体。如果能够将信息经短时记忆编码进入长时记忆，那么这些信息有可能被永久保持。进入长时记忆的信息在新的学习中会被提取出来，与已有的相关知识建立起一种外部联系，这一过程实际上是将经过组织的信息与学习者记忆中已有的熟悉的知识结构联系起来。

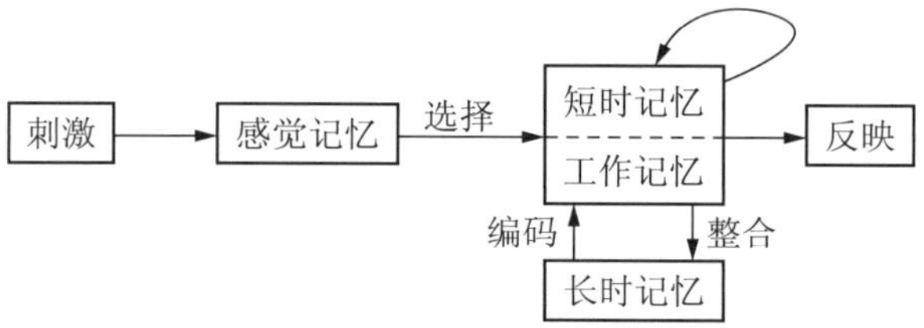

图 3　梅耶的记忆系统信息加工模型

由图 3 可知，学习依赖于学习者在学习过程中主动激活若干认知的加工过程，包括合理选择新信息、理清新信息与旧经验的整合。这一信息加工的学习过程有三个阶段：第一阶段，学习者首先进行的认知加工为后续加工信息作出合理的选择。当教师以讲解的方式向学习者呈现文字与图片时，他们就能在感觉记忆中简要地加以表征。进入感觉记忆的信息只有一小部分能够暂存起来以便在工作记忆中进一步加工。如此看来，意义学习的第一次重要认知过程发生于学习者选择相关信息时。第二阶段，学习者将经过选择的听觉表征转换成内在一致的言语表征和图示表征。这一组织过程是在工作记忆中进行的。第三阶段，学习者在运用原有知识构建的图示与言语表征之间建立起一一对应的联系（见图 4）。

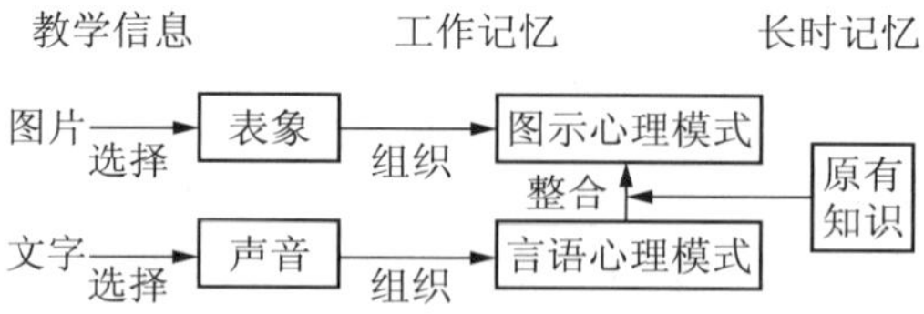

图 4　图片与文字的建构学习模式

综上所述，加涅的模型注重外部信息在学习者内部的选择、记忆和操作，但较为机械化；梅耶的模型偏重信息的选择、组织和整合①。可见，就复杂的学习过程而言，教师既要顾及学习者与环境之间的作用，又要使学习者有效地构建新的知识体系，与教学内容有机结合，从而有效地促进学习活动的发生发展。

2. 信息加工建构主义学习理论

根据信息加工建构主义理论（见第三章第一节），为理解一个文本所需要的不仅仅是文本自身携带的语言与逻辑信息，还包括对意义的建构，即文本只是一个建构理解的粗略蓝图。文本中包含的信息必须与文本外的信息结合，其中包括学习者原有的适应，这样才能形成一个完整的、适当的文本意义的表征。这种教学方式遵循以下原则②：

（1）为学习者提供知识的多重表征，并鼓励学习者自身对知识进行多种方式的表征。

（2）教学设计应注意构建由概念与案例交织组成的“十字形”，以保证知识的高度概括性与具体性的结合，以增强知识的弹性与迁移性。

（3）在条件许可的情况下，教材应尽可能保持知识的真实性与复杂性，以促进学习者探索与建构能力的发展。

（4）教学应基于情境，基于案例，基于问题解决，强调学习者对知识的建构，而不单是信息的传递与接收。

（5）作为教学内容的知识源不是分割或各自为政的，而是高度联系的知识整体。

二、信息加工理论在知识分类中的应用

当代信息加工理论不仅重视认知过程，而且重视认知结构。其中，加工水平的深度是认知结构的一个重要方面。加涅认为，学习者必须具有某些适用的、将那种理解了的刺激转变为“有组织的网络结构”的信息加工方法并具有“加工深度”。言语信息是通过结合到一个较大的命题结构中才被学会的，加工水平越深，学生对知识的理解也越深③。根据教育心理学家奥苏伯尔（D. P. AuSubel）的观点，学生有意义的学习就是把新知识和原有知识联系起来，将新知识纳入学

---

① 王庭照，张凤琴，方俊明.现代认知心理学的应用认知转向[J].陕西师范大学学报（哲学社会科学版），2007，36(4)：124～128.

② 埃根，等.教育心理学：课堂之窗[M].郑日昌，等译.北京：北京大学出版社，2009.

③ 吴增强.论有效教学的心理学支持——信息加工学习论的启示[J].教育发展研究，2011(4)：39～42.

习者原有的认知结构中。

学生头脑中的知觉表征方式是智力活动的结果和认知方式的体现，其认知结构的特点主要表现在三个方面：

(1) 信息的表征方式。主体头脑中的知识多以语义方式简约表征，以直观方式储存。

(2) 信息的构造方式。头脑中的知识是非线性的，具有一定的层次网络结构。信息在头脑中的构造方式因人而异，专家倾向于依据高级原则组织知识，而新手则依据表面特征以零散、孤立的方式储存知识。

(3) 知识的完备性。头脑中的认知结构由于遗忘规律的作用常是有缺口的。传统的教学方法比较注重教材的知识结构和逻辑结构，而当代信息加工理论更重视学生头脑中认知结构的研究。布鲁纳强调课程应偏重于学科的结构。他指出，不论我们选教什么学科，务必使学生理解该学科的基本结构。他同时给出了四点理由：一是教给学生学科基本结构可使学科更容易理解；二是把知识放进构造得很好的模式里面更容易记忆；三是学习一个模式，有助于理解可能遇到的其他类似的事物，从而具备知识迁移的能力；四是强调学科结构能缩小高级知识和初级知识之间的差距①。

知识结构通过内化在学习者头脑中，形成观念的内容和组织，就构成认知结构。所谓内化就是知识通过感觉、知觉、记忆、思维、联想等认知活动转化为学生头脑中的认知结构的过程，其基本方式是同化和顺应。良好的认知结构的标准是：能够迅速地吸收新知识；能够灵活运用知识；能够产生、创造新知识。

三、信息加工理论在语文教学中的应用

根据语文学习的一般过程及语文认知结构的定义可知，语文概念、语法、人文思想、思维方式等构成学生的语文知识结构。学生通过感知、注意、记忆、意象、思维等认知活动，依靠自我监控与调节将语文知识结构内化为语文认知结构，而语文认知结构又直接影响到学生的语文学习能力。从主体认知特征的角度看，语文学习具有以下几点特征：

首先，语文学习是高度主体化的认知行为。其次，语文学习与语言信息的加工过程相对应。其中，既有浅层次加工，又有深层次加工。加工的深度（或深层次加工所占的比重）取决于主体的认知能力。再者，不论是浅层次加工还是深层

① 索拉索.21世纪的心理科学与脑科学[M].朱滢，等译.北京：北京大学出版社，2002.

次加工，始终都得到主体背景知识系统的支持。没有背景知识系统的支持，信息加工过程不可能连续，认知过程更不可能完成。

所谓背景知识系统，是指认知主体大脑中既存的语言认知结构或图式系统。就语文学习主体而言，其背景知识系统可细分为三个子系统：一是关于词汇、语法、句子结构等方面的语言学知识图式（简称第一子系统或基础性背景知识系统）；二是关于段落衔接、修辞手法、篇章结构等方面的语言学知识图式（简称第二子系统或策略性背景知识系统）；三是关于认知材料的专业知识、文化背景、常识等方面的知识图式（简称第三子系统或通用性背景知识系统）；四是主体在语言信息加工的过程中，将交替运用言语听觉编码、类比表象编码和抽象命题编码等语言信息的编码方式①。在大多数情况下，言语听觉编码是居于关键地位的编码方式。但随着语文学习能力的提高，类比表象编码和抽象命题编码所占的比重逐渐加大。最后，语文学习离不开精密有序的语言信息的输出环节。

语文学堂“以学为本”的知识分类体系的建构

人们历来称心智技能水平较高者为聪明人。所谓聪明，即耳聪目明，本指听觉灵敏和视力好，也就是心理学上讲的感知能力敏锐，引申为智力或认知能力强②。因此，构建语文学堂“以学为本”的知识分类体系，可从分析信息加工的过程出发，探讨各阶段的认知基本成分及其相互关系；同时，从提高认知基本成分的效能出发，设计一系列的认知训练任务和训练程序。具体而言，就是通过训练感知敏感性、表征的形成与操作、选择性注意、工作记忆以及辨别和分类等信息加工过程的初级的、基本的认知成分，开发个体的语文学习潜能，使其“聪明”起来。

聚焦课堂教学，提高学习成效是当前国内外基础教育改革的一个热点问题。有效教学的心理学支持是什么？我认为，就是教学要遵循学生的心理发展规律“以学定教”——遵循学生的认知发展特点、动机与人格发展特点以及他们所拥有的知识基础。奥苏伯尔曾说过：“如果要把整个教育心理学还原为一句话，那就是根据学生现有的知识结构进行教学。”

---

① 裴元庆，张羽.汉语阅读中认知心理因素的分析及其作用[J].语文建设，2013(5)：43～44.

② 阴国恩，郑金香，安蓉.智力开发的聪明理论[J].心理与行为研究，2005，3(2)：151～155.

一、知识分类体系的提出

在古希腊，人被定义为会说话的(logos)动物。从词源上看，逻各斯(logos)指说话，它同时还涉及人们的社会存在的显现方式，是包含叙述、理性、真理等意义的综合概念①。从人类发展这一哲学意义来看，语文学习不仅是掌握知识，更重要的是训练一种认知能力。根据多年的语文教学实践，我认为感知觉能力、注意力、记忆力、情绪调控能力和分析思维能力五种认知能力的培养尤为重要。

信息加工对人的智力形成和发展是不可缺少的。信息加工的整合包括四个单元：信息输入、感觉登记、中央加工器和指令输出。中央加工器主要包括三种认知成分：同时性加工编码、继时性加工编码、计划过程。因此，信息加工取向不是试图以因素去解释智力，而是确定构成智力活动为基础的感知、注意、记忆、意象、思维等心理过程②。

(一) 感知觉能力

从心理学的角度来看，感觉与知觉是相互依存的。在信息挑选中，感知觉会专门选择最显著的刺激，输入错综复杂的知识背景和判断背景，使积淀的经验在价值的审视中赋予更多存在意义，这种心理认知的过程会使的人的思想、情感作出反应，实现解码③。在汉语阅读中，每个人都会产生一种期待，这种期待会伴随信息加工的整个过程。按照格式塔心理学理论提出的观点，“模式的识别基于对刺激的整个模式的知觉”。那么，感知觉能力对语文学习产生了怎样的作用？我们在观察一个图形的时候，单凭图形的某个部分无法实现图形意义的表达，只有读者完整地观察了这幅图形，才能获取整个图形的内涵意义④。以此类推，对文本的识别首先体现在整体的知觉识别上，无论是构成文本的段落，还是蕴含意义的字、词、句、语法等元素。

在对文本信息进一步加工之前，学习者需要首先进行一个包容性极强的大致浏览和扫描，用这种初步的认知方式来获得一个总体性的感觉。在进行了一个初步的概括性的阅读后，我们如果再进行一次重新阅读，就会对文本有一种熟悉感，同时也会对整体与部分的内涵意义作出恰当的判断，并通过加工作出认知

---

① 邵迎生.对意义的追问与心理学研究——兼论“第二次认知革命”的原则和结果[J].南京师大学报(社会科学版)，2006(6)：101～107.

② Sternberg R. J.超越 IQ：人类智力的三元理论[M].俞晓林，吴国宏，译.上海：华东师范大学出版社，2000.

③ 王甦，汪安圣.认知心理学[M].北京：北京大学出版社，1992.

④ 罗劲.顿悟的大脑机制[J].心理学报，2004，36(2)：219～234.

上的反应。这一过程就是使用符号对表征进行操作的过程。所谓表征，就是信息在心理活动中以具体形象、语词和概念的形式表现和记载外部客体的方式。在信息加工过程中，对表征的操作是进行高级认知过程的初步和必备阶段。个体能否成功地使用某个模型表征某一实物，依赖于对模型表征性特征的觉察。可见，只有个体敏锐地感知和识别客体才能进一步形成表征。

（二）注意力

在著名心理学家詹姆士（W. James）的研究中，一度提出了对文本“注意”的概念。他将“注意”的解释定性为：个体心理以清晰而生动的形式对若干种似乎同时可能的对象或者正在活跃着的思想的一种占有，本质是人的意识在流动中的聚集或集中。在当前的教学研究中，对“注意”一词最一般的定义是：个人心理努力向感觉或心理事件靠近。注意唤醒并维持着个体吸收信息的知觉保持活跃度。可见，注意是有选择性的。

选择性注意和工作记忆一直伴随着个体的认知加工过程。根据信息的流向，可把选择性注意分为三类：当信息由长时记忆中被激活而进入工作记忆时，这个过程被称为“选择性比较”；当信息由刺激流向工作记忆时，称为“选择性编码”；当信息在工作记忆过程中被选择时则称为“选择性合成”①。例如，对几何特性的注意需要选择性编码，对言语的认知需要选择性比较，完成演绎推埋任务需要选择性合成。因此，语文学堂需要对注意进行控制，将注意聚焦到某些信息上，即在选择信息的同时也在摒弃其他信息的干扰。

（三）记忆力

若干世纪以来，哲学家、心理学家与神经科学家们都在严肃的思考与研究着记忆与遗忘的本质。古希腊的哲学家们将记忆比喻为一块蜡板，记忆就是经验在这一蜡板上所留下的痕迹，而且这种痕迹也可能是永久不变的。两千多年以后，弗洛伊德（S. Freud）和詹姆士猜想，记忆就像是在一个房间里摆置不同的物体。在心理学史上，艾宾浩斯（H. Ebbinghuas）因开辟研究人类记忆的科学途径而声誉卓著。他将记忆比喻为“储藏室”，将记忆作为一个心理过程并将其分成学习、保持、联想和复现四个阶段来研究。他的研究使我们明白：记忆，这种高级的心理过程，也可以像物理学和生物学一样，用实验的方法来研究。他的实验首次揭示了记忆的一些重要特性，其中最著名的是百年来一直广泛引用的“记忆遗

① 齐默尔曼，等.自我调节学习：实现自我效能的超越[M].张厚粲，等译.北京：中国轻工业出版社，2001.

忘曲线”。研究发现，遗忘在学习之后立即开始，而且遗忘的进程并不是均匀的。最初遗忘速度很快，以后逐渐缓慢。艾宾浩斯认为，保持和遗忘是时间的函数，他用无意义音节（由若干音节字母组成、能够读出、但无内容意义即不是词的音节）作记忆材料，用节省法计算保持和遗忘的数量，并根据实验结果绘成描述遗忘进程的曲线。

19世纪30年代，英国心理学家巴特莱特（F. C. Bartlett）取消了联想主义被动储存的观点，提出了记忆的主动建构的观点。他将心理图式引入记忆心理学，假设感觉信息和心理图式一起被结构化和储存，而心理图式本身被表征在记忆之中。图式是“关于过去反应或以往经历的一种主动组织”，图式由抽象得到，表征了一类刺激的本质特性。巴特莱特认为，记忆并不是以纯正、孤立、静态的形式储存的，记忆中所表征的只是进入记忆的信息的各个片断，它们与一些已有的知识相混合，由此形成一种将多个经验片断联系在一起的表象。其间的关系十分类似于古生物学家从恐龙化石的碎片建构出恐龙来。与艾宾浩斯强调记忆的量——“我们保留了多少经验?”不同，巴特莱特更重视记忆的质——“这个人记住了什么东西?”因此，需要对信息进行有效的编码，即进行工作记忆和长时记忆的加工。

在6岁左右，儿童的工作记忆能力开始发展，主要表现在对信息的加工能力和存储方面的发展。研究发现，短时工作记忆的个体差异是个体信息加工能力与其智力间关系的基础，因为问题解决的能力需要存储于工作记忆中的信息，这些信息是不断消退的，个体的信息加工速度较快，就为个体在信息消失前完成更多的任务提供了可能，由于存储在记忆中的信息量限制了个体信息加工的能力，因此工作记忆调节着信息加工速度与智力间的关系①。突破工作记忆有限性的关键在于如何节省工作记忆空间，以利于学生进行有效的学习。假如，学生书写、语法和拼写技能熟练，那么其写作速度将会大大提高。再如，提高学生的词汇加工技能，有利于其利用更多的工作记忆空间提高阅读质量。长时记忆是永久储存信息的容器，其容量巨大且保持效果持久，就像是一个图书馆那样拥有成千上万的词条和一个网状系统，这个网状系统可以在需要查询和使用时提取出相关的词条。有专家认为，长时记忆中的信息几乎可以存储一生。

（四）情绪调控能力

语文教学被划分为两个领域，即以语文知识和语文能力为培养目标的认知

① Simon H. A.人类的认知——思维的信息加工理论[M].荆其诚，张厚粲，译.北京：科学出版社，1986.

领域和以道德情操、审美情趣及个性发展为目标的情感领域。这两个领域相互渗透、互为因果，共同构成一个有机的统一体，成为语文教学的一项基本任务。在以往的语文教材及教学中，对语文认知领域重视较多，而对情感领域虽有重视，但落实不够，导致语文的“人文性”不能完全实现①。社会文化是以功利、竞争和成就为定向的，随着学生年龄的增长，这些动机来源对学习的影响越来越大。由此，作为内部动机的认知驱力的活力，因竞争分数、计较名誉或担心失败等外部动机而削弱了。要使学习情境具有吸引力，就必须重视认知和理解的价值，并以此为目的，而不应把名誉、利益等作为首要目标。因而，为消解现代文明中的一些浮躁因素，需要在语文教学中，通过教材中的有关课文，告诫学生应该有上进心，但也要拥有一颗平常心，做到宠辱不惊，这样才能度过人生中任何艰难的阶段，到达上进的最高境界，实现人生价值。

综上所述，在语文学堂中，可从三个方面进行探索和挖掘：

（1）紧扣教材，正面说理；

（2）紧扣学堂，激发情感；

（3）紧扣心灵，因“材”施教。

（五）分析思维能力

思维是一个广义的信息处理过程，涉及信息的输入、加工、存贮、激活、搜寻、提取、输出、利用等环节。它所处理的信息是些什么内容，又是从哪里来的呢？根据现有的哲学认识论、生理学和心理学理论可以判定，人脑所能加工的信息不直接来源于客体，外部存在的客体只可能直接作用人的感官，再由感官产生神经冲动。感官是中介，大脑加工的是神经冲动及其负载的信息，而神经冲动本身就兼有客体的作用及主体自身的特性。一句话，思维过程本质上就是具有主体特征的器官（即大脑）处理主客体相互作用、相互混合的信息②。

在发展心理学领域，“相同”关系被认为是最为基本的心理关系，借助这个关系能够辨别出两个物体、情境与事件基于某个标准来说是相同的。个体的这种抽象分析能力既体现在客体识别中，也反映在分类和类别推理的过程中。研究发现，从低级动物到高级动物、从高级动物到人，这种辨别“相同”的认知能力与其前额叶区的进化程度密切相关，也随动物或人的年龄发展而进化③。

---

① 张翠爱.中学语文教学中自我情感情绪调控能力培养的探析[J].和田师范专科学校学报（汉文综合版），2008，28(6)：69～70.

② 林崇德，白学军，李庆安.关于智力研究的新进展[J].北京师范大学学报（社会科学版），2004(1)：25～32.

③ 辛自强.问题解决研究的一个世纪：回顾与前瞻[J].首都师范大学学报（社会科学版），2004(6)：101～107.

根据奥苏伯尔的观点，语文课堂教学有助于原有知识对新知识的同化。把新知识纳入认知结构中原有的有关方面的过程叫类属，又叫下位学习。这类学习快而有效，但要有更概括性的知识作为同化新知识的支柱。如学生在学习新的知识前没有适当观念作为固着点，教师就要提供“组织者”。若学生学习一个概括性的新命题，而认知结构中原有的若干从属观念可以类属于这个新命题之下，便产生总括学习，又叫上位学习①。通过语文学堂“以学为本”的知识分类体系的建构，学习者对文本的结构与意义经过演进式分析进而转换到深层认识的阶段，通过审视、辨别、分析、思考实现了学习后的认知和审美。

二、知识分类体系的层级模型

我从信息加工学习理论的视角，建立了一套语文学堂“以学为本”的知识分类体系，以供读者参考。

语文知识系统分为陈述性知识与程序性知识系统。陈述性知识是指关于事实、定义、程序、规则等方面的知识；程序性知识是指如何完成任务的知识②。学生在学习过程中，这两类知识缺一不可。知道规则是陈述性知识，进行正确解题是程序性知识。陈述性知识可以通过学生的言论得到，而程序性知识则要从学生的行为中推断。

许多研究认为，陈述性知识是以图式的形式储存在长期记忆之中。图式将简单的信息（如命题、线性顺序、映象）合并成网状结构。例如“冥王星是一颗行星”，这是一个最小的判断对错的命题；线性顺序使信息按照某个维度的特征进行，比如星体以太阳为中心的分布排列；映象使这些物理特征转化为心理图片，比如老师使用幻灯片将球体可视化。以图式的方式在记忆中组织信息对于学生来说很重要。一是图式有助于解释为什么背景知识和它在记忆中组织的方式对学生学习新知识特别重要；二是图式降低了学生工作记忆的负担。教师可以采用出声思维方法，强化学生陈述性知识的掌握③。在阅读理解过程中进行出声思维。监控预测过程练习“从题目来看，这篇文章的内容是关于绿化环境的”，“下一段会讲为什么地球气温在升高”；监控想象过程练习“在我的眼前出现了辽阔的草原，那里有蒙古包、成群的牛羊和唱着歌的牧羊女”；监控理解的补救过程练习“我最好重读”、“这是个生词，我要查查它的意思”，等等。

---

① 朱智贤，林崇德.思维发展心理学[M].北京：北京师范大学出版社，1986.
② Atkinson R. L.心理学导论[M].孙名之，等译.台北：晓园出版社，1994.
③ Carroll D. W.语言心理学[M].北京：外语教学与研究出版社，汤姆森学习出版社，2000.

程序性知识涉及如何完成任务的步骤，在长时记忆里表征为条件和行动。程序性知识通过大量的练习，最终会达到自动化阶段。教师通过自我提问，可以使学生进一步产生“怎样做?”“为什么这样做?”“可以用几种方法做?”“为什么错?”的自我意识和自我体验。长此以往，学生不仅知多而且知优，不仅知对而且知错，并且通过这种自我意识和自我体验监控今后的学习行为，提高解题的策略水平。自我提问分为读题后自我提问和解题时自我提问。

下面，通过对上述内容的简要归纳，概括总结出语文知识分类体系的层级模型(见表1)。从表1可以看出，语文知识分类体系由低到高分为三个层级。层级一代表的是教师重点传授、学生重点学习的语文基础知识和技能；层级二表示在语文学习的信息加工过程中需要重点培养的五种认知能力；层级三位于语文知识的最顶层，是在语文学堂中教师分类讲解和学生融会贯通的全部知识总和。

表1　语文知识分类体系的层级模型

层级三	层级二	层级一
陈述性知识	感知觉	语言、声音的辨别；拼写能力；语音编码；词汇知识；词汇流畅性
	注意力	空间扫描
	记忆力	记忆广度；视觉记忆
	情绪调控能力	辨认和表达身体状态、情感和思维中的情绪；辨认和表达他人、艺术品和语言中的情绪
	分析思维能力	口头语言和书面语言理解；填空能力；联想和表达流畅性
程序性知识	感知觉	知觉速度；语法敏感性
	注意力	语义加工速度
	记忆力	联想记忆；自由回忆；意义记忆
	情绪调控能力	保持情绪的开放性；监控、调节情绪并促进情绪和智力发展
	分析思维能力	阅读理解；首创性或创造力；问题敏感性；完成测验的速度

通过上述语文学堂“以学为本”的知识分类体系的建构，在信息加工理论和语文教学实践之间搭建了一个坚实的平台，为“以学为本”认知启动式语文学堂的学习模式和教学演练提供了可操作的广阔舞台。

方法篇

“以学为本”认知启动式语文学堂的学习模式

学习原则：预学再教、能学缓教、自学少教、观学思教、以学评教

学习内容：编排既符合学生认知规律、同时又获得学生喜爱的学习内容

学习策略：认知启动策略，教会学生自己“提出问题——分析问题——解决问题”

第四章

“以学为本”的认知启动式语文学堂学习原则[①]

现代建构主义的学习理论认为，学习是学习者主动建构自己知识的过程[②③]。它是每个学习者从自身知识结构与已有经验出发，通过信息加工活动主动建构对客体的认识[④]。与此对应，建构主义提出了较为系统的教学观：在教学目标方面强调发展学生的主体性；在教学观念上强调教学的理解性与教学情境的建构，重视活动与主体的交往；提出了新型的师生观。建构主义认为学生必须树立经验世界的丰富性和差异性，善于建构知识，要充分认识到自己具有发挥主体性的潜力，应学会自我管理，培养自我控制学习过程的技能和习惯，而教师的职责与任务是提供给学生现实世界复杂的真实问题，在于为学生提供一定的辅导，在于为学生创设良好的学习环境，其角色从权威角色转变为学生学习的辅导者或高级合作者。[③]在建构主义的理论指导下，我认为“以学为本”的认知启动式学堂应以学生为主体，基于“主体”而立足主体、依靠主体、为了主体；以培养学生学习实践能力为核心，基于学堂中的“实践学习体验”活动而鼓励学生主动实践、充分实践、有效实践，以此来评价语文学堂学习的质量。为此，在学习设计与学习活动中要考虑学生的认知主体作用，充分发挥学生的主体性。具体来说，需要遵循以下教学原则：

一、预学再教

从学习者自身而言，广义知识的学习始于学习者的注意和预期[②]。在建构主义看来，预学在先，不仅引发了学习者对新知识的注意，使他们处于一定的唤

① 刊于2014年第3期《教书育人·校长参考》。
② 皮连生.学与教的心理学(第5版)[M].上海：华东师范大学出版社，2009.
③ 王沛，康廷虎.建构主义学习理论述评[J].教师教育研究，2004，16(5)：17～21.
④ 杨维东，贾楠.建构主义学习理论述评[J].理论导刊，2011(5)：77～80.

醒状态，而且与预期要获得的新知识有关的原有知识被激活进入学习者的工作记忆中，随时准备吸纳新知识，进而彰显了学生学习主体的角色，尊重学生个体差异，充分释放了学生的潜能。同时，从教育教学理论来看，“预学再教”也蕴含了“主体性教学”、“因材施教”、“教是为了不教”等思想理念。[①]为此，教师要相信，每个学生都具备一定的自主学习能力，倘若学生没有预学的话，宁可利用课上时间请学生预学，也尽量不急着教授新课。学生没有预学教师就教，只能是教师的学越俎代庖了学生的学，这是犯规——等于足球场上的“越位”。

为了提高预学效率，教会学生提出有价值的问题，我设计了《中学语文预学本》，扉页上的话是：预学，预先学习，就是自学的第一步。相信自己，每个人天生具备自学能力。自学，既是学习的出发点也是根本点。

具体内容如下：

三类文体的核心问题
说明文
1. 概括说明对象及其特征 2. 说明方法的判断及其作用 3. 说明语言的准确性 4. 说明顺序 5. 信息筛选
议论文
1. 概括中心论点或分论点（概括议论对象的特征） 2. 论证方法的判断及其作用 3. 论证结构 4. 议论语言的逻辑性 5. 论证思路分析 6. 论据分析
记叙文
1. 修辞句的判断及其表达效果 2. 描写方法的判断及其作用 3. 因果关系理解 4. 概括事件、情节、特征表现 5. 记叙顺序的判断及其作用（段的作用） 6. 人物形象分析 7. 主旨或写作意图

---

① 屠锦红，李如密.“先学后教”教学模式：学理分析、价值观及实践反思[J].课程·教材·教法，2013(33)：24～29.

（续表）

公共问题
1. 看拼音写汉字或找改错别字 2. 指示代词的具体指代 3. 近义词或反义词辨析 4. 句式判断及其转换 5. 写批注

预学时间：_______年____月____日_____时____分到_____时____分

第一板块：文体知识	
课　　题	
解　　题	
文体知识	
作者简介，文学或文化常识	
第二板块：基础知识	
读　　音	
生字、生词或成语	
近义词辨析	
重要标点	
特殊句式	
优美句、哲理句或名人名言	
第三板块：整体把握	
主旨或写作意图（中心思想）	
文章脉络结构梳理	文章思路分析（分几部分及概括各部分大意）或概括各段段落大意
第四板块：局部理解和分析（即我预学提出的具体问题及解答）	
问题一	
我的作答	
问题二	
我的作答	

（续表）

问题三	
我的作答	
问题四	
我的作答	
问题五	
我的作答	
请你为本文设计一个问题链	
第五板块：存疑的问题和预学感悟	

二、能学缓教

学习实际上是学习者感知的新信息与其认知结构中的相关知识发生相互作用，新知识获得心理意义的过程。这个过程根据学习者已有的知识结构以及自身的学习风格差异，每个人习得的速度、理解的深度有所差异。对于中学生来说，他们已经具备了一定的自主学习能力，学生凭借自己能力大部分内容能自学；当遇到小部分内容暂且难以理解时，教师可以缓教，给学生一定的时间使他们能够回到不理解的地方进行深入思考，调整自己的学习策略进一步理解有关内容；当遇到难度较大的教学内容时，大多数学生一时难以接受的，教师宁可调整教学计划，放慢教学进度，改进教学策略。教学有时需要等待，不需要急着一股脑儿灌输给学生；教学有时需要教师保持“无为而教”的自我克制，不过多地干扰学生的自由自主的学习空间。教师的使命，更多的是为学生提供大量的课程资源，唤醒和激励学生亲自去接触、体验课程资源。

三、自学少教

建构主义认为学生是信息加工的主体，是意义的主动建构者，而不是外部刺激的被动接受者和被灌输的对象。教师不应该被看成“知识的授予者”和“灌输者”，而是学生建构知识过程的帮助者、促进者、组织者和“向导”。因此，一方面，教师要为学生创设良好的教学环境，引导学生之间的协作学习，为他们建构知识的意义提供各种信息条件，教要为学服务好。①另一方面，教师要指导学生进行认知策略的学习，即让学生学会如何学习。对于学生自己完全能够学的内容，教师完全可以少教甚至不教。叶圣陶在《语文教育书简六》中就提到"凡为教，目的在达到不需要教"，即"教是为了不教"。②少教多学的最终目标还是为了让学生学会自学。自学是学习的最高境界。在自学这个问题上，教师不妨逼着学生"给我上"。这恰恰也体现了人本主义心理学积极倡导的思想，即自学少教彰显了学生学习主体的角色，尊重学生个体差异，充分释放了学生的潜能。

四、观学思教

教学过程是动态的。教师要随时监控教学过程，根据教学过程中学生的学习状况灵活调整教学目标，再决定如何教。如果学生掌握到位，可以加快学习活动的环节，甚至可以省略个别环节；如果学生没弄懂，建议尝试变换其他方法教，即使完不成既定教学任务也要以学生学会为根本目标。这样可以避免"夹生饭"，避免日后的重复教。通过有目的的观学思教活动，教师会很好地明晰哪些教学内容是学生自己完全能够学的内容，这样的内容教师完全可以少教甚至不教。教是为了再学而学奠基，教要为学服务好。

五、以学评教

教学的目的是学习者建构个体自己的意义，而非重复他人的意义获得"正确"答案。对于教学评估来说，教学有没有效率，并不是指教师有没有教完内容或教得认真不认真，而是指学生有没有学到位或学生学得好不好。如果学生不想学或者学习没有收获，即使教师教得再卖力、再辛苦也是无效教学。同样，如果学生学得很辛苦，但没有得到应有的发展，也是无效或低效教学。因此我认为，对教师的教学评价同样"以学生为中心"、"以学为本"，针对教学目标的当堂、及时、适量的自测或检测，考查学生在学习过程中是否建构起对客体的意义以及学习者的自主学习能力是否有所提升。

在以上教学原则的指导下，我们将从学生的实际需求出发，关注学生的成长与教育，统整一套学生喜爱的、能够激发学生学习动机的语文教材，并提出一系列对应的学习策略，真正体现"以学生为中心"、"以学为本"的语文学堂的教学理念。

---

① 杨维东，贾楠.建构主义学习理论述评[J]，理论导刊，2011(5)：77～80.

② 叶圣陶.叶圣陶语文教育论集(下册)[M].北京：教育科学出版社，1980：716～744.

实·活·新[①]

——我评课的三个维度

一、实

“实”首先是从学生的学习基础实际出发的，因为一流学苗和二流、三流学苗的教学目标就不应该是完全一样的。其次是从教师的教学能力及特长实际出发的，诸如有的教师文言文功底厚，有的写作功力深，有的擅长教散文，有的教议论文有一套等。我们倡导“实”的核心理念是教师的教要适应学生的学。

叶澜先生认为：**一堂实课应该是一堂有意义的扎实的课。**对学生学习来讲，初级的意义至少是学到了东西，再进一步可能锻炼了能力，进而发展到有良好的、积极的情感体验，有助于提高语文素养，产生进一步学习的强烈需求。在这个过程中，他会越来越主动投入到学习中去。有意义的课，也就是一堂扎实的课，不是图热闹的课。领着学生学的内容对语文素养的提高有意义吗？从长远来看，在人文关怀（以文育人）、思想情感、审美鉴赏、思维发展、写作借鉴、素材积累方面有促进作用吗？这正是语文教学目标所要关注的几个重要方面。我经常在共同备课时问即将上课的教师，你自认为这节课的设计比以前教这课的实效多多少啊？

一堂实课应该是一堂有效率的充实的课。效率至少表现在两个方面，一是对面上来说的，对全班多少学生有效率，对好学生、中等学生、困难学生的效率是否都有；二是效率的高低，没有效率就不算是好课。有效率的课，也就是充实的课，是有内容的课（但课的容量不能太小）。这课上与不上的效果是否明显，不明显的就是效率不高的。

教学目标定得准确、科学吗？这绝不是小问题，教学目标绝不可等闲视之，其实按照语文教学的实质来看，教学目标是最值得研讨的，这一课我们究竟要领着学生学什么？至于怎么教应该是“教无定法”的，是不太好指手画脚的。更因为我们是用教材来教，而不是教教材。因此，我评课的第一个着眼点就是教学目标的达成度，大于60%就是合格课，大于70%就是良好课，大于80%就是优秀课。

---

① 刊于《语文教学通讯》高中版2005年第5期，后被中国人民大学书报资料中心G31《中学语文教学》全文转载.

一堂实课应该是一堂生成性的丰实的课。即一节课不完全是预设的结果，而是在课堂中有教师和学生的真情实感、智慧的交流，这个过程既有资源的生成，又有过程状态的生成。课堂的价值在于通过师生、生生碰撞，相互讨论，生成许多新的东西。课要有发现和探究的味道，教学不仅仅是传道、授业的简单告诉，更要点拨、开窍。这样的课可以称为丰实的课，内容丰富，多方活跃，给人以启发。学习的快乐是发现的过程，有发明成分就更好了。生成性的课是解决了学生问题的课，所有有成就的教师都有一个共性——教给学生找到提出问题、探求新问题的方法。

一堂实课应该是一堂常态下的平实的课。平常课就平常上，只求有实际效果，这样的课称为平实的课。一堂实实在在的课，不仅现在可以上，什么时候都可以上。要淡化公开课，多上研讨课。不管谁在听课，教师都要做到旁若无人，心中只有学生。你的课对同类学校要有一定的推广价值，平时大多都是这样上的，不是因为上公开课就多了很多演戏的成分。平实的课还要看对习惯养成是否有所帮助，因为习惯出能力，学法出成绩——良好的语文习惯养成教育是踏踏实实的语文教育。

一堂实课应该是一堂有待完善的真实的课。它不可能十全十美，它应该是真实的、不粉饰的、值得反思的、可以重建的课。“只要是真实的，就是有缺憾的。”所以，有缺憾恰恰是真实的指标。这种课可以称为真实的课。真正的完美的语文课是没有的，道理和人无完人一样。更因为教学是一门遗憾的艺术。真实的课是有利于“健康”的课，我坚决反对拖堂，下课铃就是法令，必须遵守。你可以拖堂，就是说规矩可以破坏，就是培养学生将来破坏规矩，不遵守法令。另外，不要一味加大课堂教学密度，要张弛有度，留给学生思考、提问和整理归纳的时间。

一堂实课应有收获的反馈评价，即教学访谈效果好。先问问学生听完课的切身感受，收获几何？如果大多数认为，听与不听就是不一样，念念不忘的喜欢上的课就是好课——学生还想听你的课就是好课。再看看听课教师是不是都在睁大眼睛竖着耳朵听课（指的是公开课），如果大部分教师已参与其中，说明课是成功的。

二、活

“活”首先是教师上课不死板，有教学机智，教学思维“活”，遇到突发情况有及时得当的处理能力。

语文活动的主要内容和形式有“读”：范读、散读、猜读、齐读、默读、小组读、男（女）生读、配乐读等，据我观察和实践检验——最有实效的读是默读，最容易有口无心的滥竽充数的读是齐读。语文课堂没有读书活动，这绝对背离了语文学习的规律。语文要读、细细品读，读出情味，读出意境，读出神韵，再现人物和意蕴。让学生在阅读中加深理解和体验，有所感悟和思考，受到情感熏陶，获得思想启迪，享受审美乐趣。读的过程，就是学生与作者、与文本情感产生共鸣的过程，也是师生、生生之间的心灵对话过程。课上重视了“读”，表面看是在朗读指导，实质上是一个解读文章、品味语言、培养语感的过程。朗诵要投入感情，进入角色，谁能把自己置身于文章中，进入情境，那他的朗诵就会引人入胜。朗诵时除了要注意表现音色、音质、音量外，还要掌握抑扬顿挫和“句读”的技巧，有了“美读”味道才精彩。由“读”延伸到“听力”活动，诸如聆听课文或文学作品选段，玩味作品蕴涵的思想感情，把握主旨；闭目倾听散文（诗歌或散文诗），尽情想象美好画面，感受音乐魅力，可陶冶性情；当然，通过听力还可以正音。

语文课堂还可以根据需要进行书法活动——学生设计课文板书比赛；根据炼词需要还可以设计成语接龙（成语故事、成语漫画）、造句（仿例造句）活动；根据作文积累和历练需要可以设计口头作文、诗歌背诵、讲故事（复述课文、演讲）、谈话（访问）、联想（创造）活动；根据评价鉴赏需要可以设计课本剧表演、鉴赏（分析、评价）、学生讲课、学生命题、答题（巩固）等活动。但不管什么活动，一定不能有“活动”没“体验”。

课堂要“五活”：引入含活势——带着兴趣、带着问题；形式求活泼——方法多样化、手段现代化；气氛要活跃——情意共鸣沟通，信息反馈畅通；探索有活力——思维有深广度，见解有创新度；结尾留活意——留着激情、留着悬念。上课开始时能让人一见钟情，结束时会暗送秋波。课堂小结是括号、问号、连接号、感叹号，绝不是单纯的句号。

“活”的核心实质追求是学生主体思维活跃程度高。课堂的学习主体理应是学生。课堂上学生思维的活跃程度取决于教师的教育理念、教师的教学艺术、驾驭教材能力和与学生合作学习的能力。教师是学习的主持人、启发者、引导者、参与者，不是领导者、填鸭者、牵牛者（用问题牵引着学生的思维指向，把“对话”当作“问答”）、旁观者。提出的问题要有价值、有梯度，能引起学生思考欲，激活学生的脑细胞。最佳状态是全体学生都在积极思考、跃跃欲试地发表自己的见解，答案是丰富多彩的，绝不是标准化的，尤其是鉴赏的问题，决不能教师进行权威总结，如能回答出在这个年龄阶段孩子一般思考不出来的问题，更视为思维有深度的表现。坚决反对有话语霸权、思维一统嫌疑的形式化、灵魂匮乏的教学行为，过分追求结论与封闭课堂，学生思维权利被剥夺。这种行为实质上还是在教教材，是教师思考的贫困，因为他把书当成了唯一的教学资源。

"活"课还有一个课堂氛围营造的问题。是不是师生、生生都互相尊重？是不是和谐？是不是活跃？这三个因素合在一起，这种环境下学生是安全的，他讲错了没有关系；他提出问题没有人笑话；他和别人意见不一致，和老师意见不一致，也不会受到批评。

"活"课是学生充分参与的课。参与的广度和深度都应该有回答，而不光"是"、"不是"去迎合老师，学生要敢于提出自己有深度的问题。教是为了少重复教，语文课堂不能没有对话。但讨论活动的时间不能太短，建议 4～6 分钟，因为大多 4 人小组的讨论每人讲完看法稍做交流就不止 4 分钟。时间太少的就没必要设计成讨论活动了，直接请学生发表见解好了；也不能有"讨论"没"碰撞"，有思维碰撞才有思维深度，讨论因需而置、因时制宜，但都需要指导。"导而弗牵"不是绝对的，以导为主，必要的牵也是必需的——讲课有时是需要设思维的套的；另外，讲多讲少也不等于课的好坏。当然，小组合作不能有"形"无"实"。

教学是开放式的。是在交际中、活动中、情境中学习语文。能激起学生的表现欲、讲话欲、表演欲、特长展示欲，让学生有自信力、成就感、快乐感。不搞一言堂或几人堂，不压抑学生，只提供参考答案。教师讲课富激情、有活力，学生学得"轻松＋愉快"，课堂气氛活跃，能感染听课人也不自觉参与学习过程之中。这是教师的课堂教学魅力所在，也是我追求的理想境界。

"活"还有一个最大的观察指标：后进生动起来了吗？有时听完课，我会问授课教师：这节课上有没有你没想到的平时不太爱发言的同学发言了？如果有一些平时不爱发言的同学发言了，说明后进生也动起来了。因为很多学科的课最容易上成好生表演的课，后进生始终是看客。好课是对个别差异充分关注和并能帮助解决实际问题的课。班级授课的最大问题——它是针对中等学生进行教学，所以实际上有两类学生在浪费时间，一类是完全听不懂，一类是吃不饱。评课要看如何关注处在两头的学生。我经常在想，所有幼儿园孩子几乎都是哭着上幼儿园，所有一年级小学生几乎都是高高兴兴背着书包上学，但是为什么上着上着有的孩子就逃学了，流失了？差异关注很重要，真正让两头学生都能感到这节课对他有帮助，始终保持旺盛的学习积极性和学习热情，才是一节真正的好课。

三、新

“新”的第一个表现是：有教学创意。用王蒙的话就是“亏你想得出”。好的策划才能出好戏，教学也是如此。教学创意的优劣往往是衡量一堂课成败的标尺。没有新颖的教学创意的课肯定是不吸引人的。在一堂成功的课中，教与学的活动安排至少要有1～2个环节是出人意料又入人其中的。课堂教学设计要敢于有争议性。能求全、求满、求美、求新的好课为何不大胆尝试？与同科其他教师同上一篇课文时进行比较，有明显的1～2个创新点。创新点来源于自己的独到教研见解。有教学创新点，即有教学个性，因为个性是特色的标志，教学特色能成长为教学特长；个性是创造的因子，教师有了个性这个创造的基因才会灵动出教学创意。

有教学创意的课一般还体现在“导语先声夺人、引人入胜”、“整堂课有1～2个教学高潮”、“结语画龙点睛余味无穷”；课堂教学中有一定的理性思考（思想高度），能折射出教者的现代教学理念；课堂教学中渗透了思维培养、审美教育和人文关怀等。

有精彩的教学高潮。即有教学动情点，或者叫教学亮点。课似看山不喜平，教学亮点能打通学生的感官，使思维产生共振，能引起听课人共鸣，给人留下深刻的记忆，此时的教学效果最佳。有教学高潮的课听了才过瘾。语文课堂需要恰到好处的表演作秀，否则何来精彩亮点呢？

教学理念新——教法为学法服好了务。授课教师有旗帜鲜明的学法指导意识，且能围绕学法指导设计教学过程。课堂教学中渗透了筛选信息方法、阅读方法指导、写作技巧提示、解题思路讲解等规律性的点拨、诱导、提示。开发了学生的思维潜能，教给学生严谨的逻辑思维方式，最好是帮助学生探究出能举一反三的点金术，让学生开窍。培养了自学能力，尤其是教给学生自学的有效操作流程。通俗地讲，就是教学生从“懂”到“会”再到“用”的过程，三者之间隔着几重山水。整个教学生自学的过程，就是指导他们跋山涉水的本领。不仅教学生“心灵”，还要教会学生“手巧”。语文教学必须将写作借鉴落到实处，因为教材是学习写作的范例。必须将学与练有机结合，只学不练，效果堪忧。

恰到好处地使用了多媒体教学手段。多媒体教学手段毕竟是辅助教学手段，这是它的本质属性，既然是“辅助”就不能喧宾夺主，所以满堂课都是多媒体教学手段实不足取，也无必要。另外多媒体教学手段的使用一定要因课而宜，万不可一刀切，说什么“没有把多媒体引进课堂的课就不是好课”。实际上，就是科技发达到较高程度，机器人还是很难取代人的，更何况“多媒体”呢？PPT 的字迹要大，否则后面的学生就看不清楚；一般课文 PPT 数量 4～8 个为宜，这个数量可以避免上课教师成为放映员的现象出现。多媒体使用的阶段要求：起初，鼓励使用——能用就用（因为这时大家都不会用）；中期，恰当使用——该用的用（此时处于半成熟阶段）；后期，理想使用——能不用则不用（因为成熟的语文教师还是首要语言魅力的）。

总之，一堂好课已将教学大纲的要求与能力培养和素质养成有机结合，是教师主动点化、支持、配合学生学习的实录。语文教学要求新，但更要求实、求活、求是，“新”是新的方法，“实”是语文基本功，“活”是教学艺术，“是”是语文教学的规律。求实是求新的基础，求活是由求实到求新的路径，求活、求新是为了更好地求实，而求是才能科学地求新、求活、求实，因为语文教学需要科学地发展，语文教学评价更需要科学地建设。

评价语文味课堂教学的着眼点①

一、沉浸——看学生沉浸文本了吗

语文教学就是通过语言的揣摩与品味，达到审美的愉悦、思维的训练。品味语言，揣摩语言，继而触摸语言背后的世界，才是语文教学的真正使命。看教师引导学生解读文本是否到位，看学生读得够不够沉入，沉浸文本的程度够不够深？

语文学习活动的主要内容和形式之一是“读”，有范读、散读、猜读、齐读、默读、配乐读、分角色读等，据我观察和实践检验——最有实效的读是默读，最有口无心的读是齐读。一节课导入过后布置任务让学生带着问题进行散读的做法，既可以消除师生的紧张情绪，又能引导学生沉浸文本。让学生进行角色复述课文，是在检查沉浸文本的程度。语文课堂没有“读”，这绝对背离了语文学习的规律。语文要细细品读，读出情味，读出意境，读出神韵，再现人物和意蕴。对精妙语言确实要玩味一番，“辨一辨它的色彩，听一听它的声音，摸一摸它的体温”（王尚文语）。朗读时的感情和声调把握最重要，一些伤情的文字是不宜大声朗读的，大声齐读不利于思考更不利于背诵。散读的声音不要太大，因为可能是噪音

① 刊于《语文教学通讯》初中刊 2008 年第 2 期，后被中国人民大学书报资料中心 G31《中学语文教学》全文转载.

干扰。要注重品味分析后的读，掌握抑扬顿挫"句读"的技巧，有了"美读"味道才精彩。

还看教师引导学生品味文本语言的时间够不够足、效果够不够实。炼字、炼句都是在品味语言，低年级的语文课一定要"咬文嚼字"。语文课堂教学的第一要着便是教师千方百计引导学生沉浸文本，这是课文教学的前提。以一堂课40～45分钟为例，我建议：老师引导学生品读语句的时间不能低于15分钟。

学生深入沉浸文本的一个重要标志就是有较为正确的语感(培养语感是阅读素养的核心)，能提出比较有价值的问题，能和其他同学或老师进行讨论甚至辩论。

年级越低越难沉浸文本，因为学生的认知水平有限。有的文章必须做好预学才有利于学生沉浸文本，诸如《音乐巨人——贝多芬》、鲁迅的一些杂文(绝大部分课文离学生的生活还是很远的)等。

只是简单感知一下文本，就匆忙地设计了许多问题和活动，启发学生谈自己谈生活，文本似乎成了可有可无的引子，这种语文课失去了语文味——对文本内容的品读失去了，对文本艺术的鉴赏省略了。

二、积累——积累成习惯，习惯出能力

语文教学成绩的取得，很大程度上取决于"积累"。我每学期开学第一个月的通常做法：让学生把教材通读两三遍，选出比较喜欢的课文。让语文基础较差的学生整理全册书的语音、生字、重要词语、成语、名人名言和哲理语言、文学常识、文化常识等，请整理者出题检测全班。要求背诵的篇目必须在开学一个半月内全部背下来(没学之前先背，尤其是文言文和古诗词)。

平实的课还要看对习惯养成是否有所帮助——良好的学习习惯养成教育是踏踏实实的学科教育。习惯养成一定要找好切入口，比如抓学生练字，让学生从练习隶书开始最有效。

作文素材积累的做法：定好关键词或主题，做杂志。诸如以"沟通"为主题，积累相关成语2个，古诗词名句或俗语2个，名言警句2～3句，名人轶事2个，最新社会事例2个，我的事例1个，哲理美文精段2段。积累了十几个主题材料，自然就会辐射了几十个相近主题了。必要的基础知识积累恰恰是基本"语文素养"。积累也包括课外的有效操作。

三、主题——看主题定位准确吗

文与道到底在语文课堂上如何体现，不是载道、明道，而是因文悟道，是逐步

感受，不是以“道”来统领，贯穿始终的是“文”，不能割裂文和道。

现今教材虽然是以单元为主题编排的，但单元主题未必就是每篇课文的主题，例如《藏羚羊跪拜》虽然放在了“动物世界”主题单元里，但主题显然是“母性的伟大、人性的善良”，绝对不是“保护野生动物”；把《孔乙己》《百草园和三味书屋》的主题定为反对封建教育制度或科举制害人等也是不准确的，因为孔乙己这种有偷窃毛病、心里脆弱、好喝小酒等性格明显缺陷的人在当今社会也是很难立足的；《项链》的主题不是讽刺小资产阶级的虚荣心，仅看到玛蒂尔德诚实、守信、勤劳的美德也是不够的，作者真正想告诉读者的是“一件小事可以影响人一生的命运”。《一碗阳春面》的主题也不只是表面的阳春面精神，而是“从保护孩子的自尊心到保护他人的自尊心”。

不要拔高主题，如把《花脸》的主题定为“忠义”之情或是“民族民俗文化”是错误的；把《祖父和我》的主题定为“抗日保家卫国”也是错误的。教课文时需要整体把握，但不要主题先行，把主旨解读的价值指向暗示给学生，先入为主苑囿了学生的思维，不利于进行生成教学。不要因为强调“两纲”教育就一味突出“民族精神”、“生命教育”，语文课真的不需要过分强调主题，不要和政治课私奔。

四、目标——看语文味的教学目标落实了吗

何谓“语文味”？拙见以为，语文味应该不脱离“语言”之核心，不脱离文字、文采。魂兮归来，语文的魂是语言；血肉兮归来，语文的血肉是真情诚意。语文课应尽可能地把不是语文或不具有“语文味”的东西过滤出语文课堂，给语文腾出应有的地盘，释放语文的自由空间。

我把语文味教学目标概括成四种：一是语文基础知识积累目标，包括需要识记的读音、重要词语、古诗词名句、文学常识等。二是口语交际的训练设计目标，其实，对于学生日常生活终身运用的是说话能力，能影响人的性格乃至命运，所以在课堂教学中设计口语交际活动是语文教学的天然使命。三是阅读需要突破的核心问题目标，学习一篇课文，总有一两个核心问题。阅读教学的重点、难点就是核心问题，是帮助学生解决阅读疑难（核心问题意识：组织语文课堂教学，总得有个“抓手”，抓住什么才能实现教学过程的优化，抓住什么才能把学生的思维导向深入，抓住什么才能把握教材这个最直接的课程资源的本质，抓住什么才能使语文学堂实现其效能？一篇课文，从语文学习的角度而言，可以挖掘、学习的因素很多，但到底从哪个角度切入，从哪个方面突破，以什么为“抓手”把资源有机统一起来？这些问题都是摆在当前语文教学面前最直接、最现实的问题。要

想解决好这些问题，语文教师必须牢固树立核心问题意识。就教学而言，一方面，师生围绕问题进行对话，层层深入，深化学生的思维；另一方面，问题解决的过程也是反复回扣文本，研读文本，感悟语言，品味语言，揣摩语言，领悟内涵，感受情感，问题具有定向、整合、导学、引思的功能。从本质上来说，是问题驱动了课堂教学）。四是写作借鉴的训练目标，不关注写作的语文教学是虚空的，课文的例子作用也只有在写作训练中才能落到实处。上述四个语文元素目标一节课上不一定都要落实，但在备课时教师有必要备到位。

究竟要领着学生学什么？这绝不是小问题，制定教学目标时要从学生需求的角度考虑。因此，我评课的一个重要着眼点就是教学目标的达成度，大于70％就是良好课。落实语文元素的学习目标是语文教学永恒的追求。

以往制定教学目标存在的问题是教学目标太大、太多、太空，过分注重情感目标。建议撰写学习目标时多用“揣摩”、“了解”、“体味”、“感受”字样，不用“学会”、“培养……能力”、“达到”字样，因为一节课很难真正培养出什么能力，能有某方面的意识就很不容易了。例如阅读教学只有感知才有感受，只有感受才有感动，盲人摸象式的剖析和肢解文本是可怕的。应该多一些返璞归真的简洁，少一些繁琐冗长分析的环节。一堂课的时间是有限的，也许只需要提出一两个问题，只需要收获一点知识，只需要感悟一点道理，只需要留一点感动……

首要准确定位“领着学生学什么”，否则根本谈不上“怎么教”的问题。教师教学的价值取向取决于教师的深入阅读，从教材中钻研出自己的思维硕果才是有效教学的根本点。

友情提醒：没必要一味强调三维目标，“课程目标根据知识和能力、过程和方法、情感态度和价值观三个维度设计”，这句话是针对课程说的，不是针对每篇课文说的，“维”是几何学及空间理论的基本概念，构成空间的每一个因素（如长、宽、高）叫做一维。教学是过程（教学是教师把知识技能传给学生的过程），是一种线性运动，不以空间形式存在，哪有什么“维度”？再说，知识、能力、方法、情感、态度、价值观等，是分属于不同范畴的概念，是教学中可能（不一定）涉及的内容。在教学中，它们既不能构成完全对应的关系，更不能作为三个维度构成一个空间，它们又都是包含在“过程”之中的。

还要注意：教学目标要与课文本身的亮点结合起来。教学目标一旦确立后，要有意识地把这个目标分解成几个高质量的问题或话题。为了实现目标要找好教学基点，基点即展开教学的一个着力点，引发学生思考的一个触发点。它可以是课文中的一句话，可以是一个人物形象，可以是文章的情节或主题，也可以是一个与课文有关的开放性话题。

五、语言——看学生的语言发展了吗

语言的学习和实践活动是语文教学的生命，失去语言知识、语言技能的训练，就不是语文课了。课堂教学如何体现以语言教学为主线？

首先是用内容载体来发展语言。思维能力、文化素养等都要在语言发展中承载。挖掘语言因素，也就是字词句的品味。现今挖掘语言因素存在的问题：一是将语言知识化，没和语言能力结合在一起；二是将语言无意义的重复过多；三是过于注重表面，没有深入的语感；四是仿写要选取恰当的语言，必须有针对性地解决语言问题；五是过多地关注词语，忽略了对句子的品味。“教材无非是例子”从语言角度指的是教材是发展语言、语言发展的例子。语文教学要花大量的时间品味语言美。

其次，从口语交际看语言开发和利用的效果。如《藏羚羊跪拜》，假如老猎人在埋葬藏羚羊时会对藏羚羊说什么话，在埋掉求生的职业工具杈子枪时会对杈子枪说什么？我主张：在口语交际训练上要适当做加法。口语交际教学时，采用“讲故事”、“口头报告”、“演讲”、“辩论”、“演课本剧”、“谈话”、“访问”、“电话交谈”等方法，使学生“能够耐心专注地倾听”、“自信负责地表达”、“文明得体地进行交流”。

再次，教师点拨的语言要简捷、到位，从恰到好处的引导看教师基本功和教学特色，从师生互动过程的机智语言看教学常态管理的默契程度，课堂教学中教师的表达要求相对严密连贯。教师的表达能力存在的普遍问题是不简洁，废话多，也有不顺畅、不清晰现象。我们主张的“教师少讲”不是说教师不需要讲。问题不是教师说得多，而是教师说不好。该说的没说，不该说的说多了。公开课也不一定教师讲得越少越好。教师必须讲他该讲的，关键是教师的讲能调动学生的积极性，给学生以启示，能扩展到课外及其他。教师课堂点评的语言宜适时、适度、适人；忌“含糊不清”、“只评不点”、“信口开河”。

课堂教学其实就是通过教师的“教”来引导学生“学”。既要“教”，就不能不“讲”，教学并不一概排斥“讲”。不该讲的时候讲了就是多余，但该讲不讲也是教学的失误。讲多讲少不能决定课的好坏，应以内容和活动的情况决定。要懂得“讲”的要义——讲在疑难处，讲在精彩处，讲在最需要讲之处。

课堂落实并不意味着我们就拒绝课堂引申。教师可从课文中优美的语言进行引申。语文课堂是教师语言魅力感染熏陶的场所。通过教师的语言，课堂上让学生对语文学习的兴趣"活"着是多么重要。

赵白超老师曾把语文课分成四种。一曰"文",这种课颇多文雅之气,富有文采,蕴涵文学韵味,听了爽心怡神,教益匪浅,不失为有品位的享受。可惜的是这种课很少。二曰"温"。三曰"稳"。这两种课差不多,似乎占了绝大多数、教学目标也都明确,方法也大体得当,该讲该练的也没有缺失,但就是四平八稳,没有波澜,面面俱到,不显重点;或者没有变化,徐徐缓缓,没有高潮,缺少激情,听多了,听久了,容易产生"恹恹"的感觉。四曰"瘟",这种课很少见,仍有。错讲乱讲时有所见,不说误人子弟,学生多多少少也受了点折磨,长此以往,怎将了得?教师是吃开口饭的,语文教师更应以说见长。"说"得如何,直接关系到课堂教学的效果。提高"说"的艺术,也不容小觑。浅层次的是"讲书",一般的是"讲课",较好的是"说话",上品位的是"谈心"。

六、情境、交际——看有有效的情境性、交际性教学活动吗

语言学习要在情境中、交际中进行,这是世界语言学习的共性规律。但要注意不要因为搞情境、交际教学就搞热热闹闹的"花头",更不要丢掉了语文教学长期积累的良好阅读和写作经验,尤其是以读促写的有效教学方法,更不能忽视语文双基教学,因为任何忽视双基的教学改革都是短命的。

多媒体教学手段的使用是设置情境教学的有效方式之一,但要恰到好处。多媒体在语文课堂上使用原则是初级阶段能用则用,中级阶段搭配使用,高级阶段能不用则不用。40~45 分钟的一课堂,一般情况下 1~8 个 PPT 足矣,PPT 数量多了,授课教师就成了放映员。

咬文嚼字,感悟文字背后的情意。语文教育必须要有情感的参与,因为这是一个情知交融的过程。情境性教学的目标之一就是教出情趣,除了抓住课文本身的情趣之外,教师要善于设置和挖掘教学情趣因素,能激起学生的表现欲、讲话欲,让学生有自信心、成就感、快乐感。教师讲课富激情、有活力,学生学得"轻松+愉快",课堂气氛活跃,能感染听课人也不自觉参与学习过程之中。善于使用"幽默",幽默是智慧语文的语言外在表现形式,更是高层次的情趣。命题也要命出情趣。"情感"是否达到"共鸣",是语文教学成败的关键。

交际活动要丰富多彩,但学生活动多≠教学效果好。发达国家的母语课堂是轻轻松松、简简单单、实实在在的。语文课堂不能太庸俗,语文课堂不能太功利,语文课必须是语文课。

【附录】

《藏羚羊跪拜》语文味儿教学创意设计

【一般常态教学目标】

通过“听读——散读——朗读——配乐读”等形式的读，品读文中富有感染力的语句，感悟母性的伟大和老猎人的慈善情怀。

语文基础知识积累目标：“凤毛麟角”的含义和“麟”的字形，“朝别”、“朝觐”、“颤抖”、“蹊跷”的注音，“狩猎”、“忐忑不安”的含义，积累俗语“天上飞的鸟，地上跑的鼠，都是通人性的”、“天下所有慈母的跪拜，包括动物在内，都是神圣的”。

口语交际的训练设计目标：揣摩人物心理，转换成语言表达，或直接替文中的人物说话。想象老猎人在埋掉藏羚羊和杈子枪时的心理，如果这时他对藏羚羊和杈子枪说话，会说什么呢？

阅读需要突破的核心问题目标：怎样理解“天下所有慈母的跪拜，包括动物在内，都是神圣的”？如何理解杀生和慈善在老猎人身上共存？

写作训练的借鉴目标：动作、细节描写中展现人物的心理。

【教学课时】一课时

【教学过程】

1．导入

教师出示2008年奥运会“福娃迎迎”PPT提问学生，简介藏羚羊，出示PPT图片。

2．沉浸文本，整体感知

散读课文，或者请学生听评书录音，思考：这则故事叙述了怎样一件事？

学生简要概述课文内容：一个老猎人无视藏羚羊的跪拜，猎杀了一只怀孕的藏羚羊，在真相面前，老猎人埋掉了自己的杈子枪，销声匿迹了。

3．体验文本，品味语句，理解课文

学生再读课文，圈画文中给自己留下印象深刻的语句，品味这些语句。

请三位同学分别朗诵第3～10段，其他同学圈画句子并作标注，思考：为什么画线句印象比较深刻？

重点品味的段落：第4段和第7段。

分析品味课文过程中涉及的需要深入理解的重要问题：

(1) 如何体味动物都是有灵性的——母性的伟大？伟大在为了孩子可以忍受任何屈辱。

关注第 4 段藏羚羊跪拜前后的动作描写，体味其心理。

(2) 文题为什么用“跪拜”不用“下跪”?

(3) 天下所有慈母的跪拜，包括动物在内，都是神圣的?

(4) 如何理解老猎人身上的杀生与慈善共存?（可设置表格）

突破口：老猎人心理变化过程：惊喜——丝毫未犹豫——心一软——痛下决心——百思不得其解——忐忑不安——吃惊——自责忏悔。

4. 适时穿插口语交际设计

文中的藏羚羊面对老猎人的猎枪并没有逃跑，而选择了跪拜。如果这时藏羚羊会说话，请想象一下，它会说什么?（穿插在品味语句过程中，请学生直接回答）

想象老猎人在埋掉藏羚羊和杈子枪时的心理，如果这时他对藏羚羊和杈子枪说话，会说什么呢?

5. 作业（1 必做，2 和 3 任选一题）

(1) 造句：凤毛麟角、忐忑不安。

(2) 学完本课你想对藏羚羊和老猎人说什么?

(3) 小练笔：写一段“运用动作描写来反映描写对象的心理”的小故事。

6. 质疑教材

第 1～2 自然段可否删除?

7. 特别提醒

千万不要把本文主题单纯地理解为“保护动物”。

评价语文复习课的着眼点①

复习课要大容量、快节奏、高密度，实在有实效。复习可分两个层次进行：第一层次，简单应用，夯实基础；第二层次，综合应用，解决问题。

上好复习课的教学思路：一是回忆，引导学生自我反思。“忆”是一个有序的过程。不妨借助课题进行单元知识的回忆。二是梳理，引导学生主动建构。方法一是自主梳理：将相同的知识点联系起来，把不同的知识点分开来，使知识条理化、系统化；方法二是主动建构：可以捕捉联系，画图建构，可以相互比较，列表

① 刊于《中学语文教学》2008 年第 4 期，后被中国人民大学书报资料中心 G31《中学语文教学》全文转载.

建构。三是应用，引导学生解决问题。除了思路要对头外，评价复习课时，建议重点关注下列方面。

一、看教学定位是否针对中、下等生

语文课堂教学无论何时、何地、何内容都要针对中、下等生设计，因为语文好的学生大多是靠自我学习觉悟的，不是语文老师教出来的。上复习课的目的就是巩固所学知识，查缺补漏。因为一个后进生能把全班的平均分落下一两分，但一个好生顶多帮平均分提高零点零几分。也只有把后进生成绩提高了，才能整体提高教学成绩。语文老师在授课过程中往往不自觉地就针对上、中等学生进行教学，因为这样的教学比较容易展示老师的功力和风采，表现老师的高超水平和渊博知识。检查后进生作业的质量是考核复习课实效的抓手，后进生有实实在在收获的复习课才是真正有实效的。

二、看所选例题是否典型

复习的针对性主要体现在教师精选例题上，有经验的教师，其考试力的第一表现就是选题能力。选的例题精当管用，可以举一反三，以点带面。例题能针对学生的思维障碍点，几个例题间是递进式连环跟进的，例题有张力。通过几个例题就可以归纳出解此类题的规律和技巧，也让学生明了答题的注意事项。紧紧围绕考点授课，精选典型例题，备课钻精深、上课讲精华、课后练精要。

怎样领着学生精选例题钻研考点呢？一是先写出三五百字的考点诠释；二是近 3～5 年的中、高考典型题示例（必须详细写明正确答案的来龙去脉和错答案错在哪里）；三是总结提炼每个类型题的解题思路和技巧，答题切入口表述规范及注意事项；四是我命 8～10 道相同类型的中、高考题和详细答案。

三、看审题指导是否到位

很多学生在考场失分的首要原因就是审题不仔细、不到位，很少是视觉原因，多为思维不缜密所致。所以每次大考前都有必要对学生进行专门的审题训练。通过审题来研究命题意图。例如现代文阅读的审题重点要审清角度、范围、对象、程度、数量、方法等。

四、看答题思路方法指导是否正确，可否操作

在复习课中，很多老师都会教给学生一些解题规律和技巧方法，然而因为语

文学科有模糊性，很多停留在一级概念到二级概念上，学生根本无法操作，这样的指导还不如没有，显然没有把复杂问题简单化。例如复习如何解答现代文“作用好处类”题目时，我把这个复杂的大问题简单操作为“由表及里再升华”七个字，通过“表”、“里”、“升华”来规范操作，即答题时先具体到位地品味细节描写（语言表现点）的好处，接着答表情达意的作用，再针对中心答出深刻含义。如是答环境描写的作用，就具体分解为怎样的环境（表），衬托怎样的心情或渲染怎样的氛围（里），深化主题（升华）。

五、看指导后的训练是否落实了老师指导的思路方法

学生掌握教师的指导有个从“懂”到“会”到“用”的过程，是要反复历练的，复习课上一定要趁热打铁让学生按照老师指导的思路和技巧方法一步一步地进行操作，老师及时指导解决操作中存在的具体问题。如果学生没有按照老师的指导去学以致用，那么复习的实效就会大打折扣。

六、看是否有好中差答案的对比性讲评，是否揭示了将错答案演绎成好答案的过程

试卷讲评课是师生教学双方的一个“反馈——矫正”的过程。试卷讲评课它既要“讲”，更要“评”。“讲”——既要讲考查的知识点，又要讲答题思路。“评”——既要评“不足”、评“误解”，又要评“好”的方面。

课前三要：一要及时。二要统计，讲评之前应做好有关数据统计，包括全班的平均分、最高分、最低分、及格率、优秀率、各分数段人数、各题得分率，对本次测试中进步明显者，明显退步者，一方面要掌握学生在各考点的得分、失分情况以及典型错误；另一方面还要按人按题统计学生的得分情况和出错人数。教师要在充分分析的基础上，把出现的问题归类，找失误的集中点，分析出错原因和知识的欠缺，进行有的放矢讲评。三要备课：需要讲什么，要重点讲什么，重点内容怎么讲，教师只有对这些方面做到心中有数，在讲评时才能使学生的知识得以巩固、扩展和提高，使讲评成为一次知识的巩固、一次知识的更新、一次知识的收获。

课堂上老师领着学生认真研究错因，再对症下药将它一点一点地改成正确答案，这个渐变思维演绎的过程一定要让失误学生有亲身体验，比较法是澄清是非的高效方法之一，有对比才有差距，失败的有差异的教学素材是复习课的重要资源，因为课堂就是纠错的地方，从这个角度讲，复习的重要目的就是纠错，以便

减少差错。

什么样的讲评课才是高效而务实的呢？

对教师来讲，至少要体现出四个层次：首先是讲答案，为学生提供标准答案，许多学科的题目设计中都有半开放性的答案，教师要把握好这一部分答案的给法；其次是要讲出解题思路，对于同一类型的题目，要形成较为规范的信息获取、分析归纳的方法；第三是要适当地讲解命题思路和命题角度，要让大部分学生感觉到这道题考查的能力目标是什么，不要仅仅就考点和知识点做思考；第四是要分析本班学生的“致错因子”，有针对性地提出复习“堵漏”方法。

对学生来讲，至少要体现出三个行为：第一是核对答案，自己做错的题是首当其冲的关注焦点，要在讲评课上修正错误，反思方法；第二是对自己做对的题目进行反思，我们称之为“校准思维”，因为许多情况是自己虽然做对了答案，但是思维方法却不是最正确的，有偶然巧合因素；第三是对自己的“答题效率”进行评析，哪些题目的答题量远远超过参考答案，哪些题目所花费的时间超过正常值。

七、看是否将大难题分层次分解成几个小问题

讲解难题的本领是教师的最大本领，讲解难题不在于讲很多种解题方法，而在于给学生最容易接受的方便实用的良方。难句是解读一篇阅读文章的难点，结合作者所要表达的思想感情来分层次分解难点，不妨分解为“语言表达的表现点”、“由表及里的语境义”、“表达的思想感情”、“对表达文章中心所起的作用”等几个层面来答题。

八、看是否使用了案例先行的归纳法教学

复习课要让学生主动探究，忌被动接受。复习课不主张演绎式教学，总是告诉应该这样，不应该那样，学生没有自己总结、归纳、提炼的过程，很难理解到位，印象也不会深刻，老师一定要调动学生自我总结解题规律、思路、技巧，因为复习的主体是学生，是学生自己在复习。先出案例，引导学生从中有所悟，这是实在的发现训练，复习绝不是简单的“告诉”，更是有深度的研究课，是对讲授新课的再深化。

九、看是否有师生互动，尤其是学生质疑问题的质量是否高

复习课要合作交流，忌枯燥讲解，也反对老师一言堂一讲到底，没有师生互动的课堂是很难精彩的，学生也不喜欢总是老师在讲解，学生自己能讲解的也不

需要老师越俎代庖。一节课可以解决一些问题，但并不能解决全部问题，学生可以在老师授课解决问题的基础上再提出更深刻的问题，正因为是复习课，每节课下课前老师更应向学生询问：还有什么疑惑，还存在什么问题。老师能在复习课上培养学生提问题的能力，是有教学思维深度的体现。

十、看是否有跟进的作业训练，看是否有系统设计

复习是学生把教材从厚读薄的过程，是知识打包的过程，是优化学生知识结构的过程。上复习课的总原则是“把住主干，建立网络”，给学生一些规律性的东西。光教不练，效果不佳；光学不练，所教所学落不到学生动脑历练的实处，效果堪忧。因为复习也符合物理学原理“动力定型需要多次反复”。跟进的训练最好也分几个层次，诸如典型基础题、陷阱题、变式题等。一个没有系统规划的复习只能零散的，这是复习的大忌。当然，我们也反对题海战术。课后三落实：落实好知识消化、落实好知识巩固、落实好个别辅导。

复习课教学一定要处理好“基础与能力的关系”、“教材与习题的关系”、“数量与质量的关系”，建议教学中做到“练习考点讲重点”、“突破难点讲关键”、“易混知识讲对比”、“新旧知识讲联系”、“培养能力讲思路”。

借用文本巧上复习课[①]

——《窗》教学实录

一

教师：假设这是一个取景器（板书□），透过它你会看到什么？

学生 1：树林。

学生 2：云层，是飞机上的窗。

学生 3：大海。

学生 4：山峦。

教师：那我们看看澳大利亚作家泰格特看到了什么？（分发缺少尾段的文

① 刊于 2012 年第 14 期《语文教学通讯》初中刊.上海市徐汇中学卜时波执教；上海市徐汇中学、上海市干巷学校曾宪一点评.

章，让学生阅读。完成两个任务：第一个任务——选择文中的一个人物，以第一人称“我”的口吻来复述课文内容；第二个任务——在理解有困难的地方、有疑问的地方做批注）

点评：导语巧妙，透过方框图形会引起学生的无限联想，与文中人物的核心事件暗合。分发缺少尾段的文章，就是对课文结尾做了机智处理。这样为后面的教学埋下了伏笔。不让学生提前预习的做法就是为学生减负。

学生阅读文本，教师巡视。

教师：两个人物，一个是靠窗的、一个是不靠窗的。谁先来以第一人称来复述“靠窗的病人”的故事？

点评：“角色复述”帮助学生沉浸文本，值得倡导，比以读者身份复述效果明显好。

学生 5：我和我的同伴病情都很重，一起住在一个小小的房间里，我们没有其他的消遣，只有我有幸坐在窗前，一天两个小时坐在窗旁，向外眺望外面的世界。这两个小时内，我总是尽我所能向我的同伴描述外面精彩的世界。直到有一天晚上，我的病情突然发作，我寻找着电铃，护士没有赶来，我就悄然离去了。

教师：谁来复述“不靠窗的病人”？

学生 6：我和我的同伴在一起养病。我只能每天躺在床上，我的同伴每天两小时眺望窗外。我每次都能听到他认真地向我叙述外面的世界多么美好！直到有一天，当他告诉我有关一个板球员的事，我觉得为什么偏是他有幸看到窗外的一切，为什么我不应得到这种机会呢？一天晚上，我的同伴突然醒来，开始大声咳嗽，他病情越来越重，开始寻找电铃。我只是看着他，一直想：为什么是他占着床位呢？第二天，护士发现他已经死了。我被放在了靠窗的床位，医生刚一走，我就十分痛苦地挣扎着，用一只胳膊支起了身子，探头朝窗口望去……

教师：结尾可以再精炼一点：“我如愿地被安置在靠窗的床位了。”其他复述得都很好。

点评：复述的要求有吗？老师要按照要求来评价学生复述的效果。否则就显得随意点评了。老师可以趁机梳理好事件的全过程，这里做得欠到位。

二

教师：同学们有什么质疑？

点评：检查第二个任务。让学生提出问题，再引导学生帮其他学生解决问题，这是教师的教学智慧。是问题驱动了课堂教学。

学生 7：第 6 段，他（不靠窗的病人）已经为自己有这个想法而惭愧了，为什么会变得越来越强烈呢?

教师:学生6在复述时也用了第6段大量的心理活动的语句,你的意思是:已经有惭愧,为什么心理会进一步恶化的?是不是这个意思?

学生7:(点头)

教师(板书):"心理"。

点评:抓住了解读人物形象的关键描写方法——揣摩人物心理。

学生8:文章最后没有结局,没有写他看到什么?

教师(板书):"结尾"。

学生9:文章的第4和5段,为什么都在描绘公园里的景色呢?

教师:第4、5段都是靠窗病人看到的景色,等会儿我们请靠窗病人的复述者来回答这个问题。

学生10:文章一开始交代了他们都身患重病,那为什么靠窗病人能津津有味地向他的同伴描述他所见到的一切呢?

教师:这两个问题都是针对靠窗病人的。我们先放一放,等会儿解决。

点评:教学有时需要等待,不仅仅可以防止主题先行。

学生11:最后的结果是不靠窗病人没有按铃导致靠窗病人死亡了,他这样做好像不太合理。

教师:其实在刚才这么多同学的问题中,还是归结到"人"的问题。板书:人。

我们先来梳理刚才两个同学提出的景和为什么靠窗病人愿意每天两个小时那么滔滔不绝、栩栩如生地向同伴描绘?

教师:把问题换成:你觉得靠窗病人是怎样一个人?

学生12:因为窗外的景色都是描绘得栩栩如生,非常有生气的,对生病的人来说是非常有希望的。虽然描述对靠窗病人来说会非常吃力,但能给双方都带来快乐。所以我觉得他是无私帮助别人的人。

教师:我们还可以换一个句子,他是一个____________人。

学生齐:积极乐观,热爱生活。

点评:"热爱生活"虽然解读得不错,但这里缺少一个关键词:充满希望,或者是满怀希望。学生概括很容易出现不十分准确的大概念,教师有必要辨析,从文中哪里看出的?引导到充满希望。

教师:这样大段的景色描写,说明他是一个愿意与别人分享快乐的人;而且同样是重病,从他眼里看到的景是美的,可见他是一个对生命积极乐观的人。

三

教师:我们来看一下不靠窗的病人。我们读一读第 6 段,他一开始有的这些想法,然后这个想法怎么又变了?

学生 13 朗读:不靠窗的病人突然产生了一个想法:为什么偏是他?有幸能观赏到窗外的一切?为什么自己不应得到这种机会?他为自己会有这种想法而感到惭愧,竭力不再这么想。可是,他愈加克制,这种想法却变得愈加强烈,直至几天以后,这个想法已经进一步变为紧挨着窗口的为什么不该是我呢?

教师:你分析一下,这样的心理背后,他是怎样一个人?

学生 13:他是一个比较自私、比较偏激的人。

教师:请你把这三句话再读一遍:"为什么偏是他"到"为什么不该是我",注意人称的变化。其他同学也一起揣摩他的心理变化过程。

学生 13 再次朗读。

教师:他刚产生这种想法的时候,是什么心理?

学生齐:惭愧。

点评:引导学生抓词语来体验文本。

教师:注意第 6 段最后"为什么不该是我",人称变化了,你觉得他此时是什么心理?

学生 13:由惭愧到妒忌。

教师:找一找,当他的同伴(也就是靠窗病人)急切需要救助,他见死不救的心理在第几段?

学生齐:第 11 段。

点评:"见死不救"的提法有越俎代庖的嫌疑。

教师:谁来读一读这段?

学生 14 朗读。

教师:除了心理以外,还有什么词语可抓?

学生齐:纹丝不动。

点评:进一步品味词语,"纹丝不动"抓得准。

教师:"纹丝不动",他有没有救的想法?

学生 14:没有。

教师:其实在第 5 段时,他在享受着靠窗病人给他描绘的一切,第 6 段他开始冒出这样的想法,然后就一发不可收拾,从开始的享受、羡慕到有这一闪念时的惭愧到妒忌，再到最后见死不救的这种偏执的、狭隘的占有欲。

点评：教师的分析替代了学生，教师急于求成了。

教师：谁能概括一下，他是怎样一个人？

学生齐：自私的、狭隘的、强烈妒忌心的、病态占有欲的人。

点评：这里不宜齐答。可以提炼一下：如何通过心理来分析人物形象的方法。

教师板书并小结：人品是通过心理分析出来的，而心理是读文分析出来的。

板书：文字→心理→人

四

教师：刚才很多同学都提到没有结尾，这个问题我们这样解决：四人小组，一个人执笔，讨论一下你们觉得会有怎样的结尾。在讨论之前，我们先回忆一下，续写结尾应该有哪些思路？

点评：讨论之前，应给学生独立思考的时间，然后再交流，效果会更好。

学生（零零散散地答）：升华中心、给上文事件一个结局、首尾呼应。

教师板书：

尾段的作用
- 给上文结局
- 结尾呼应开头
- 升华或深化中心

点评：这个提醒放在这里是可以的，放在学生写好后追问效果会更好。

学生四人小组谈论，落笔。

组1代表学生15：让他大吃一惊的是，窗外并没有公园的草坪，只有一堵高楼的墙，那堵墙挡住了所有的视线，原来那些公园和美丽的湖泊都是他的想象。

点评：这里忙着不追问，是聪明的做法。

教师板书：墙。

组2代表学生16：窗外并没有公园，只是一片战后的废墟。

教师："战后的废墟"，你为什么会说到"战后"两个字？

点评：追问得好，就是引导孩子关注文本信息。

学生16：因为文中第3段"他们各自聊在战争中做过什么"，应该是在战争年代中发生的事。

教师：他注意到了第3段，我们说知人论世，小说也有时代背景。还有吗？

组3代表学生17：窗外只是一片荒地，连草都没有。

组4代表学生18：有可能窗外的确是公园，只不过是萧瑟的秋景：荒无人迹，树叶稀疏。

教师：为什么会有这样的想法？

学生：因为第 4、5 段的景物描写都是比较详细的，有可能是靠窗的病人把他看到的景物美化了。

教师：老师觉得奇怪的是：大家写到的都是不好的景——荒地、墙、萧瑟的秋景、战后的废墟，为什么你们会有这样的感觉？

点评：引导思维共性，抓住了构思的共鸣点。

组 5：我们开始也想过"如果窗外真的是靠窗病人描绘的那样美丽的，那他本来还有点羞愧的，就不会那么羞愧了"。

教师：觉得他太吃亏了，是吗？

学生：嗯。

教师：他就不应该那样吃亏，是吧？

学生 18：如果这篇文章真的让不靠窗病人如愿以偿的话，就感觉这篇文章是在叙述一个阴谋的占有过程，这篇文章的主题就变得比较低俗。

点评：从主题考虑结尾，这个学生很有思考力、很精彩。

教师：不符合升华主题了，是吧！

教师（出示 PPT）：我们看看原来小说是怎么写的。

——他看到的只是光秃秃的一堵墙。

点评：这里应再追问组 1 代表，为什么是墙？而不是老师直接给原文结尾会更妙。

教师：我们一起考虑"墙"为什么好？

学生 19：第 3 段提到，他们俩重病，都需要静养治疗。如果外面是公园，那么吵不适合静养。

教师："静养"躺在床上 24 小时，想象一下，看到的是什么？

学生齐：墙。

教师：找文本，第几段？

点评：到原文找依据，是给事件一个结局的必需。

学生再看文本。

学生齐：第 8 段。

学生 19："一天晚上，他照例睁着双眼盯着天花板。"

教师："天花板"是什么？

学生齐：墙。

教师：还有？

学生齐：照例。

教师：照例是什么意思？

学生 20：就是他看到的一直是这样。

教师：对啊！还有吗？

学生齐答：“另一位病人仍然继续盯着天花板。”（第 11 段）

点评：这个感悟的过程处理得很好，是在体验基础上的感悟，是精彩环节。

教师：对他来说，他最不想看到的是什么？

学生齐：是墙。

教师：那么想一想，其实这个“墙”还有什么意义在里面？

学生 21：我觉得这个“墙”，是对他强烈的占有欲的最大的嘲讽。

教师：我觉得对他是一种最大的惩罚！其实是堵在他心里的一堵墙，是堵在心里的那块厚障壁。

教师：结合文本看看，堵在他心里，还堵在哪里？

学生 22：他自私的心理占有了他的想法，导致了他见死不救的做法。是因为自私像一堵墙一样阻隔了人间最基本的帮助。

点评：学生分析较为透彻，引爆了学生的思维火花，也有了思辨味道。语文课的思维流程就应该是：沉浸——体验——感悟——思辨。

教师（板书）：她讲到了“人性”。

教师：作者可能不仅仅要跟我们讲这个人的缺点，要讲人性的缺点。

教师：文本当中还有很不经意的一句话，也暗示了人性的问题，找找看。

学生 23：第 12 段：“第二天早晨，医护人员送来了漱洗水，发现那个病人早已咽气了，他们静悄悄地将尸体抬了出去，丝毫没有大惊小怪。”

教师：“丝毫没有大惊小怪”，这个“墙”是隔着人和人之间的厚障壁。同样是厚障壁，我们初二学过鲁迅先生的《故乡》讲到小说中的“我”和闰土再相见时隔着厚障壁。所以这个“墙”不仅仅指他所看到的天花板，还是人和人之间的一堵“心墙”。

点评：温故解新的案例较为恰当。

五

教师：既然“墙”的象征意义这么深刻，那文章标题就叫“墙”吧？好不好？

学生齐：不好。

学生 24：标题叫“墙”就露馅了，把结局告诉读者了。

教师追问：那给文章起标题应该注意什么？

教师板书：

标题：
- 线索（结构）
- 象征（意义）
- 中心（主旨）

点评：此指导也可以放在后面追问，而不是先提醒。演绎法不如归纳法教学效果好。

教师：什么标题比“墙”更合适？

学生齐：窗。

教师：为什么？

学生 25：我觉得用“窗”作标题的话，在沉重的结局“墙”背后还是有希望留给读者。

学生 26：我觉得“窗”是作者希望人们互相透过这个窗，看到对方心中的善。

学生 27：窗代表两个人的心灵，一个好的灵魂看到的就是希望，一个恶的灵魂看到的就只能是堵墙。

学生 28：文章从头到尾，一个人靠窗、一个人不靠窗，是文章的线索。

点评：学生的精彩解答，源于教师设计环节的铺垫到位，且用对比法很好地解决了“标题的作用与好处”。这是思维高质量的课堂教学智慧。

教师：大家说得都好，由表及里，从结构到中心考虑得非常深入。

教师板书：

点评：板书形象生动，有创意。窗不画成立体也可以。

教师：打开心灵的窗，推倒那个堵在心里的墙（或堵在人与人之间的厚障壁）。有的时候，善待周围的人，其实就是善待你自己。

点评：以文育人的目标也达成了。

教师：其实，我们今天从抓心理分析人物，到结尾和标题，不经意间把近期复习的三个考点在这篇小说中复习到了。

教师：布置今天的作业：

必做题：当不靠窗的病人看到的只是光秃秃的一堵墙时，他会怎么想？揣摩此时他的心理。80字左右。

选做题：

1. 欧·亨利小说结尾有什么特点？读一读《最后一片叶子》，然后和本文《窗》比较一下，写一篇鉴赏性文字。

2. 阅读《最后一片叶子》，就文章结尾写300字的批注。

点评：布置了很好的层次性作业，扣紧了揣摩人物心理和续写结尾，也暗考了标题理解，做到了"备课——上课——作业"的一致性。

［总评］

很多毕业班教师不知道怎样把文本课和复习课有机整合，这堂课是利用文本和考点复习整合的典范课，值得研究和学习。

本来这篇文章是教材中一篇赏析课文的附文，卜老师把这篇文章当课文学的做法足见她整合开发教材的能力。语文教师一定要成为教材的开发者、整合者，以发挥创造性地使用教材的最大功效。

其次，教师还要针对教学目标的需要，敢于处理教材，诸如把结尾去掉，让学生续写结尾的做法就很有效，也体现了教学智慧。

再次，教师要敢于让学生提问题，引导学生解决这些问题，这对教师深度解读文本的要求是较高的，对教师驾驭课堂也是一个考验。

【附课文】

窗

泰格特

在一家医院的病房里，曾住过两位病人，他们的病情都很严重。这间病房十分窄小，仅能容下他们两人。病房设有一扇门和一个窗户，门通向走廊，透过窗户可以看到外面的世界。其中一位病人经允许，可以分别在每天上午和下午起身坐上一个小时。这位病人的病床靠近窗口。而另一位病人则不得不日夜躺在床上。当然，两位病人都需要静养治疗。使他们感到痛苦的是，两人的病情不允许他们做任何事情借以消遣，只有静静地躺着。而且只有他们两个人。两人经常谈天，一谈就是几个小时。他们谈起各自的家庭，各自的工作，各自在战争中做过什么，等等。

每天上午和下午，时间一到，靠近窗的病人就被扶起身来，开始一小时的仰坐。每当这时，他就开始为同伴描述起他所见到的窗外的一切。渐渐地，每天的这两个小时，几乎就成了他和同伴生活中的全部内容了。

很显然，这个窗户俯瞰着一座公园，公园里面有一泓湖水，湖面上照例漫游着一群群野鸭、天鹅。公园里的孩子们有的在扔面包喂这些水禽，有的在摆弄游艇模型。一对对年轻的情侣手挽着手在树阴下散步。公园里鲜花盛开，主要有玫瑰花，但四周还有五彩斑斓、争相斗艳的牡丹花和金盏草。在公园那端的一角，有一块网球场，有时那儿进行的比赛确实精彩，不时也有几场板球赛，虽然球艺够不上正式决赛的水平，但有的看总比没有强。那边还有一块用于玩滚木球的草坪。公园的尽头是一排商店，在这些商店的后边闹市区隐约可见。

躺着的病人津津有味地听这一切。这个时刻的每一分钟对他来说都是一种享受。描述仍在继续：一个孩童怎样差一点跌入湖中，身着夏装的姑娘是多么美丽、动人。接着又是一场扣人心弦的网球赛。他听着这栩栩如生的描述，仿佛亲眼看到了窗外所发生的一切。

一天下午，当他听到靠窗的病人说到一名板球队员正慢悠悠地把球击得四处皆是时，不靠窗的病人突然产生了一个想法：为什么偏是他有幸能观赏到窗外的一切？为什么自己不应得到这种机会的？他为自己会有这种想法而感到惭愧，竭力不再这么想。可是，他愈加克制，这种想法却变得愈加强烈，直至几天以后，这个想法已经进一步变为紧挨着窗口的为什么不该是我呢？

他白昼无时不为这一想法所困扰，晚上，又彻夜难眠。结果，病情一天天加重了，医生们对其病因不得而知。

一天晚上，他照例睁着双眼盯着天花板，这时，他的同伴突然醒来，开始大声咳嗽，呼吸急促，时断时续，液体已经充塞了他的肺腔，他两手摸索着，在找电铃的按钮，只要电铃一响，值班的护士就立即赶来。

但是，另一位病人却纹丝不动地看着。心想，他凭什么要占据窗口那张床位呢？

痛苦的咳嗽声打破了黑夜的沉静。一声又一声……卡住了……停止了……直至最后呼吸声也停止了。

另一位病人仍然继续盯着天花板。

第二天早晨，医护人员送来了漱洗水，发现那个病人早已咽气了，他们静悄悄地将尸体抬了出去，丝毫没有大惊小怪。

稍过几天，似乎这时开口已经正当得体。剩下的这位病人就立刻提出是否能让他挪到窗口的那张床上去。医护人员把他抬了过去，将他舒舒服服地安顿在那张病床上。接着他们离开了病房，剩下他一个人静静地躺在那儿。

医生刚一离开，这位病人就十分痛苦地挣扎着，用一只胳膊支起了身子，口中气喘吁吁。他探头朝窗口望去。

他看到的只是……

第五章

“以学为本”的认知启动式语文学堂学习内容

我研究了不同版本的现行语文教材，发现存在以下问题：

内容方面：选文的部分课文老化陈旧，基层教师及学生的喜爱程度较低。

体例方面：“以单元为主题”这样的编排方式的科学性受到质疑，需要业内人士根据学生语言学习的实效性进一步论证需要确定怎样的单元主题，基于符合语文学习的认知规律来凸显主题之间的内在联系。比方说，文言文按历代顺序编排是否合适？因为这样做的效果往往导致先学的内容远远难于后学的。众所周知，人的认知规律是由易到难、由浅入深。为此，以高中语文教材为例，遵照这样的认知规律，应当将整个高中学段六册文言文课文重新编排——先从清代，最后到《诗经》。

以读促写方面：现有教材缺乏真正科学的阅读和写作序列，未能将阅读与写作衔接在一起，更没有诸如口语交际这样具有很高实践价值的教学序列。叶圣陶先生说，教材无非是个例子。什么例子？我以为，首先是发展语言（鉴赏语言、语言借鉴、语言应用）的例子，其次是写作借鉴的例子。以此作为阅读与写作衔接的基本抓手。

针对上述种种问题，作为学堂语文教学的设计者与实施者的教师该怎么办？对此，我以为，一个比较好的选择是：根据自己学校学生的语文学习实际，组织学生统整和选编教材。在具体加工过程中的实际操作程序如下：

第一阶段，学生通读教材预学。一般放在开学前的假期，先把教科书或教材电子稿下发给学生，请他们主要从体裁、题材、内容、语言、章法等角度把教材通读一遍。同时下发教师推荐的课外补充教材。学生可从中推荐文章甚至自荐文章或语文教学素材当做教材，并且利用语文学科教学 QQ 群交流彼此选择的情况，教师借此充分了解学生的想法和备选的教学素材。

第二阶段，师生共同确定教材。开学前利用网络或组织学生召开课文阅读交流会后确定：哪些课文学，哪些课文不学，补充哪些课外文章当课文学。确定的原则：当地中高考必考的文言文内容必须学；公认的经典名著必学；学生们投票大多数喜欢的课文必学；同时还要补充语文语法知识来学，如初中适当学习句子成分、复句关系，高中适量学习逻辑学等。学习学生们喜欢的课文，才真正体现了“以学生为本”的学习组织特点，因为是他们要学。

语文学堂的学习内容还要增加专门的口语交际情景活动，诸如演讲、对话、辩论等内容，并逐步开发，形成教材。

有关现代文选文内容还准备在初中增加有关“师生情”“亲情”“表达自我”等专题文章，以实现“以读促写”的学习目标；在高中增加选用诺贝尔文学奖获奖者的文章，以期提高阅读素养；还准备建设中考命题专题阅览室，进行定向阅读指导；还准备选一些名人博客上的网络文章当成课文学。

领着学生每学期都对教材进行部分更新，逐步建成适用自己学校学生的语文教材。遵循的原则是“把握文本与学情，构建和确定语文教学内容”。

确定好了师生都喜欢的学习内容后，还要具体确定每篇课文的“语文教学内容”。“语文教学内容”指的是语文课程实施活动中供教师教和学生学的内容，是语文教师根据语文课程标准和学生学习的实际需要，在备课中对教材内容的选择、加工和设计的内容，在教学过程中对既定内容的实施和适当地补充、删改。语文教学内容包括语文教学的重点、难点和疑点内容等。

主张“选择恰切的学习内容”。“恰切”是恰当而又切合实际的意思，“恰切的学习内容”这一概念源于“课堂学习研究”理论，照顾学生个别差异——从“差异开始”，学生是学习的主人，也是知识的建构者，是教师备课中不可忽视的重要内容。“恰切的学习内容”就是要求教师在教学中所选择的学习内容要恰当地体现教材的教学和要求，并能结合学生学习的实际。要选择“恰切的学习内容”，教师首先要在备课上下工夫。教材是在教学标准的指导下为学生编排的学习蓝本，也是教师备课首先要突破的第一目标。教师选取教学课题后，要在认真研究教材和教学要求的基础上初步明确所学知识的文化属性，确定教学的基础内容。语文在某种意义上说具有其他学科所不能比拟的广泛性，语文与其他课程或知识具有千丝万缕的联系，所以教师在考虑教材的同时，要做发散式构思，努力开发和利用课程资源，预设研讨问题、教学方法，根据所选“课题”预设语文实践活动。在语文教学中，教师要提前对学生的学习情况进行“恰切”的评价，关注他们的知识水准，关注他们的学习基础，关注他们的学习状态，关注他们的接受能力等。只有对学生的学情做出“恰切”的判断，才能更“恰切”地选择学生学习的内容。教师要从学生的薄弱处着眼，通过测评了解学生对关联知识的掌握程度，了解学生知识点的疏漏所在，尤其值得注意的是要关注学生的差异性，在充分掌握学生的学习基础、状态和差异的基础上，教师再根据所选“课题”的其他要求做系统、综合地分析，修改教师“预设”的问题，帮助学生确定学习目标，选择学习的重点和难点，并做出“恰切的内容”选择。要做好这些，教师要树立“从学生中来，到学生中去的”服务意识，养成课前预学、访谈，课后反思的良好习惯。

总之，语文学习内容一定要有利于真正的语文素养的养成教育，有利于“以文育人”的正能量传播和积累。

第六章

“以学为本”的认知启动式语文学堂学习策略

“以学为本”的认知启动式语文学堂的教学策略

围绕着“以学为本”的认知启动式语文学堂的教学原则，在师生共同努力下确定学堂学习内容之后。我通过20多年的语文实践探索经验，逐步形成了以下“以学为本”的认知启动式语文学堂的教学策略：

一、记忆启动式：“版块法”学基础知识

在语文学堂学习过程中，基础知识的掌握是前提，只有学生的基础知识过关了，养成了良好的语文学习习惯，学习素养自然也就得到了提升。学生在学习基础知识的过程中，要突出下述三种策略：

（一）运用“版块法”学习基础知识

学生以“版块法”为核心学习基础知识，具体操作如下：

1. 划分版块

以班级语文学习基础薄弱的学生为主，分版块做基础知识汇总表。基础知识的版块具体有：读音、生字生词、成语、近义词辨析、文学常识、文化常识、古诗词名句、名人名言、深邃哲理句、精美修辞句、要求背诵的文段等。

2. 学生按版块成立命题小组

根据各版块内容的多少，确定参与每个版块的学生人数，一般每个学生分一个单元。以版块为单位成立命题小组。

3. 版块命题

教师发样题供命题学生参考，各版块小组成员根据相应内容进行命题，先独

立命题再合作命题。命题小组根据规定的命题类型和数量遴选较好命题，并附上参考答案，在规定的时间内（最多一周时间）交稿。教师审阅各版块小组的命题及答案。

4. 命题测试及答疑

在学生自学各版块基础知识之后，教师使用各小组的命题安排测试，由命题学生阅卷、讲解答案，回答同学质疑，教师可以在旁协助。

命题的前提是提问能力，这是做学问的基本前提。培养学生命题的能力就是在培养他们提出问题的能力，只有会提问题的学生才有资格谈自学。

（二）利用工具书解决基础知识问题

在运用“版块法”学习基础知识时，学生不免碰到许多疑问。面对疑问，教师鼓励学生尽可能充分利用工具书来解决问题。学习是学生自己的事情，自己的事情自己做，这才是真正的“以学生为主体”。学中做——做中学，教师要培养学生利用工具书汇总资料的做学问的基本功。利用工具书就可以解决的基础知识问题，一定要求学生自行解决，教师千万不要越俎代庖。教师要切记：溺爱是害不是爱。只有养成良好的学习习惯，学生的自学才有了保障。

（三）大量记忆积累基础知识

就各版块的内容而言，该背诵的课文内容要求开学两月内必须背熟，人人过关，即使还未学习，也必须抢前抓早背诵，学习困难的学生适当缩小背诵范围。摒弃初级水平的记忆：机械记忆，浅层理解，简单应用，被动接受；走向中级水平记忆：意义记忆，中层理解，综合应用，主动探索；努力实现高级水平记忆：整体记忆，深层理解，创造应用，有所发现。语文学习在中学阶段70%～80%是靠记忆背诵积累的，这是基本功，必须扎实。

二、动机启动式：“加注法”学文言文

学习文言文的动机是什么？是古为今用，传承文化，翻译是前提也是基本动机。“以学为本”的认知启动式语文学堂中我倡导学生文言文的学习可以采用“加注法”策略，具体操作环节如下：

第一个环节：注音诵读。下发没有注释的新文言课文一篇，拉大行间距为“三行对译”留足空间。基础较好的实验班可以去掉课文中的标点符号。请学生自己借助工具书先给不认识的字注音。之后先进行自我朗读，尝试停顿断句（句读）、加标点符号；然后请一名学生当众朗读，其他学生正音和停顿；再全班自由读课文。

第二个环节：课文注释。学生找出自己认为应该加注释的字、词语、短语或句子，为它们加上注释。遇到不会的，可以借助《古汉语字典》加注，还不能确定的可以先和同桌商议，再和小组商议，合作加注。

第三个环节：注释答疑。每个小组找代表提出自己有疑义的注释，其他组帮助解答，如解答不上老师引导加注。如果有必要加注、却被学生遗漏的，教师可以质疑学生。最后让学生参看教科书的加注，进行比照后偶尔会发现教科书的个别注释错误，加以纠正。学生再读课文。

第四个环节：课文翻译。学生各自逐句翻译课文给同桌听；随后小组讨论每个句子怎么翻译更好（注意补足省略成分和句序）；然后找一个组选出代表翻译，其他小组、教师进行评议或质疑；澄清翻译的重点、难点和疑点（重点难点以"采分点"为主，如重要的实词、虚词、文言固定短语、古今异义词等）。学生再自读课文。

第五个环节：分析提问。针对所学段落的有关分析理解方面的问题提问，学生之间讨论回答，教师引导解答。刚开始采用此法教学时，不妨总结文言文学法——加注＋诵读＋理解＋落实。再读课文。

第六个环节：课文背诵。教师进行必要的背诵记忆指导，以思维逻辑关系为主导组织记忆，也可尝试用现代汉语复述文言文来还原记忆。

第七个环节：课文命题。学生独立命题，主要题型有：解释加点实词和虚词、翻译句子，句式特点和文章理解分析题目等。学生之间互相考核，互批讲解正确答案，并尝试为自己或互相留作业。

这种教学法具有许多优点：实现了"主动·合作·探究"模式，体现了教师为主导，学生为主体；充分相信学生具备提出问题能力，学生具备自学文言文的能力；学法的程序操作为学习过程的关键所在，这种教学策略充分体现了教法学法一体化，大多数好的学法可以直接转化为教法；体现了文言文教学不是教师的串讲，不需要像现代文那样分析讲解；解决了文言教学有效操作性差的根本问题；体现了文言文教学是一种语文习惯养成教育，尤其是学生学会了利用工具书来查找字音和释义进行训诂等学术研究活动；是智慧教学的有益探索，做到了把学习文言文的复杂问题简单化。

三、情绪启动式："小先生课"学古诗词

诗歌本身就是一种情绪的流淌。古人作诗时是在灵感状态下顺口吟诵的，是写作情绪的淋漓表达。绝不是坐在桌子前憋出来的。古诗词学习的底线就是学生会背诵乃至吟诵。学生当小老师是"学而思——思而学"的楷模，不仅小老

师自己会学善思而且还要教会其他同学会学善思。

就古诗词的学习来说，我认为在“以学为本”的语文学堂教学中可以采用“小先生课”的策略进行，即让学生当小先生上课，做好 PPT(吟诵或朗诵)，领着学生鉴赏。具体操作为：

1．备课

教师至少提前一周布置好古诗词课文篇目，小先生自行查找资料备课，按下列步骤写学案：

(1) 抓意象，共有几个意象，每个意象的具体含义。

(2) 明意境，客观景物和主观情感构成了怎样的情景氛围。

(3) 品诗艺，用了怎样的写作手法和修辞手法，诸如虚实相生、动静结合、情景交融等。

(4) 悟诗情，表达了诗人怎样的思想感情。

(5) 总评——诗人的写作背景、体裁、韵律，如何起承转合，提炼诗人的风格等。

(6) 别人的研究综述。

(7) 回答其他同学和教师的质疑。

(8) 如何指导学生记忆背诵(板书)，能教会其他学生吟诵，更妙也。

(9) 准备训练题检测全班同学。当然，也可以做延伸的同类型诗歌对比鉴赏，这是提高学生诗歌鉴赏水平的试金石。

2．试讲

小先生可以在家里先跟父母试讲。

3．上课

“小先生”给学生上课回答其他同学的疑问，教师从旁协助。让学生当小老师，兵教兵，是“以学生为主体，以学为本”的理想境界！不仅让学生当小老师学古诗词，还常年专门开设演讲课，锻炼学生的口才，让每个学生都学会演讲，这是语文学堂的天然使命之一。

“版块法”学习文言文、“加注法”学文言文和“小先生课”的开设，实践了“教师由主角到配角”的转型。学堂里究竟是谁学习，是学生，不是教师学。什么是“学”，《说文解字注》：“学，觉悟也”。学习是学生的自我觉悟，可见：教学是教师正确地、恰当地组织学生觉悟的学习活动。

学堂的中心是学生的学习，学生的学习是学堂教学活动的主线，教师的教学及其设计以学生的学习及其活动作为线索和依据，学生是学堂的主角，教师是配角。人本主义心理学认为，教师要成为方便学生学习的人，这也说明教学中教师应配合学生。值得强调的是,教师的配合是创造适合学生学习和发展的教育的根本保障。需要注意的是:强势的教师会不自觉把自己变成主角的。因此,教师有时要学会“示弱”!

四、推理启动式:“问题化”学现代文

“以学为本”的认知启动式语文学堂教学中,我认为宜采用“问题化”策略学习现代文。具体操作环节如下:

1. 选文环节

首先选择需要学生学习的现代文。选文原则为典范说明文、议论文,有文化含量的散文,获诺贝尔文学奖的经典小说(或节选)为主,兼顾应用类文体。

2. “问题化”预学环节

原则是问题必须产生于学生,绝不是教师提前下发教案冒充学案。教会学生在预学中提问题,提示学生注意三类文体的核心问题:说明文——概括说明对象及其特征、说明方法的判断及其作用、说明语言的准确性、说明顺序的辨别及其好处等;议论文——提炼概括中心论点或分论点(概括议论对象的特征)、论证方法的判断及其作用、论证结构的判断及其作用、议论语言的逻辑性、论证思路分析、论据分析等;记叙文——提炼概括主旨或写作意图、文脉的梳理、标题的妙处、人物形象分析、修辞句的判断及其表达效果、因果关系理解、描写方法的判断及其作用、概括事件或情节、段的作用(记叙顺序的判断及其作用)等。为此我专门设计了《中学语文预学本》。

3. “问题化”课堂学习环节

该环节的流程设计包括:

(1) 制定适切的“语文味”学习目标,没必要分成所谓“三维”机械地撰写,要突出学习重点、难点。

(2) 必须有问题链,即围绕核心问题铺设台阶的一连串问题,这些问题大都产生于学生的预学提问。

(3) 整个学习流程是“沉浸——体验——感悟——思辨”,以沉浸为前提,以思辨为思维指向。

(4) 学习亮点和高潮预设。

(5) 板书。

(6) 选择性、层次性作业。

(7) 跟进训练题。

4. 命题系列研究课

为了进一步巩固与拓展“问题化”策略，倡导教师领着学生上各类文体的课内外命题系列研究课。上课流程环节很简单：

(1) 学生预学整体把握命题点。

(2) 根据核心考点(问题)具体独立命题。

(3) 交流命题解析答案。

(4) 归纳总结。

(5) 延伸命题，学生自己命题考查自己的学业水平，是自学的有效检测手段。

以上环节的流程要突出思维能力培养，因为学习力就是思维力，学习过程就是师生、生生共同研究完成这些环节(当然，不同文章也可以省略或增加环节)；倡导“五主”：学生为主体、问题为主轴、体验为主线、思维为主攻、教师为主导。把知识问题化，把问题层次化，把层次递进化。启动元认知，引导学生用整体的构架来设计现代文的学习。

总之，现代文阅读学习过程中我们将重点解决两大类核心问题，一是“概括”类，包括概括事件、段意、情节、特征表现、中心主旨和写作意图等；二是“作用、好处”类，词语、句子、段落、标题等的作用、好处、意义等。具体问题的体现可以落实在七种句子上，具体指的是难句、修辞句、呼应句、因果句、过渡句、哲理句、总结性语句等，这些都有必要进行专训，引导学生真正做从提出问题到分析问题再到解决问题的学问。

解读文本就是对问题的思维推理过程。教师问的问题再有价值也不如教会学生提出有价值的问题更有价值。不是为思维而教，而是为思维而学。教会学生提问题，我认为应把文体价值作为核心价值取向。学堂里教师的口头禅是：孩子，你提出问题了吗？同学，你今天提了几个有价值的问题？

五、思维启动式：“自能”学写作

除了学生须能读书之外，尚须能作文。说到底，写作是思维的流淌，是思维的创新活动。接下来我将以记叙文、议论文为例阐述“以学为本”的认知启动式语文学堂教学中运用“自能式”策略指导学生写作。

(一) 作文即做人的记叙文写作

我认为，指导学生“自能式”学写作记叙文的操作要点如下：

总立意　记叙文写作首先要树立总立意，那就是，作文就是说好话、做好事、做好人、作好文。换句话说，做人即作文，做真人即作文。

题目　确定作文题目就是要明白文章需要写什么人品。其实作文题目不在于做很多，关键在于把一个主题做到一等文，做出难度、深度、高度和新意。重点写好三个人：老师、亲人、我。

事件价值　所记叙的事件价值要大，做到一般人做不到的体现好人品的事件。

审题　从审题目到审题材，即审查写什么事件、体现什么人品。审题的有效操作："审题目"环节，即诠释题目中的关键（核心）词语、明确写谁以及确定文章的中心（人物的品质）；"审题材"环节，确定写谁的哪几方面的事（佳事转化）。

立意　作文中的思想要深邃，高尚人品是立意的核心。记叙文写作训练的核心主题立意：如感动（体贴）、成长（成熟）、读书（学习）、美、爱心（助人为乐）（善良）、感恩等，均离不开做人的优良精神品质。

情节过程　有情节过程才感人，需要描述怎样做好人的过程。

细节　精彩细节指的是人品的闪光点动情点，有精彩细节文章才动人。

过渡　承上启下写好过渡段，可以从不同侧面和事件来展现人品。

结尾　采用首尾呼应的方式写出具有吸引力的文章，不仅进一步彰显了人品，更升华了文章的主旨。

另外，记叙文的写作离不开丰富的素材，这就需要引导学生平时积累主题素材，包括主题词诠释、立意、成语、古诗词名句、名人名言、别人和我的鲜活事件、美文精段、例文欣赏等，筛选合编《作文粮仓》，解决作文的无米下锅问题。

（二）多种思维历练出议论文写作

引导学生自能写作议论文，首先需要注重培养下列四种思维能力："反弹琵琶成新曲"的逆向思维（一分为负一），"泾渭分明见清浊"的对比思维（二分之一），"横看成岭侧成峰"的发散思维（多元，一分为三）以及辩证思维（一分为二）。其次，开设《形式逻辑》必修课程，让学生掌握复句、句群关系，逐步学会逻辑推理。学习"辩证法"，用理论武装，让学生尝试用哲学观点分析问题。再次，用《议论文写作提纲量化训练卡》给议论文"搭架子"，解决结构问题。学生自己做主题素材论据积累来建设自己的"作文粮仓"，解决论据问题。另外，也可以开设辩论等思维活动课，让学生有根据地思考、有条理地思考、反省性地思考、批判性地思考、彻底地思考、系统地思考，成为思想者。

推理启动式的"问题化"学习现代文和"思维启动式"的"自能式"学作文实践了"教师由讲授者到引导者"的转变。引导者是现代教师角色的定位，它表现为间接教学，教方法，讲方法，让学生学会。学生对任何知识的真正掌握都是建立在自己的独立思考上。正如每个人都只能用自己的器官吸收物质营养一样，每个学生也只能用自己的器官吸收精神营养。从讲授者到引导者的转向体现了教学过程中对学生独立性的认可和尊重。①从客观上讲，每个学生都有独立的意向和独立的能力。著名教学论专家江山野据此指出，学生在学校的整个学习过程就是一个争取独立和日益独立的过程②。从主观上讲，学生的独立意识和独立能力还有赖于教师的培养和进一步提高，特别是在基础教育阶段，对待学生的独立性和独立学习，还要有一种动态发展的观点。从教与学的关系来说，整个教学过程是一个"从教到学"转化的过程，也是从依赖到独立的过程。在这个过程中，教师的作用不断转化为学生的独立学习能力。随着学生独立学习能力的由弱到强、由小到大的增长和提高，教师的作用在量上也就发生了相反的变化，最后是学生基本甚至完全独立。为此，教师要指导学生学习策略和学法，要做不让学生依赖的教师！

作文即做人的记叙文写作实践研究

对于中档以上学生来说，语文分数决定着中考命运；作文的分数决定着语文学科的命运：大于52分（满分60分），市重点就相对稳定了；低于50分，市重点就危险了；低于47分区重点就危险了；低于44分考高中就危险了。

因此，我们定的作文分数目标是大于等于52分。要考好语文，不爱作文，还能爱谁呢？

一、考什么样的作文题目

先看近13年的作文考题：

2013年　"今天，我想说说心里话"

2012年　"心里美滋滋的"

2011年　"悄悄地提醒"

2010年　"黑板上的记忆"

2009年　"在学海中游泳"

2008年　"我眼中的色彩"

---

① 余文森.教师角色在课堂上如何转型[N].中国教育报，2012年11月29日.

② 江山野.论教学过程和教学方式（上）[J].教育研究，1983(9)：39～44.

2007 年 “记住这一天”

2006 年 “我们的名字叫__________”

2005 年 “充满活力的岁月”

2004 年 “我的视线”和“我们是初升的太阳”

2003 年 “我想唱首歌”

2002 年 “为自己竖大拇指”

2001 年 “有家真好”

纵观上述题目，从九个角度研究，我们可以得出如下结论：

1. 作文题型

考全命题，基本不考半命题，可以有提示性语言，更多的是没有提示性文字。就是给了一个固定的标题，保证大家在做同一个题目，这样才公正、公平。不同的题目是不可比的，严格地讲也不能用同一个评价标准批阅的。

半命题作文的先天不足有哪些？即为什么不考半命题作文的理由。近 13 年只有 2006 年考的是半命题，实际考下来因为学生填入半命题的词语或短语千差万别，有上千个不同的题目，致使阅卷时不可能每类题目都有单独的统一的作文阅卷标准，阅卷较为困难，不少阅卷老师阅卷结束时还不知作文阅卷的具体标准，事实上当年考生的好作文也很少。半命题利于套作，不利于杜绝宿构；甚至有的半命题等于没题目。

2. 《考试手册》和《教学大纲》

都要求考记事写人的记叙文，即不考写景抒情的散文，也不考说明文和议论文。以近 13 年题目为例都不适合写议论文和说明文，只适合写记叙文。

再如，某区二模的作文题目是“你了解它（他、她）吗”，一看这个作文题目就不是写记叙文的，应该是说明文的题目；题目中有“吗”也可能是议论文的题目，如鲁迅的“中国人失掉自信力了吗”。

3. 标题字数

标题字数均大于等于 4 个字。趋势：字数可能会更多，为什么？

以往的高考题考过 1～3 个字的，是主题词或话题，如“杂”“忙”“他们”，主题或话题严格地讲还不是具体题目，考生立意时还可以有很多角度，只要和主题词或话题词相关即可。字数较多的题目往往有限制，保证大家在做同一个题目，有利于阅卷统一标准的操作，有利于选拔。

标题中的标点符号也算字数。要特别注意标点符号中的引号，如“天冷了，多穿点儿!”引号的作用是引用,必须是谁对谁亲口说的一句话;再如“妈妈,我爱你!”有的考生先写了妈妈如何爱我的两件事,最后写道:妈妈如此爱我,我在心里想对妈妈说“妈妈,我爱你!”。这篇文章不能及格,因为他把题目改成了“妈妈,你爱我!”,必须写我爱妈妈的两件事来证明我爱妈妈。

4. 写谁

小“我”为主,基本不写“大我”——“我们”,以近 13 年题目为例,都要求明写或暗写小我:“今天,我想说说心里话”标题中有“我”;谁“心里美滋滋的”?应该是“我”;谁“悄悄地提醒”?虽然可以写别人悄悄地提醒“我”,但“我”提醒别人价值更大;谁的“黑板上的记忆”?就应该是“我”;谁“在学海中游泳”?显然是“我”;“我眼中的色彩”标题中有“我”……只有 2006 年要求写“大我”——我们,这是个伪命题,因为“我们”不会有一个名字,每个人都会有自己的名字。编《优秀作文选》时根本没有好文章,因为“大我”不符合学生现状,大多数孩子为独生子女,没有体验到“合作”和“集体”的精神,更因为“大我”必须写出“集体”和“合作”精神。

那么,“小我”如何变成“大我”呢?加个人物即可,因为“我们”是“我”的复数。如“体贴入微”,本来只写我体贴入微地关爱妈妈,现在再加一个爸爸就可以了,因为本来爸爸就很早地体贴入微关爱了妈妈。

5. 题面表述

题面表述都是正面表述,不从反面表述,即不出现否定词——没有、不、未。

如某区某年小升初第一次测试作文题是“小事不小”,严格地讲含有了否定词“不”,从反面增加了审题障碍,建议改为“一件意义很大的小事”,因为中考作文题目是按照毕业考要求设计的,在只有 40 分钟时间紧的状况下,不应给考生在审题上设置较大障碍。

6. 核心词(关键词)

核心词要明确,易懂,不要那么多的象征义、比喻义、引申义。为了防止撞车,更不与近几年中考考过的作文题目中的关键词(核心词)重复。以近几年中考作文题目为例:

“今天,我想说说心里话”的核心词是“心里话”;“心里美滋滋的”的核心词是“美”;“悄悄地提醒”的核心词是“提醒”;“黑板上的记忆”的核心词是“记忆”;“在学海中游泳”的核心词是“学”;“我眼中的色彩”的核心词是“色彩”……

反例:“身边的风景”,这里的“风景”显然不是自然风景,但是什么其他风景呢?具体是什么人文风景呢?考生一时难以把握。“路上的发现”这个题目的语句根本没说完，等于半命题，发现了什么？什么路上？都不明确，考生搞半天还是未能审好题立好意。“灿烂的微笑”这个题目本身就是自相矛盾“灿烂的笑”一定是“大笑”，“微笑”是“小笑”，命题者究竟是让考生写“大笑”还是“小笑”？令人费解。

7. 时间

时间不考瞬间。看看近13年上海中考作文题的时间最短是“一天”，为什么？因为强调过程——即事件必须有情节，即“起因——经过——结局”或“发生——发展——高潮——结局”。有情节过程才感人。没有过程的结局是没有说服力的。

反例：“成长，是瞬间的事”“那一刻，我长大了”，这都是伪命题，是“扯淡”，与客观实际不符，实际上学生在作文过程中也不可能用几百字真正写好瞬间，阅卷时也无法落实。

8. 不考伪命题

不考伪命题或半伪命题，就是不合实际逼着学生说假话的题目。如“充满活力的岁月”，让十五岁孩子写“岁月”，本身就荒唐，没有几十年何谈“岁月”？一直充满活力，怎么可能？非得亢奋不可！“幸福，就在那一刻绽放”也是明显的假话，词语本身搭配不当，句子不通，比喻的话也应是“幸福之花”，让九年级孩子写“幸福”就是逼着考生矫情——应试情况下，九年级的孩子幸福在哪里？初三的孩子能真正理解幸福吗？还要像花一样绽放，可能吗？

9. 有引导做人方向的命题意图

命题意图要注重正能量的以文育人，不考负能量。写作基本功主要指的是：记事选材的基本功和人品立意的基本功。“以文育人”就是通过写这篇文章引导考生做怎样的人：如2013年“今天，我想说说心里话”引导考生说出心里话，做个说真话的真人；2012年“心里美滋滋的”引导考生做个心灵美的人，享受快乐因子；2011年“悄悄地提醒”引导考生做个“为他人着想，保护他人的自尊心，给别人面子”的人；2010年“黑板上的记忆”引导考生做个感恩老师的人；2009年“在学海中游泳”引导考生享受学习过程，做个爱学习的人；2008年“我眼中的色彩”引导考生发现美，尤其是精神品质的美。

因此，考生在备考时要多做全命题的记叙类题目，即使是全命题之外的其他类型题目最后也都能转化成全命题题目，这是毋庸置疑的。

二、写好三个人

中考考试手册和教学大纲都要求主要考记事写人的记叙文，既然是通过

“事”来写“人”，最终还是写人，那就一定要写好三个人：

(一) 老师——最好是初中老师

“今天，我想说说心里话”，可以写我对老师说说心里话。

“心里美滋滋的”，可以写老师夸奖我，我心里美滋滋的。

“悄悄地提醒”，可以写我悄悄地提醒“老师”要多多保重。

“黑板上的记忆”，一看题目就知道一定要写到老师的。

“在学海中游泳”，写此题目必须写到跟着老师学习了什么。

“我眼中的色彩”，写老师的爱心或奉献精神是很好的“色彩”。

“记住这一天”，完全可以写这一天和老师发生的感人的事件。

“我们的名字叫__________”，直接填入老师，是个比喻的说法，可以写我们教育了他人什么。

“充满活力的岁月”，老师是我活力岁月的重要相关人物。

“我的视线”，可以写我的视线关注的是老师。

“我想唱首歌”，可以直接写我想唱一首赞美老师的歌。

“为自己竖大拇指”，可以写老师为我竖大拇指，随后我也为自己竖起大拇指。

“有家真好”，这个家可以是班集体，老师是家长；当然也可以写父母是老师，我体会到“有家真好”。

1. 如何仿写、改写

一必须明确写老师的什么品质，二必须明确从哪几方面写老师，三用什么事来写这几方面突出老师的什么精神品质。

老师的品质：奉献＋爱心＋自信心传递；哪几方面：教学成就＋课堂教学＋对待学生＋学生评价。

2. 指导学生创造性仿写、改写案例

【原例】

穿黑衬衫的数学老师①

光彩夺目的教室门口，常常站着一个皮肤白净一身黑衣的男子。听说，那是帅哥美女班的数学老师，那真是王中之王呀。听说，他大学一毕业就带高三，犹如英国王子上前线。听说，他很棒、很棒。

高二的暑假，我们按加试科目分了班。我被分进了一个由半个物理班和半

① 刊于2007年3月30日《文汇报》，作者易蓉.

个政治班组成的班级。校领导为了补偿我们的不完整，特地安排了各个科目的优秀教师来特别照顾。我们班的数学老师，就是那个黑衬衫的C。

我的高三，除了有点犯困之外，半点灰色都没有。每天的数学课、数学自习、数学午休，总之，一切可以见到C老师的时间，成了我们“痛，并快乐着”的非常时光。

其实，上C老师的数学课，我会紧张到双手冰冷，甚至发抖。但是，我喜欢上数学课，非常喜欢。C老师的数学课节奏非常快，快到大家都是摒着呼吸记笔记，没有一秒钟开小差的机会。他总是风趣幽默，思路清楚。记忆中，自己经常前一分钟笑到肚子疼，后一分钟继续发抖记笔记。我的数学笔记，是两本厚厚的、好看的本子，用专门的黑色圆珠笔写下公式和概念，蓝色记例子，用铅笔画图，用紫色记重点，红色标注，荧光色……那些笔记现在还留着，感觉不仅是数学宝典，更像记录闺中心思的日记本。记得好友Heidi的黑色活页笔记里还写着C老师讲的笑话，笑话旁边，还有个“哈哈”。

数学对于C老师，更像玩具和游戏。他是主持游戏、操纵规则的大孩子，我们是行走于他巧妙布局的迷宫的小孩子——虽然屡屡碰壁，却乐此不疲。

最后的模拟考前一个礼拜，C老师因为是“身强力壮”的优秀青年教师，所以献血去了。献血之后，可以休息一个星期。于是，我们的数学课就“自习”了一周。没有C老师的数学课，对于我来说根本索然无味，所以一个星期，我没有碰数学。模拟考，我阵亡了，惨不忍睹。

C老师回来以后，我跑去他的办公室里排山倒海地哭了一场。虽然他一直以为我是对自己的成绩绝望了才会大哭，其实我心里明白，我反而是觉得他会对我从此绝望，只是觉得辜负了他，辜负了喜欢的数学，而哭。那天，同桌还以为我被C老师骂了，我揉揉眼睛回答：“他身上的烟味好重，我要晕了。”也是那天，我红肿着眼睛笑着拍了毕业照。

一个雨天，和男友撑伞走在路上，他太高，雨飘到了我的脸上。忽然想起高中某一个下着大雨的下午，在学校附近，看到了熟悉的黑衬衫，正为女友撑伞，他太高，就躬着背，搂着她、整把伞都在她的头上，那黑衬衫，几乎全湿了。一个红灯，我就站在他们身后，看着那件衬衫，呆了。

大学，恋爱，毕业，工作，C老师和高中那段快乐的记忆渐渐沉入心底。要不是那天，Heidi发给我一个链接，C老师也许就像许多青春故事那样，被城市里的黑云尘封了。感谢网络，那个链接竟然有一个“我爱C老师”的帖子。一个毕业多年的校友，号称自己高中时就迷恋上C老师，至今无法忘怀，甚至亲吻男友时都会浮现C老师的“俊容”。此帖一出，立即引来无数C老师的粉丝，甚至接二连三出现了“我是学姐”、“我也是学姐”的暗恋姑娘们，热火朝天地讨论C老师还是否单身……

一个好老师留给我的青春记忆，不仅是一种喜爱，那随时能够被点燃，从心底冒出的乐歪歪的泡泡；而且是，如何用有光彩的生命，去一下子照亮一种工作，一种职业，甚至照亮其他人的命运。

［简析］

“肖像描写——教学成就——课堂教学”的总感受和课堂教学注重记笔记——奉献精神的最大体现“献血”——对待考试阵亡的学生——呵护女友——网上帖子的评价(背面)。总结:侧面和正面描写相结合的写法。结尾升华主题写出了老师的功用。

【仿写、改写例】

教过我的一位好老师

周志莲

时间如小河的水，带着悠悠笑声流去。岁月匆匆，无法冲淡的是我对X老师的感情。

我才进中学不久，就听说了X老师的厉害。据说那一年中考，他带的一个班级，所有人都考上了市重点。他，是我们学校的神话吧。

升初一那年，X老师居然成了我班的数学老师。还记得他第一次走进教室上课，我坐在座位抬头打量着他，长得并不高，皮肤黝黑，鼻梁上架着一副深黑色眼镜，俨然是一个小老头。只见他眉头紧蹙，透露着几许严厉。我暗自猜测，他应该是十分严格的吧。可往后听到的那些“X老师和我们班男生在打篮球哎!”“X老师今天早上和我碰到，一起吃的早饭哎!”等话语打破了我对X老师的看法，他是一位和蔼友好的老师吧。

初一下半学期的数学涉及了几何运算，而身为女生的我却对几何一点也不“感冒”。然而，上X老师的课，我还是会紧张到双手冰冷，甚至发抖。X老师的数学课节奏非常快，快到大家都是摒着呼吸做笔记，没有一秒钟开小差的机会。一次，我因为发烧而落下了一天的课。没想到第二天中午，X老师不仅把我叫到办公室补习，还把自己的备课本借给我记笔记。他，是一位认真负责的老师吧。他的备课本是厚厚的、好看的本子，用专门的黑色水笔写下公式和概念，蓝色水笔记例子，铅笔作图，用红色标注……感觉它不仅是一本备课本，更像是一本数学宝典。记得那天一放学，我就去书店买了一本新的笔记本。直到现在，我还一直用这种方式记笔记。

初二的那次月考，一向数学成绩优异的我考得并不理想，理所当然的，X老师把我“请”到了办公室。当我脚步沉重地走到办公室门口时，看见他正在那翻箱倒柜。只见他努力踮起脚尖，一只手托在胸前，另一只手好像正从柜子里掏出了什么东西。我走近前去，令我惊讶的是，那竟然是包薯片。再看他的怀中，满满的都是。他腾出一只手，将呆住的我拉到沙发旁，再将怀中的零食堆在茶几上。“小Z，化悲愤为食欲吧。一次悲愤就够了，老师可没那么多薯片噢。”我心中的石头似乎落下了，朝他递去感激的一眼，便吃起了薯片……看似的一句玩笑话，却激励着我不要轻言放弃，相信自己。他是一位传递自信心的老师吧。

我现在终于懂得X老师的厉害，是“收买人心”啦。尽管X老师今年调离了我校，而我却一直惦念着他。惦念他如同朋友般的友好，惦念他如同父亲般的关心。

【提炼仿写、改写方法】

肖像描写：运用了逆向思维——反弹琵琶成新曲。由原文的“酷帅”——改文的“平常”——内在的平和（平易近人、和蔼可亲）。

教学成就：运用了顺向思维——一江春水向东流（由原文的“一毕业教毕业班”——改文的“全班都考上了市重点高中”）。

课堂教学：运用了追根溯源（换位思考）法，由原文“学生用多种颜色笔记笔记的注重良好学习习惯的养成教育”——改文的“老师功夫砸在备课上的多种颜色笔写的备课本”。

善待学生：运用了添加情节法——添加的情节是详写“老师给我吃薯片”，这就体现了教师智慧——学生考试不尽如人意时本来就不开心，此时的教师不应该再批评学生，应为学生着想变相鼓励，善待考试失利的学生——给学生吃薯片是善待学生的创举，有心的孩子下次再考不好从内心就会感觉对不起老师，以情驭人。

其实，把老师写得多么好都不过分，但把老师写得不好（丑化）就不太合适。阅卷老师在看到学生写老师好，都会喜滋滋的。

建议作业：作文题目是“跟着老师学做人”，建议给你最喜欢的老师写一篇文章，在教师节献给他（她）。

（二）亲人——主要包括六个人：爸爸、妈妈、奶奶、爷爷、外公、外婆。

“今天，我想说说心里话”，可以写我对亲人说说心里话。

“心里美滋滋的”，可以写亲人夸奖我，我心里美滋滋的。

"悄悄地提醒",可以写我悄悄地提醒"亲人"要多多保重。

"黑板上的记忆",老师可以在黑板上写下四个字"关爱亲人"。

"在学海中游泳",可以写跟着亲人学习了什么。

"我眼中的色彩",写亲人的体贴呵护或奉献精神是很好的"色彩"。

"记住这一天",完全可以写这一天和亲人间发生的感人的事件。

"我们的名字叫__________",直接填入亲人,是个比喻的说法,可以写我们之间的深厚情感。

"充满活力的岁月",亲人是我活力岁月的重要相关人物。

"我的视线",可以写关注的就是某个亲人。

"我想唱首歌",可以直接写我想唱一首赞美亲人的歌。

"为自己竖大拇指",可以写亲人为我竖大拇指,随后我也为自己竖起大拇指。

"有家真好",一看就知道是写亲人的。

(三) 自己——小我

近 13 年的中考作文题,毋庸置疑都要写到"小我",即使是写"大我"的"我们的名字叫__________"也必须要写我是怎样和别人合作的事件的。

写好"小我"才会写出真情实感。而"真情实感"是记叙文评价标准中最重要的项目之一。请考生切记:文中必有"我",即使是完全可以写别人的文章,也要写出我和别人的交往,即别人也要和"我"相关。

关于老师和亲人的文章,只要写好一篇达到一等文的即可,关于写"我"的至少要写好两篇达到一等文的文章。因为学以致用是学习的真正目的,作文也一样:就是把自己平时写得最好的文章的事件想办法机智地活用在考场作文里。

三、必须要准备好的几个主题

建议重点训练感动(体贴)、成长(成熟)、美、读书(学习)、善良(爱心、助人为乐)、感恩等主题。

(一) 成长、成熟

"今天,我想说说心里话",知道自己要经常和他人说说心里话,也是走向成熟的表现。

"心里美滋滋的",可以写我心里美滋滋的,拥有快乐的心情本身就是成熟的重要标志。

"悄悄地提醒",可以写我悄悄地提醒"老师"要多多保重,这就证明我在成长。

"黑板上的记忆",就是要通过"记忆"表达感恩老师的心声,一个懂得感恩的人是走向成熟的。

“在学海中游泳”就是要写在学习的海洋中的“成长”的难忘的走向成熟的过程经历。

“我眼中的色彩”就是要写出成长过程中看到的或感受到的暖人情感的多彩的心灵、道德、精神、思想，能感受到这些“色彩”的人会慢慢成熟的。

“记住这一天”就是因为这一天里发生了“成长”事件，使“我”走向成熟。

“我们的名字叫__________”直接在半命题填上“成长”即可“我们的名字叫成长”。

“充满活力的岁月”，不“成长”的人怎么能感受到充满活力的岁月呢？

“我的视线”中的“视线”就可以直接写关注了“成长、成熟”。

“我想唱首歌”，懂得“歌颂身边的人和事”了是成长、成熟的标志之一。

“为自己竖大拇指”就是自己心理“自信、成长”的表现。

“有家真好”，能说出这句话的孩子本身就是在“走向成熟”了。

其实，大型考试的命题离不开考生的生活本身，这就意味着一定要“成长成熟”。平时训练“成长（成熟）”这一主题时，建议循序渐进做以下几个题目：我懂事了——我懂道理了——我比以前懂道理了——做个通情达理之人。

（二）读书(学习)

“今天，我想说说心里话”，可以写心里话就是要好好读书、学习。

“心里美滋滋的”，可以写读书、学习有了很大收获，我心里美滋滋的。

“悄悄地提醒”，可以写我悄悄地提醒“自己”要好好读书、学习。

“黑板上的记忆”，就是要通过“记忆”来写和读书（学习）有关的事。

“在学海中游泳”就是要写读书、学习的过程。

“我眼中的色彩”，完全可以写读书的“色彩”。

“记住这一天”就是因为这一天里发生了有关读书（学习）的难忘事件。

“我们的名字叫__________”直接在半命题填上“学习”即可“我们的名字叫学习”。

“充满活力的岁月”，就是写出读书（学习）的思维活力。

“我的视线”中的“视线”就可以直接写关注了“读书（学习）”。

“我想唱首歌”，完全可以写唱有关读书（学习）的歌。

“为自己竖大拇指”，可以写自己读书（学习）上的自信的事件。

“有家真好”，把“家”比喻成一本书，值得好好“读”，父母的精神品质值得好好学习。

平时训练“读书(学习)”这一主题时,建议循序渐进做以下几个题目:读书的滋味——与书为伴——在好书的引领下——读好书,做好人。

(三) 善良(爱心、助人为乐)

“今天,我想说说心里话”,可以写我对别人或自己说:做人要善良,要善待他人。

“心里美滋滋的”,可以写我做了一件助人为乐的事,心里美滋滋的。

“悄悄地提醒”,可以写我悄悄地提醒别人或自己要善良,要善待他人。

“黑板上的记忆”,就是要通过“记忆”来写善良的事。

“在学海中游泳”就是要写学习做善良的人的过程。

“我眼中的色彩”,完全可以写善良的“色彩”。

“记住这一天”就是因为这一天里发生了有关善良的难忘事件。

“我们的名字叫__________”直接在半命题填上“善良”即可“我们的名字叫善良”。

“充满活力的岁月”,就是写善良的情感活力。

“我的视线”中的“视线”就可以直接写关注了“善良”。

“我想唱首歌”,完全可以写唱首善良的歌。

“为自己竖大拇指”,可以写自己善良的自信事件。

“有家真好”,把“家”中长辈的善良的精神品质值得好好学习。

四、如何做主题素材积累

主题明确了,还要做好主题素材积累和活用。那么如何做主题素材积累呢?请仿照下面的案例①的程式来操作:

作文主题:感动

【概念诠释】

感动是指思想感情受外界事物的影响而激动。感动是由别人的行为引起的一种思想感情方面的主观反应。当然,自己也可以是感动的发动者,去感动别人。感动来源于人的心底,那微微荡起的波澜、泛起的涟漪,都会使人怦然心动。生活中一个关切的眼神,一句鼓励的话语,一个细微的动作,都能使人内心感到温暖而感动。

① 刊于 2008 年第 37 期,《语文报》上海版,有删节.

【立意提示】

美好的情感让人感动。

感动是一种善待，是善待别人，也是善待自己。

感动是打碎冷漠的人性，感动是复苏麻木的心灵，感动是体味幸福的滋味。

感动使人成长。

【成语】

感激涕零　热泪盈眶　不胜感激　感天动地　感人肺腑　荡人心腑

【古诗词名句】

(1) 感时花溅泪，恨别鸟惊心。　——杜甫《春望》

(2) 衣带渐宽终不悔，为伊消得人憔悴！　——柳永《蝶恋花》

【名人名言】

(1) 感动就是生活得美不胜收。　——亚当·桑德勒(美)

(2) 感人的歌声留给人的记忆是长久的。　——吴伯箫

(3) 人间最美好的是感动，这感动，不只是别人做了好事感动了你，更重要的是你做了好事感动别人，你看见别人受感动的脸，那是人间最好的感动。

——冯骥才

【鲜活事迹】

(1) 我的事迹(略)。

(2) 林秀贞，河北省衡水市枣强县王常乡南臣赞村农民，30 年如一日，她克服了各种困难，像女儿一样赡养了 6 位孤寡老人。她始终记得她母亲的朴素教诲：人人管闲事，世上没难事；人人都帮人，世上没穷人；千千治家——用一千分的力量来治理自己的家，万万治邻——用一万分力量来处理邻里关系。

(3) 汶川地震感动人物——谭千秋，中国地震应急搜救中心的救援人员在德阳市东汽中学的坍塌教学楼里连续救出了 4 个学生，这 4 个学生能够活下来源于他们的老师兼教导主任谭千秋。“我们发现他的时候，他双臂张开着趴在课桌上，身下死死地护着 4 个学生，4 个学生都活了！”一位救援人员描述着当时的场景。

【美文精段】

1. 有一种心情叫感动

小叶子

曾有朋友写给我这样一句话：“我们之所以会擦肩而过，不是因为无缘，而是

我们的生活中少了两个字——感动。”的确，我们的心因此不再敏感，我们不再用心收藏起身边的一丝一毫感动，只有当我们错过它，再回首时，才发现原来真的失去了很多。

总有人抱怨这世上可感动的事情越来越少。可是，只要静下心来想一想，你就会发现，其实感动无时不在，无处不在。

读书累了，父母为我们削个苹果，是感动；口渴了，朋友帮你打回一杯水，是感动；沮丧时，得到一句宽慰的话，是感动；高兴时，有朋友与你一起分享快乐，是感动；平凡的日子，收到一份小小的祝福，哪怕只是一片花瓣，一片树叶，也是感动……

人啊，每天被多少平凡的事情感动着！或许，有时正是由于它们的平凡才让我们视而不见。有这样一句话：“人之所以会感动，是因为他生活在爱之中。红尘有爱，人间有情，我们又有什么理由要让庸碌蒙住眼睛而无法感受感动的滋味呢？

感动是什么？一千个人有一千种答案。但无论是谁，都无法对一个毫无感情的人说出感动究竟是什么。因为感动不是用嘴说出来的，而是用心品出来的。

感动，如沁人心脾的甘泉。畅饮甘泉，我们的内心变得澄澈而又明亮。

感动，如熏人欲醉的海风。感受海风，我们的内心变得纯净而又宽敞。

感动，如令人心折的白雪。领略白雪，我们的内心变得安静而又平和。

2. 感动馈赠

乔　叶

一次我和一位朋友到外地办事。火车上的时光难以打发，幸好列车播音室不断地播放着一些很好听的歌曲，听着这些歌曲，倒是一种很有情调的感受——这些乐曲都是朋友们点播的，在点播词里，有人是献给一同旅行的朋友的，有的是献给在火车上刚刚认识的朋友的，还有人是献给乘务员的，更有甚者是献给共同乘坐这辆列车的所有旅客朋友们的。

“其实，听着这些乐曲，我的心里常常十分感动。”朋友忽然说。

“感动什么？”

“为这些点播者啊！”

“你知道他们是出于什么动机吗？”我笑道。

“无论他们是出于什么动机，我觉得自己都有理由感动。”朋友说，“如果他们是为了献给我们祝福，那么我们应该感动；如果他们是为了让我们和他们同享快乐，那么我们也应该感动；如果他们并不快乐却想给予我们一些快乐，那么我就更应感动，不是吗？”

“可是，你看看车厢里的这些人，谁像你这么容易感动？”我环视四周，说道，“说不定还有人嘲笑他们，说他们既幼稚又神经呢。”

“所以我为这些人感到悲哀。”朋友说，“在今天，当人们满耳朵听到的满嘴巴讲出的都是‘人心不古，世风日下’的感叹时，却不曾想到：有许多人连这种起码的感动都会迟钝，都会麻木，都会吝啬，都会熟视无睹——甚至还会失去。也许只有到了有一天，当人们都能够相互珍视感动，习惯感动，并且常常互相馈赠感动时，我们的世界才会变得真正的美好起来吧！”

看着朋友的面庞，我忽然想：感动到底是一种什么情绪呢？是不是对生活的感恩？是不是灵魂里的感动？是不是一颗敏锐的心里最温暖最柔弱的那一部分？

也许这些都是，也许还不仅仅是这些。然而无论如何，我知道我都不会再忽略感动、轻视感动了。其实，感动也是如此啊！我为自己对感动的感动而深深地感动。

【例文展台】

我感动了身边的人

海盐是结晶，它拥有海的记忆；感动是果实，它拥有爱的倾注。

一个星期六的早晨，我放假在家，独自一人坐在阳台上，享受着春光的温暖。转头看见隔壁家的女孩儿正往自家的花盆中种下一粒种子，然后用土将它小心地埋好，浇上水，之后便拉来凳子坐在盆边，咧着嘴，目不转睛地盯着刚种下种子的地方。又是一个星期六的早晨，阳光依然和煦灿烂，听见隔壁女孩哭着嚷着：为何葡萄籽还未发芽？我转身离开，到了花市，回来时手中多了一株刚发芽的葡萄藤，敲开了隔壁邻居家的门。来开门的是小女孩的父亲，我将葡萄藤塞到了他手中。他看了看我，又看了看手中的葡萄藤，感动地笑了。第二天清晨便听见小女孩兴高采烈地叫声：“发芽了，发芽了，我的葡萄发芽了。”我站在阳台上，他的父亲看到我，会心地笑了。

……

感动身边的每一个人，用的是爱。在爱的天平两端，我要将这个世界高高弹起。盐是那样的均匀洁白，它给食物以美味，而爱也一样，它丰富可爱，给这个世界以美好。我要把这爱给予身边的每一个人，感动他们。盐溶于水中，看不见却尝得到；爱溶于生活中，看不见却感受得到。他们分明感受到了，是我用爱感动了身边的人。

点评："爱"与"盐"的类比很独到，很恰当，认识较为深刻。首尾呼应，写出了材料的深度、难度和象征意义。第一个材料的价值性体现在保护了孩子的童心和好奇心，事件难能可贵地上升到了精神层面。"我感动了身边的人"是"感动"这一主题的最上位，"事件"起步价最高。

【讲解每个栏目的功用和如何做栏目内容】

(1) 主题诠释：就是用简洁的话把主题词解说清楚。

(2) 立意提示：就是该题目可以有多少个有价值的中心，统统列出来，再比较哪个适合自己写。

(3) 成语：和主题正相关的成语若干条。

(4) 古诗词名句：和主题正相关的古诗词名句若干条。

(5) 名人名言：和主题正相关的古诗词名句若干条。

(6) 鲜活事迹：我自己做的正相关事件 1～2 件。积累的别人做的和主题正相关的事件 1～2 件。

(7) 美文精段：积累和主题正相关的美文精段，可借鉴为开头和结尾。可进书店，找《高中生优秀作文选》＋名家名作；进图书馆和阅览室，找刊首寄语、卷首语、美文等。

(8) 考场例文：外地或本地中高考正相关主题优秀作文含评语，了解考场作文的真实面孔。

(9) 名家名作：一些中外大作家写的正相关的作品，以开阔视野。

五、如何判断事件的价值

中考要求写的是较为复杂的记叙文，因此从数量上来看就不能只写一件事，两三件总归比一件事更有说服力和证明力。两三件事容易从不同的角度表明中心，只有一件事万一偏了根本无法补救，两三件事才可能更深入些。如写三件事时要注意字数也不要写到 800 多，占用了答阅读题的宝贵时间。

在考前必须准备三件以上令人感动的、难忘的、有意义、有价值的事件，最好都是能达到"心理"和"精神"层面的。

判断事件的价值有两个角度：

(一)"事"的角度，即"事件——事理——事情"

先概括事件，即什么人做了什么事，一般控制在 8 个字以内。再看文中的点睛语句体现了什么事理。体现事理的关键词、短语或句子应是标题中的关键词，因为写事的目的还是为了表明其中蕴含的道理，写文章是为了表达思想，事理就是思想，事理还能看出扣题是否紧密。三看文中体现感情的词语或短语或句子，表达了行为人怎样的感情，事情就是事件蕴含的感情，因为写文章又是为了表达感情的。

(二)“动”的角度，即“行动——互动——情动”

初一以前写作文基本上都是写一件事然后悟出了什么道理，这充其量是“心动”，九年级了，只有心动远远不够。建议从“行动”写起，有了“行动”不用写“心动”也可以了，因为“心动不如行动”。“行动”中最好有“互动”，行动的效果怎么样呢？主要体现在“互动”的效果上(暗中助人的除外，暗中助人的事件一般都是一等文起评，因为暗中助人是最难做的事件，是真心帮人，且不要名利)，在互动中才能看出“行动”的效果。如果不是暗中助人，又没有互动的事件，属于行动未遂，价值大打折扣。

两个角度的六点都具备了，一般就达到了上海市的作文阅卷切入分 43～45 分。分项评分的话就是二等文起评了。

事件的层次：分为“物质——心理——精神”三个层次，对应的事件等第是“三等——二等——一等”。诸如给客人倒一杯茶就是物质层面；对方有一定心理需求的一般都可视为心理层面；在心理层面基础上难度较大的又具备某种精神的，可视为精神层面。对方有心理需求的就属于心理层次，能看出具备某种精神的就属于精神层面。为了提高事件的层次，虽然下列也属于心理层面，我们还是把它降格为物质层面，诸如“给外地人指路”、“公交车让座”、“下雨天给人送雨伞”、“扶老奶奶过马路”等。

事件的难度：大约有 20%～30%人能做到了就是“上”，50%～60%能做到的是“中”，90%～100%做到的就是“下”。如果只有 10%以内的人能做到可以考虑上升一等评分。

电脑阅卷的等第评分表格：

中考作文分项相加评分表(满分 60 分)

等第	材料和中心	语　言	思路和结构
一	22～25 分	22～25 分	9～10 分
二	18～21 分	18～21 分	7～8 分
三	14～17 分	14～17 分	5～6 分
四	0～13 分	0～13 分	0～4 分

例 1. 作文题目——我比以前懂事了

我乘公车中，看见一个身高只有一米左右高，但面相已有十六七岁的男孩。他目光呆滞，拉住车厢的把杆一边左右摇晃，一边唱着别人都听不明白的歌，他显然是个智障儿，身边的乘客纷纷向他投去一种可怜又轻视的目光，但他依旧在快乐地歌唱，他母亲见了，忙把孩子搂在怀里，示意他别吱声。男孩哭了，我忙起身给他让座，可他哭得更加厉害，这时我身后的一位老爷爷笑着对他说："你唱的歌真好听。"男孩顿时破涕为笑，又快乐地唱起了歌。我明白了：这个男孩要的并不是一个座位，而是比座位更有价值的一声赞美，"特奥会"后，我不再歧视那些智障儿了，因为今天的我懂得了怎样关爱智障儿。

事件：老爷爷关爱智障儿；事理：赞美（男孩要的是比座位更有价值的一声赞美）；事情：陌生人之间的关爱之情；行动：老爷爷赞美的语言；互动：体现在"男孩顿时破涕为笑，又快乐地唱起了歌"；情动：关爱需要帮助的陌生人；事件层面：心理（二等）；难度：上（从老爷爷角度，不是从"我"的角度。不懂得智障儿心理需求的一般人是做不到这件事的）；材料和中心得分 21 分（二等上）；能体现"我比以前懂事了"的点睛之笔是尾句。

例 2. 作文题目——我比以前懂事了

一天晚上，我发现母亲愁眉苦脸坐在沙发上一言不发，在我的追问下，才知道母亲为补贴家用，又兼了编辑部的打字工作。由于母亲打字速度慢，今天被辞退了。我这才意识到母亲前几天房间里深夜还亮着灯的缘由。望着母亲憔悴的脸，我的视线模糊了，心中一阵酸痛，忍不住说："妈，您为了我太辛苦了。"我马上跑进自己房间，拿出了获得的所有奖学金和压岁钱递给母亲，"妈，我明天骑自行车上学，不打车了。答应女儿，不要再兼职了。"母亲一下抱住了我，哭了。过去我仅仅帮母亲做些家务，现在我懂得了如何体谅母亲，替她分忧。每天早起半小时，晚回半小时，骑着自行车往返家和学校间，快一学期了，居然没感觉到累。

事件：我帮妈妈分忧；事理：过去我仅仅帮母亲做些家务，现在我懂得了如何体谅母亲，替她分忧（也是点睛语句，能彰显中心）；事情：爱护和体贴妈妈；行动：拿出钱和骑自行车上学；互动：母亲哭了；情动：体谅母亲关爱母亲；事件层面：精神（一等）；难度：上（同龄人很少有人会做到这件事的）；材料和中心得分 24～25 分（一等上）。

例 3. 作文题目——我感动了身边的人

寒假里的一个早上，我走进轻轨站。正准备刷卡进站，却发现身旁的一个农民工正在抓耳挠腮。他刷了几次卡却始终进不了站。我仔细观察了一下，原来，他在左边机器刷卡，却从右边进入。于是，我主动走过去将他带到了正确的那个机器前。他走进去了，蓦地，他回过头来。一声“谢谢”让我感受到了帮助别人的快乐，更让我为之感动。

事件：我帮农民工刷卡进站；事理：我感受到了帮助别人的快乐；事情：关爱之情；行动：刷卡；互动：农民工说了声“谢谢”；情动：关心爱护陌生人；事件层面：心理（二等）；难度：下（大部分同龄人如果有时间都会做到这件事的）；材料和中心得分 18 分（二等下）。

平时我们看所谓的优秀作文选或读一些学生习作时，不妨采用此法判断事件的价值，大于等于 21 分的就可以借鉴了，低于 21 分则不需要积累了，这就初步学会给自己的作文评分了。

六、如何电脑阅卷

老师阅卷时一般先看首尾段，首段必须点题，尾段必须扣题且深化中心。首尾呼应点明中心，结构和思路分 8 分起评（满分 10 分），开篇有点文采 9 分，结尾较好升华就得 10 分。首尾段的道理深邃程度决定着等第，然后老师看事件价值和语言文采来决定等第中的“上、中、下”分数。

电脑阅卷的操作流程：老师阅卷时一般先看首尾段，结构和思路分 8 分起评，5～9 段为宜；首尾段的道理深邃程度决定着等第；然后判断事件价值打材料分；最后打语言分（一般情况下语言分不得低于材料分）；两个错别字扣 1 分，扣完 1 分为止；卷面字迹三处较乱扣 1 分，扣完 2 分为止。

【阅卷操作】

案例一：黑板上的记忆

小学时，每天老师都会在黑板上抄写一条《论语》中的句子，以此来警示我们。

这些句子被我铭记在心中，时刻警示着我，让我明白了许多道理，成为我心中的记忆。

记忆·宽容之道

记得有一次，上课铃响了。我急忙冲进教室，刚想坐下。我那调皮的同桌却将我的椅子抽掉，害我坐了个空。我站起来看着他，怒目圆睁，空气中弥漫着火药味。刚想斥责他，他却满不在乎：“不就开了个玩笑，有什么大不了的。”我心中大怒，但忽然想起前几天黑板上的一句话：“人不知而不愠，不亦君子乎？”我便使自己平静下来，挤出笑容对他说："没关系，你别放在心上。"没想到他听了之后，竟马上道歉。以后也改掉了捉弄人的坏习惯。

黑板上的《论语》让我明白了"海纳百川，有容乃大；壁立千仞，无欲则刚"的真谛。

记忆·诚信之道

记得有一次，我数学破天荒地考了满分。但在分析卷子时，我却发现有道题答案漏了一个零。是承认错误，失去满分，还是改掉答案，保留满分？就在我迟疑之时，我想起了黑板上的一句话"人无信而不立"。于是我下定决心，找老师改掉了那令人骄傲的满分。我却不后悔，因为我赢得了诚实。

黑板上的《论语》让我懂得了"得黄金百斤，不如得季布一诺"的含义。

记忆·合作之道

记得那一次，班级组织了学习交流小组。但我们组的同学中，优秀的自认为高人一等，不愿与人合作，而后进生又由于害羞不愿与人交流。身为组长的我把黑板上"君子周而不比，小人比而不周"念给大家听，告诉大家这句话的意思。果然，大家纷纷醒悟，互帮互助。从那以后，每次考试我们小组都是班级第一。

黑板上的《论语》让我知道了"众擎易举，独力难成"的道理。

虽然离开小学好多年了，但我总会想起小学的那块黑板，想起黑板上的《论语》，也想起我从中明白的道理。这些黑板上的《论语》都被我埋藏心底，成为最珍贵的记忆。

这些黑板上的记忆指引着、警示着我，为我明亮前行的道路。

[点评]阅卷老师看了开头和结尾，就可打思路结构分为 8～9 分：开篇点题，交代是《论语》中的句子，结尾扣题写出了黑板上记忆的字的作用。

再看三个事件都能以小见大，每个小标题的点睛段落的《论语》语句都能很好地扣牢事件中的另外一句《论语》语句，小标题前用"记忆"提示较为醒目，每个小标题能用上两句《论语》语句来证明一个道理，较为巧妙，呼应得当，也见作者底蕴较深。

每个事件按照价值评分，材料和中心都可得 24 分，语言当然也可得 24 分。综合三项最后得分 24＋24＋9＝57 分。

此文验证了"只要真正读好一本经典书，将之活用在考场作文中就会有奇效"。六句《论语》语句两两印证，整体相得益彰。三件事笔墨详略得当，波澜不惊,却也足以明证了其中的道理。

案例二:黑板上的记忆

风儿吹动着“盛开”的梧桐树,阳光点点落在那枝头树叶上,地上的星光稀疏。黑板上白色的粉笔字清晰可见。

黑板上的几个大字:灿烂好心情!

夏日的酷热使得我们身心疲惫,不少战友已卧倒在“床”。看着这五个大字,心中不由有了一丝喜悦,回想那天。

母亲在周末为了使我得到放松,便决定带着我去采棉。我顿时欢天喜地,高兴得好似要去旅游一般。

穿好“工作裤”,穿好“工作服”,带好“工作帽”,穿好“工作鞋”,便跟着妈妈出了门。

一路上,风儿轻轻地抚摸着我的小脸,阳光暖烘烘地照在我的身上,路边的花草树木各个都在朝我微笑,小草摆动着他们的绿叶,好似在和我热切招手。“春风得意马蹄疾,一日看进长安花”这便是我当时的感受。

来到采棉地,映入我眼帘的是一片白茫茫的世界,棉花宝宝探头探脑地从棉花苞里涨出来。为的就是看一眼这丰富多彩的大千世界。“我们开始采吧!”妈妈的一句话把我从幻想中拉了回来。我弯下腰,轻轻地剥开棉花壳。顿时,一个可爱的小精灵就这样躺在了我的手心里。“会当凌绝顶,一览众山小”这便是我所拥有的成就感了,回头望了一眼不远处的妈妈,没想到竟有一大把的小精灵被“俘虏”了,看来,我也得加大马力,要与妈妈“一决高下”。

采着,采着,没想到夕阳已挂在了天边,彩霞就那边放射着辉煌的光芒。

回到家,数了数我今天的劳动成果,发现竟与妈妈的成果并驾齐驱,我顿时感到无比兴奋,脸上也似乎开出了灿烂的花朵,它代表着我的心情,我无比灿烂的好心情。

回过神,睁开了双眼,我微笑着仰望天空,回想着一切。这黑板上的五个字是我的精神支柱,鼓励着我。我不会忘记的,让我用这份灿烂好心情去努力攀登上顶峰吧!

记忆一定铭记的,就算再困难,我也一定要变强……

[**点评**]开头点题了,结尾“没头没脑”没有扣题,思路结构 6～7 分。

一件事是心理层面,难度为“中”,材料和中心得 19 分;作者文笔较好,生动形象地写出了采棉的过程;语言得分 21 分。最后得分 19+21+7=47 分。

点睛之笔不能很好地深化中心，诸如：带着放松愉悦的好心情参加劳动，会收获金灿灿的果实，把劳动当成放松心情吧，那样你就会乐此不疲，劳动者光荣！学习和学做人都是一种劳动。及时彰显中心，把事件和标题扣牢，是写好文章的“首要”。

七、作文公式：2+2=22

第一个“2”就是写好“1”个开头和“1”个结尾，“1+1=2”。第二个“2”就是“2”个达到一等文的事件。“22”分是一等文“材料和中心”“语言”的最低分。

好的开头和结尾，建议到高中优秀作文选或美文、散文诗刊首寄语、卷首语等去寻找积累，既有思想深度又要有文采。好的事件只有平时积累好，考场上才有可能用得上。

八、结构建议

研究了近几年上海教育考试院编的《优秀作文评析》，得出如下结论：

(一) 小标题文章容易得高分

但提请考生注意的是小标题最好是“成语”、“古诗词名句”等，几个小标题之间最好能看出前后的递进关系，小标题的事件必须有精彩的细节描写，不要过多叙述。小标题下面的事件必须都能证明一个中心，小标题下面的事件最好要有过程和细节描写。

(二) “七段”最为适宜

第一段排比句、哲理句名人名言等开头，尾句一定要写出本文的中心(50字左右)；第二段详写第一件事(200字以内)；第三段第一件事的感悟、事理，议论的点睛语句(50字)；第四段两件事的过渡段(50字)；第五段详写第二件事(200字以内)；第六段第二件事的感悟、事理，议论的点睛语句(50字)；第七段总结上文、深化中心(100字)。

九、审题

不管谁说“中高考作文已经弱化了审题，在审题上不为难考生”都是假话，因为要想写好一篇作文必须先确定立意和选材，这就离不开审题这一写作的基本环节。审题准确起码能保证拿到作文阅卷时的切入分(一般切入分都是占总分的70%)，审题一着不慎会致使满盘皆输。那么命题作文审题如何操作才有效呢？

审题的操作步骤：第一步是审题目，包括“诠释关键词、明确写谁、确定中心”三个环节；第二步是审题材，包括回忆相似题目或把题目通俗化，明确写谁的事或佳事转化。

（一）解释题目中的每个字词，明晰底线要求

如“我在努力着”中的“我”是实指，一定要写本人；“在”即“现在”，一定要写“现在进行时”；“努力”就是“卖力”；“着”表示情状，即一定要写出过程。上述要求都是底线。“有家真好”中的“家”不仅指血缘关系的小家，也指温馨和睦的集体、社会和祖国大家；“好”不仅指温馨和无微不至的关爱，还包含艰难时的支撑、犹豫时的鞭策，以及相互之间的鼓励和支持；“有”是相对于“无”出现的，不要把“有”丢掉只写“家真好”。“我想唱首歌”重点是对“歌”的理解，难点是“想”的落实。我想唱首什么歌？为谁而唱？为什么唱这首歌？而不是“我喜欢听周杰伦唱的什么流行歌曲”。命题意图在于肯定、赞美生活在周围的人和事，可以写自己也可以写他人，可以写个体也可以写群体，可以写事情也可以写人，可以写兴趣爱好也可以写读书考试，可以写偶然经历也可以写常态下的生活。

个别作文题目本身可能有问题，考生也要机智处理，甚至可以删掉某些不重要的词。如“灿烂的微笑”就要把“微”删掉，“灿烂”是会心、开怀的大笑，不应该与小笑“微笑”并存的；再如“成长中的趣事”中的“中的”两字纯属多余，可以删掉。

（二）弄清楚写“大我”、“小我”还是“大小我”均可或是写他人

如“我的视线”中的“我”明确要求以第一人称行文的“小我”。“走向成熟”、“带一份感激上学”也是写“小我”（属于“暗”要求）。“我们是初升的太阳”要写的必须是群体“我们”，“我们的名字叫”也只能写“大我”。“与文明同行”最好由“小我”再写到“大我”。当然有的题目既可以写别人也可以写自己。写“小我”就一定要写出个人情怀中的独特感受。写“大我”就一定要写出集体的团队精神，离不开“交际”、“合作”。

（三）确定中心

要把立意放在核心位置，把中心明确地写在第一段的最后，也可以写成题记，放在标题下面，然后对着中心写事件，防止跑题。主要立意应是：我是具有某种良好精神品质的人。

（四）将题目中概念化解（化大为小）为可操作的短语或事迹或写过的相近题目

有的题目本身本范围太大，需要缩小，才有抓手。如“充满活力的岁月”，因为一个十四五岁的中学生还谈不上“岁月”，“岁月”也不可能一直是“充满活力”的，显然这是个夸张的“伪命题”，考场上又不得不做，因此构思时要在“活力”上大做文章，弱化处理“充满”和“岁月”——题目就缩小为“活力”了。

将题目中概念化解为通俗易懂的词语或短语，便于谋篇布局。如“沟通，从心开始”，不妨将“沟通”化解为“谈话”，所以只要文章中有“对话”，不在于“面对面”、“网上聊天”、“打电话”、“写信”等形式，阅卷教师一眼就看出是在“沟通”了。

有些虽符合题目的范围，但价值不大的事迹不要写。诸如写“活力”，不能只是写“体育运动”、“活动健身”，显然“思维活动”更见活力，价值更大。写“我在努力着”不能只写努力学习和努力体育锻炼，显然努力献爱心、助人、做感动别人的事更有意义。“聪明如我”的命题意图是发现“我”的聪明、表现聪明的“我”。价值较大的事件可以是“聪明即有自知之明”、“聪明即自信”、“聪明即不犯不该犯的错误”等。

在将题目中重要概念化解的过程中，要进一步确定和落实中心。“走向成熟”的中心应确定为由自然人向社会人转化，由幼稚向成熟过渡，落实为“心理”、“思想”的具体成熟。可以具体化解为“正确的思想和见解”、“有良好的心理承受力”、“能正确地对待批评”、“能处理好正常的人际关系”等。“成熟”即越来越有用了，越来越有价值了，越来越有才了。

深度立意要学会利用好四种思维：(1)多向思维——横看成岭侧成峰。(2)逆向思维——反弹琵琶成新曲。如可以写“无家的孩子像棵草”来反衬“有家真好”；写“有意义的一件事”不妨写成“没意义的一件事”加上一句“我知道了这件事没意义本身是一件多么有意义的事啊”。上面两种思维在考场上运用起来有一定难度。(3)对比思维——泾渭分明见清浊。有比较才有差距，才有鉴别。如“有家真好”的立意可以是“家是获取关爱和力量的港湾”、“家是互相关心和鼓励的赛场”、“家是有难同当和有福同享的集体”，比较三个立意，显然“家是有难同当和有福同享的集体”这个立意更好。(4)辩证思维——成也萧何败也萧何。从正反两方面看待同一事物，辩证地看出利弊关系，适当地学会“捣糨糊”，甚至是说善意的谎言，但达到的效果却是智慧的体现。

(五) 忆写过的与中心相近的好作文材料，将其转化成考场作文

对于考场作文，关键是学会“将积累的素材和考场题目巧妙结合”，将以前写的好文章和本次作文的主题进行恰当的嫁接组合是良策。如可以把“有家真好”转化为“我的视线”，即我的视线在我的家庭；把“记住这一天”可以转化为“难忘的一天”、“有意义的一天”；把“我在努力着”转化为“做个有心人”，即我在努力着做个有心人。

根据中心，明确选材的价值取向。如“与书为伴”通过“读的是什么书”直接就知道了价值，诸如读休闲书一般为三等文，读文学名著二等起评，读思想家的书一等起评；再如透过“读书的目的”也看出了意义所在，诸如读书单纯为了“求知”一般为三等文，读书为了“明理”二等起评，读书为了“怡情”一等起评。再如“我的视线”的视线虽然是指亲眼看到的事物，但也包括书报、电视看到的、耳朵听到的，但不管怎样——选材的价值取向是“透过现象看出本质”的材料，价值还在于大脑的思考。写“交际”一文时，可选材料很多，如和亲戚、同学、老师等人的交往。然而，作文过程中又不能只写与熟人的交往，因为最能体现个人交际能力的典型材料，理应体现在与陌生人的交往上，更因为先与陌生人交往而后成为熟人才是人与人交往的实际情况。当然，更要选取与陌生群体的交往材料，因为先与个体交往进而与集体交往才是人们交际历程的真实写照。

佳事如何转化活用？

上海中考语文的考试时间是全国最短的，外地150分值最低是120分钟，大多是150分钟，只有上海是100分钟。对于大多数考生来说，写作文的时间只有40分钟。在有限的40分钟里，每次都是另起炉灶重新创作，无疑是很难拿到一等文的，因此忆写过的与考场作文题目的中心相近的好的作文事件，将其转化成考场作文中的事件乃良策是也。

试问：你把自己写的被初中老师批为二等文以上的作文全背下来了吗？如果没背下来，就不能证明是你写的。你就不可能将其用在考场上。

养兵千日，用兵一时——养文千日，用文一时，平时写了那么多作文，不用在考场上那还写它干嘛!？其实，一个真正好的事件是可以用在很多题目里的。

前几年，我给三所学校18位初三语文任课教师原创命了一套题，请老师们用100分钟当场做题目并写作文，结果有两位老师作文没写完，让老师们互批考卷只有一位老师作文为一等，当时的作文题目是“生活中的体贴”。可见，在紧张的考场上现场创作作文拿高分，对于老师来说也是不易的，所以我们事先一定要准备好写作的素材(事件)。

在我做教研员的五六年里，每年区里都有两次模拟考，只有一篇学生考场作文被30多位批作文的老师公认满分，当时的作文题目是“做个有心人”，这个学生写的是对庄子思想的三个认识。后来到这所学校去搞教研活动时，我采访了这位学生：我先祝贺她作文得满分，我问她还记得当时写的具体内容吗？她都答上了，我确认是她本人写的。我又问她“你小小年纪怎么会对庄子认识那么深刻?”她回答爷爷就是大学里专门研究庄子的,自己经常听爷爷讲起的。我又问她“看你的作文是一气呵成,连一个标点符号都没有修改的痕迹,是事先写过吗?”她说一个月前就写好了。

据说,2007 年一家报业集团举办了一个与高考考生同时写高考作文的活动,结果主办方邀请了对高考有感恩情结的几十人,其中有作家、学者、教授等,也请来了郭敬明,给了他们和考生一样的时间 70 分钟(上海高考作文满分是 70 分),当年的题目是“必须跨过这道坎”,郭敬明晚来了 30 多分钟,他看了题目埋头就写,40 分钟不到就提前交卷了,电脑阅卷分数下来,他的分数很高。后来记者采访他,你怎么会这么短时间就写了 1000 字的好文章呢? 他回答说,这有什么呀! 就是把我前天晚上写的一篇文章换上了这个题目而已。可见,考场上最厉害的做法就是巧用已写好的内容。

佳作转化的原则就是“尽量少改”。一般常用方法是添加或改动(删改):一是中心必须吻合;二是标题必须在文中恰到好处地出现至少一次;三是围绕题目或题目关键词“改点睛语句”以明事理,四是添加或改细节、情境;五是改人称、人物等。

如我们可以把前面的例 2 的事件用在很多题目里:

用在“今天,我想说说心里话”:把“忍不住说”改为“今天,我想和妈妈说说心里话”;然后把“过去我仅仅帮母亲做些家务,现在我懂得了如何体谅母亲,替她分忧”改为“过去我爱护妈妈仅仅帮母亲做些家务,今天,我想对妈妈说说心里话:“妈妈我会体谅您,替您分忧!”

用在“心里美滋滋的”:“母亲一下抱住了我,哭了”改为“母亲心里美滋滋的,对我说:“有这样的女儿真好!”我也心里美滋滋的,对妈妈说:“有您这样的妈妈真好!”

用在“悄悄地提醒”:把“忍不住说”改为“我悄悄地提醒自己:要关爱妈妈”;然后把“过去我仅仅帮母亲做些家务,现在我懂得了如何体谅母亲,替她分忧”改为“过去我爱护妈妈仅仅帮母亲做些家务,现在,我经常悄悄地提醒自己:“要体谅妈妈,替她分忧!”

用在“黑板上的记忆”:在事件开头可以添加——老师曾教育我们——在黑板上写过“爱护妈妈”四个字,然后把“过去我仅仅帮母亲做些家务,现在我懂得了如何体谅母亲,替她分忧”改为“过去我爱护妈妈仅仅帮母亲做些家务,现在我懂得了如何体谅母亲,替她分忧”,至今我还清晰记得黑板上的记忆“爱护妈妈”,这是做人的基本。

用在“在学海中游泳”：可以把“过去我仅仅帮母亲做些家务，现在我懂得了如何体谅母亲，替她分忧”改为“我在学着关爱妈妈的海洋中游泳着——过去我仅仅帮母亲做些家务，现在我懂得了如何体谅母亲，替她分忧。”

用在“我眼中的色彩”：可以直接把点睛语句“过去我仅仅帮母亲做些家务，现在我懂得了如何体谅母亲，替她分忧”改为“过去我仅仅帮母亲做些家务，现在我懂得了如何体谅母亲，替她分忧——关爱妈妈是我眼中的色彩。”

用在“记住这一天”：把事件的最后一句改为“我记住了这一天，因为我懂得了怎样关爱妈妈。”

用在“我们的名字叫__________”：根据这个事件可以把题目直接定为“我们的名字叫有难同当”。

用在“我想唱首歌”：可以在整个事件的最后加上一句“因为我唱了一首关爱妈妈的歌。”

用在“为自己竖大拇指”：这个事件本身就是很棒的事情，把“母亲一下抱住了我，哭了”改为“妈妈为我竖起了大拇指，我也为自己竖起了大拇指。”

……

可见，一个好的事件，几乎可以用在任何一个题目里的。

十、高分作文的四要素

一是有真情实感，但也不要盲目夸大：诸如写“用心做儿女”，一位同学写了这样三个小标题：一是用心做妈妈的儿子，二是用心做老师的儿子，三是用心做国家的儿子。这种顺杆爬、拔高的假大空文章，最多20分，即总分的三分之一。发展自己的作文情感，做一个有感情的人，写出真情实感永远是作文的神圣使命。

感人的事迹，一方面要多读，多看看别人的感人事迹；另一方面自己不妨留意一些生活中让家长、老师、同学感动的事件，自己尝试去实施，然后把实施过程和感受写出来。如给妈妈过生日的四步设计：做菜、献花、唱歌、拥抱。如果没做过，洗脚也可能写出问题，如有人在作文里没有调水温就用热水给妈妈洗脚。事件的“情”可以精心设计。

一定程度的编述故事也是允许的，作文要“做”，但必须合情合理，这叫“艺术的真实”。不违反科学常识。

借用别人的好事件，一定要先按照“什么人，做了什么事，结果怎么样”来概括，再记住细节，然后自己组织语言重新写，我们不主张照抄原文。

另外要注意，我们在作文中尽力不写矫情的东西。以下两个材料就是反面例子：

作文题目：我感动了身边的人

例 1. 学校派我参加羽毛球比赛，未料刚上场就在跑动中不慎扭伤了脚踝。这一局的成败决定了团体赛的成绩。对手很强，阵阵疼痛也影响了我的发挥，可是我不能放弃！场边的同学们振臂欢呼给了我充足的力量。我忍着脚上的疼痛一次次地积极跑动，迈步接起球。这场冗长的持久战对双方的体力都是考验，我的脚愈发疼痛，而走路也变得一瘸一拐。场边的同学们也不再兴奋地击掌，人群中有声“算了吧！”“别打了！”进入耳膜，但我深感自己责任重大，不仅背负着自己对胜利的向往，更承担着集体的荣誉。我咬咬牙，重新振作，侧身，转髋引拍，挥臂，一丝不苟地一次次击打着我的坚持。

球落入界内，刹时的无声仿佛世界也凝固了。瞬间人群中爆发出了响亮的欢呼。同学们向我涌来——我赢了。泪水与汗水交融，我从未想过自己能在这样一方天地里感动自己，更感动了身边的人。

例 2. 小学四年级的“六一”儿童节，学校要求女学生一定要穿校服的裙子，住宿生没法准备，便只能借，我的一个好朋友是住宿生，于是我答应那天多带一条给她。“六一”节那天，我生病了。发烧到 39.5 度，只觉得又冷又热，世界都变得模糊不清。妈妈为我请了假，但我想起前一天的承诺，还是坚持去了学校。我跌跌撞撞走进教室，同学看到我都很惊讶。我转向好友，有些踉跄地走到她面前，她莫名地看着我。我从包里拿出那条早已准备好了的裙子双手递到她面前，用因为感冒早已沙哑的声音说道：“我们说好了的。”好朋友仍是瞪大眼睛看着我：“你不是生病了吗？”半晌，才接过裙子，一脸感激和欣慰的表情，她凑到我耳边，轻轻说：“你太好了！”

上面两个例子，一个是脚踝受伤还坚持赢了，另一个是高烧还非得坚持送裙子，都是典型的“不要命”的不人道的做法，太矫情了，我们不主张写此类事件。

二是有文化底蕴：文中使用了成语、古诗词名句、名人名言等，有有关文学家、原生态文化方面的事件等。作文内容显示出这是个文化人写的。

三是道理要深刻：最好有一点儒家、佛家、道家、辩证唯物主义哲学或美学思想。考场作文的思想要早熟，达到高中生或成人的深刻理解程度。如《我比以前懂道理了》有考生写的道理是“懂得了要帮父母做一点力所能及的家务”，九年级才知道三年级就应知道的道理，显然太小儿科了，道理不深刻。

四是语言有文采：使用了有想象力的比喻、拟人、排比修辞和疑问、感叹等句式。

作文基础薄弱的同学建议写“小标题式或对话体”文章，因为基础不太好的学生主要存在两个问题：一是字数不足（两个小标题就是两个故事，每个故事300字，就容易写了，三个小标题就是每个小标题200字）；二是中心不突出，写来写去不知所云（建议以文章的中心为题记，写在标题下面作为行文的标尺）。同学们都喜欢上网聊天，把你和一个或几个人围绕主（话）题聊天的过程实录下来，就是一篇文章。

基础薄弱的同学有几个专题一定要进行定向训练：一是如何彰显文章的中心，二是如何写好开头，三是如何写好结尾，四是如何写好事件的过程，五是如何进行细节描写。细节描写一定蕴含在具体的语言、行动、神态、心理等描写方法之中，要注意细节描写的真实性：

作文题目：生活中的体贴

例 1. 小时候与表哥一起住在外婆家，在外公外婆的精心照料下，身体显得稍胖一些，老爸便让我们减肥——绕着小区跑步。一次，外公买了一个玩具，我和表哥争着要，外公便决定把玩具作为跑步比赛的奖品。我和表哥不约而同地冲下了楼。随着外公的一声令下，我笔直的冲了出去，跑了一段路我下意识地向后看了看，没人。我想这次赢定了，转过头却发现表哥在前面转过头对着我骄傲地微笑。忽然我看见有一部车正向他开来，他却还在向后看。我憋足了劲，以最快的速度冲了过去把他一把推开。他立刻便在车主的骂声中明白了什么事，不好意思地对我笑了笑。到了终点，当外公要把玩具奖励给跑的较快的表哥时，他坚决地把玩具让给了我，就在外公表扬他时，我也送了一个微笑。

存在的问题：外公会让外孙们比赛嘛？会只买一个奖品吗？什么车？一定要加“脚踏”两个字。

例 2. 在学校，老师们都会因为吃粉笔灰而生一些职业病。一次，我们发现一位实习老师上课时不停地咳嗽，问后才知道都是粉笔灰惹的祸。大家想出了一个办法——洒水。我们用班费买了一个小喷壶，每次擦完黑板就喷一点水，效果还算不错。老师知道后十分感动，在离开的那天对我们说：“谢谢你们，我永远不会忘记我教过这么一届优秀的学生！”这就是体贴的力量，令人发自内心的感动。

存在的问题：洒水能解决实际问题吗？应该是准备温茶水、水中加胖大海、金嗓子喉宝等。

记叙和描写的区别就在于修饰语的细节：例如，记叙——她流下眼泪；描写——泪珠在她眼睛里游走一圈，拉成一条晶莹的线，“啪”的一声在地板上跌碎了。

十一、结论

高尔基说过，文学即人学；而经研究我认为，作文即做人。也就是说，有什么样的人品就可能写出什么样的文品。

教会学生做人的重要途径就是让作文与做人有机地结合起来。由于人与文有着互为表里、相互为用的关系，而且可以将作文与做人有机地融合，真正做到“以作文促做人，以做人促作文”，从而实现作文水平与做人素质相互促进、共同提高的目的。

学书先宜养性，作文先学做人。我们领着学生做“做人重要品质”为主题的素材积累，表面看是为了解决“有米下锅”问题，实际上是在“以文育人”，培养做好人的素养。

作文与做人之间有很紧密的内在联系。我不敢说一个人文章写得好他做人就一定很好，但我可以说如果一个人做人很好，至少他已具备了写出好文章的起码素质与基本前提。一般地，我们从一个人的文章里，可以窥见这个人的为人怎样，处世如何，因为好文章都是直接来源于作者的内心，是作者的真情流露。要想作好“文”，就得先做好“人”。提高自己的各方面素质，做一个有主见的人，一个懂得感恩的人，一个朴实的人，一个高尚的人。让我们在作好文的同时，重新审视、净化一下自己的灵魂，使自己更趋完美。

和学生走进作文研究[①]

作文研究是语文教师的事情，但也可以成为学生的事情。1996 年开始实施我的作文教学系列操作研究计划。本来是一个专项的教学实践和研究，没想到学生和我共同走进了作文教学研究领域，也带来我作文教学的巨大变化。

和学生一起命题

先与学生一起探究“作文命题应遵循的原则”：一是把作文题目出在考生的

① 刊于 2006 年第 2 期《浙江教育科学》。

心坎上，让考生有文可作；二是要高度重视"'我'的个体情感的表达"；三是以文育人，在作文立意的价值取向上关注人的成长；四是文体全面开放，要突出文学性体裁，检测写作基本功；五是不要过分固定学生的思维指向①。

根据这些命题原则，我又和学生进一步探究：怎样拟定写作要求，怎样确定话题，怎样体现"多一点开放"、"多一点体验"、"多一点感悟"、"多一点发展"的命题思路。还要写出立意或构思提示。实践证明，命题关尤为重要，有的作文学生写不好的首要原因就是题目命得有问题。几年来，我和学生创新设计出了一些经典题目，如下面这道题目②曾被选用于"测试语文教师的基本功"：

阅读下面一篇署名文章，完成后面的题目：

同一道题

郝亚平

教授收了四个学生，他们分别来自中国、美国、俄罗斯和日本。开学第一天，教授让他们解决一个问题：桌上有一只烧杯，杯内盛有水，比水面低一点的杯壁上有一个小孔，水从孔里不断涌出。现在要解决的问题是迅速采取办法制止杯中的水向外流。教授给四位学生一天的思考时间，第二天要把各自的办法演示一遍。

第二天，教室里坐了许多观众。教授请他们上台演示。中国人和日本人都比较谦让，不肯第一个上台。美国人根本就没有第一个上台的意思。①最后俄罗斯人第一个上台演示。

俄罗斯人搬来一只笨重的箱子，从里面取出一套设备。他手握一支钢笔一样的东西，拖着一条管线走到了烧杯旁，只见他一按钢笔上的开关，设备发出了"嗡嗡"的响声，接着他用钢笔对准玻璃杯上正涌水的小洞一点，便把烧杯上的小孔堵起来。如果不仔细看的话将不会发现那个小孔曾在烧杯上存在过。<u>人们佩服俄罗斯人总有自己的一套办法</u>。第二个上台的是中国人。他把一小片纸沿杯内壁贴到了小孔处。由于水的压力作用使纸与杯壁紧密贴合，小孔不再往外流水。<u>人们佩服中国人具有自己独特的思维</u>。第三个上台的是日本人，他在烧杯有小孔的那边垫了几枚硬币，由于杯子倾斜，小孔高出水面，不再泄漏。②最后上台的是美国人。他上台前向前三位同学询问："谁愿把您的方法转让给我？"③俄

---

① 刊于2003年上半年高考版《语文报》的5期连载.

② 刊于2000年第7～8期高中版《中学语文园地》.

罗斯人闭口不答。中国人看不惯美国人的这种“金钱万能”的思想。只有日本人微笑着和他搭话。不久，美国人和日本人做成了交易。④日本人把昨夜打印好的材料给了美国人。材料上详细说明了水面到小孔的距离与垫几枚硬币的关系，同时还给出了烧杯的直径、水位高度与烧杯可倾斜的最大角度的计算公式。美国人上台把日本人的办法重复一遍。这次观众没有鼓掌，却有人在喊：“那是日本人的办法。”美国人耸耸肩微笑着说：“……⑤”______________，________________________⑥，全场第四次响起了掌声。⑦

（摘自《山西青年》1999 年第 4 期，略有改动）

1. 当教授请中国人、日本人、美国人上台演示时，他们并没有第一个上台，请你设身处地替他们拟说一句得体的话，来回答教授的邀请。

中国人说：□□□□□□□□□□（字数不得超过空格数）

日本人说：□□□□□□□□□□（字数不得超过空格数）

美国人说：□□□□□□□□□□（字数不得超过空格数）

2. 除了文中所提供的三种方法外，请你再想出一种方法来解决教授提出的问题，写一段说明性文字，100 个字左右。

3. 美国人上台前向前三位同学询问：“谁愿把您的方法转让给我?”后，请你写一段情景文字，分别描写俄罗斯人、中国人、日本人的心态、神情、语言或动作，250 个字左右。

4. 请你替日本人和美国人拟一份具体的交易合同，100 个字左右。

5. 在省略号处替美国人补写一段演讲词，来回答“有人在喊‘那是日本人的办法。’”并表明自己的见解，200 个字左右。

6. 仿照前文两画线处的句式，在后文两画线处各填上恰当的一句话。(4 分)

人	们	佩	服	日	本	人										

人	们	佩	服	美	国	人										

7. 请以“办法与观念”为话题，自拟题目，体裁自选，立意自定，写一篇不少于 800 个字的文章。

学生会命作文题的好处多多。最基本的表现是更容易准确把握命题意图，易过作文的审题立意关。

我在《作文与考试》《中学语文园地》《作文天地》《语文学习》《语文教学通讯》《语文天地》《语文教学之友》等杂志上发表了800多道自命的作文题目，还被聘请为三家报刊的“我命作文题”栏目特约编辑，指导学生命的作文题也在省级以上报刊发表了80多题，构建了自己的高考作文题库，实现了所有命题全是自己(包括自己教的学生)命。难能可贵的是创造了几种新题型，还有几道命题或是涵盖或是与高考命题十分相似，得到了栏目编辑和同行的高度好评。

和学生一起积累写作素材

巧妇难为无米之炊，素材积累是作文的第一关。为了解决这一难题，除了命题中的每一个作文材料都是鲜活的要积累的写作素材之外，从高一入学始，我从不留课文教材中的作业，要求学生必须有一个积累本，来践履我的8个“一”工程。具体内容：

每天拿出15分钟，请1名学生主讲(两名学生准备)：每日一成语——诠释后举例句，并请其他同学试着造句；每日一仿例造句；每日一古诗名句——由主讲学生在上课前写在黑板上，主讲后要求每生都要会翻译；每日一名言警句——并说一段话使用之；每日一段文言文——老师下发文言段落，由学生互助翻译之；每日一名人轶事或讲一个有意义的小故事——说出两个以上论证角度的立意；每日一随笔或日记——下发日记栏目以供借鉴，要求把日记做成杂志(高一时后进生可每周写两篇日记或随笔)；每周一篇美文摘抄并初步鉴赏——写在积累本上，写出这篇文章好在哪里，诸如立意、构思、写作借鉴、精彩语句等。学生做，我也做，师生共同成长着，有了积累，半年一年后作文时学生就有材料了，坚持三年就不难做到下笔千言了。我也因此养成了动笔习惯，做学问也入门了。

和学生一起研究指导作文训练的有效操作

对指导学生作文训练的有效操作途径的研究既是作文教学的重点、难点，也是热点和增长点。为此，我进行了课题实验，和学生一起摸索出了一套可行的操作程序①，具体步骤如下：

诠释关键词：参透题目或话题或材料中的关键词是写好一篇作文的突破口，对关键词的准确理解直接关系到立意的高下，即直接影响到作文的等第分数。这符合信息论“捕捉有效信息”原理。

---

① 刊于1999年第6期《教育科研信息》.

度命题意图：每个作文命题都有作文能力检测、思维发展和以文育人意图。起初训练时不妨先把命题意图告诉学生，以后逐步指导学生学会揣测题目的思维指向，学生能够选取积极的立意作文，将命题意图变成自己的写作中心，会命题的学生自然体会得更加深刻——实质上二者理应是等同的——考生顺着命题人的命题意图作文才"合法"。否则，则可能偏题，后果不堪设想。这符合目标教学的规范，目的是让学生作文时有的放矢。

开掘主题：主题是文章的灵魂、统率，是文章的中心。开掘主题的方法是对材料所提供的信息进行综合分析，经去粗取精、去伪存真，筛选出主旨意。一下子就想得到的主题不要写，因为别人也想得到，很容易撞车；两下子想得到的也不要写，最好是"挖地三尺"、"扒三层皮"或独辟蹊径想出来的。深邃的主题才有写头，读者才有看头。

明确选材的价值取向：材料是文章的血肉，是表达中心的支柱。正如古人云："着意原资妙选材。"要想明了选材的价值，首先要弄清楚选材的有效范围，然后在自己的材料储备库里找出相关材料，分清主次，再选鲜活的有时代感的典型材料。

蕴涵一定道理(哲理)：蕴涵一定道理(哲理)是一篇文章是否有思想含金量的标尺。思想是文章最大的亮点。让读者慨叹"亏你想得出"。

选择好文体：先审视这个题目本身最适合用什么文体来写，如"忙"，适合写记叙类文体或夹叙夹议类文章，不适合写说明类和单纯的议论类文体。要学会选择：一是扬长避短选择自己最擅长的文体。形象思维发达，会编故事，善于记叙描写的同学可选记叙文来写，甚至可以写小说、童话等文学体裁；逻辑思维发达，会思辨，善于议论说理的同学可选议论文来做，或者夹叙夹议。二是选择容易上手的熟悉素材。要考虑自己有没有这种文体所需求的相应写作素材。

恰当安排行文思路：谋篇布局的行文思路是一篇文章成功与否的关键，行文思路不仅要清晰，还要有一定的逻辑性，它是写作提纲的缩影。如有几个小标题的行文思路要有正反融合的故事等，最好能看出前后文的立体层面。

如此操作的作文训练个案在《语文报》《学语文》《语文天地》《读写月报》《作文报》等报刊上发表了40多个，为其他学生提供了难得的写作借鉴例子。

和学生一起撰写作文学案

(1) 按照《指导学生作文训练的有效操作程序》，针对记叙类文体和话题作文，我和学生设计了“教案学案一体化的作文档案”：

作文教案学案一体化档案

____年级____年度第____学期，第____次作文， 命题人________，作文人________，作文时间________
作文材料：
作文要求：
命题意图(教师还要写明训练目标包括教学重点或难点)： 1. 以文育人目标： 2. 写作能力检测目标：
诠释材料(或题目或话题)中的关键词：
审题提示(用笔画出作文材料和作文要求中重要信息的词语或句子)：
自拟文题(教师拟“参考文题”，命题作文除外)：
开掘主题(中心)： 1. 深刻：　　　　2. 一般：　　　　3. 肤浅：
选材的价值取向分析： 1. 价值大：　　　　2. 价值一般：　　　　3. 价值不大：
蕴涵一定道理(哲理)：
文体选择：
行文简要思路(或每段段意)：
自己的作文(或教师下水文)并对照量化评分标准自我评分：

（续表）

阅卷直播间及批改记录（教师和参加作文批阅小组的同学填写）：一类文作者及文章题目，立意和选材的亮点： 二类文作者： 三类文作者： 不及格作者，立意和选材的问题点： 明显进步作者： 推荐投稿情况： 全班整体优点： 全班整体缺点及改正建议和措施：
评讲时间内容及步骤（教师和参加作文批阅小组的同学填写）：
学后记（教师是教后记）：写明学习别人作文的心得和对自己作文的反思性修改想法：

一般学生只填写最后一项和对照量化标准自我评分栏目以上项目。作文批阅小组的同学每个项目都必须认真填写。

这个档案涵盖写作的整个操作流程，为师生提供了较为规范的构思和训练体式，又很好地记录了师生作文成长的足迹，效果明显。

（2）针对议论类文体我和学生设计了《议论文写作提纲量化训练卡》①，表格如下：

议论文写作提纲量化训练卡
作文材料：
论证角度：
自拟题目：
中心论点（有分论点的也请写出）：
论证结构：
如何提出问题：
分析问题的论据论证方法：引证｛正：反：｝例证｛正：反：｝ 正反对比论证： 其他论证方法一例：
怎样解决问题：

① 刊于2001年第3～4期《作文教学通讯》。

这个训练卡填写完整充实论据后，稍加扩展成文，简捷实用。

和学生一起写评语或讲评作文

1. 和学生一起写聊天式评语①

学生喜欢上网聊天的一个主要原因就是可以无拘无束地“谈话”交流思想感情。学生为什么不喜欢那些老生常谈的作文评语？因为它落窠臼，不痛不痒，看与不看一个样。

聊天式作文评语，顾名思义就是指教师用聊天的话语给学生的作文写评语。对学生的作文进行评价，激励、指导学生写好作文。它的优点是克服了评语概念化、程式化倾向，且把老师和学生放到同等的地位上，更像是益友，所以建议容易被接受，教育(学)效果比较理想。

聊天式作文评语在具体书写过程中概括起来常用的有：“理解性、目标性、探讨性、激励性、辅导性、赏析性”六种，其实，聊天式作文评语不是单一性的，往往是上述几种形式的复加。

观念是行动的先导，有的语文老师每次作文都是自己一个人写评语，结果因为是同题作文，自己写来写去词穷了，评语难免雷同，还累得不得了，那么为什么不尝试让学生写评语呢？实际上，写作水平高的学生写评语大多是成功的；即使是写作水平不是很高的学生，但他写评语的水平未必不高。因为批的过程中本身就是向别人学习的过程。

很多教师都注意了佳作的示范功效，但往往忽视对差作的精批细改，这是致使后进生作文提高不快的症结之一。这就如同一个病人，只是羡慕无病之人，他的病是不会自动痊愈的，关键是查找病因，该动大手术的一定要及早动手术。何况这种精批细改的操作对教师提高修改文章和写评语能力本身就是历练。

从 1996 年至今，我指导学生写的作文评语已发表了 100 多篇，师生都尝到了甜头——写作文和写评语的学生都有稿酬，语文教师又解放了，何乐而不为之？

2. 和学生一起进行“听说读写一体化”的作文讲评

我在借鉴朱一峰老师做法的基础上，和学生一起尝试了“听说读写一体化的作文讲评”：在学生刚写完时，任意抽出一篇习作，先请一名同学到黑板前读自己的作文，再请两名同学到黑板上记录每段段意，即写作思路；其他同学在座位上概括记录每段段意，锻炼听和写的能力。请读作文的同学评判黑板上两名同学

---

① 刊于 2003 年第 10 期《语文教学通讯》初中刊.

概括优劣，然后说出自己的写作思路。再请几名同学从立意的创新度、题目新颖度、理论深度、选材的价值、语言文采性、结构的严谨度、字数、字迹、值得学习的优点、缺点和改正建议、综合评出等第再结合“量化评分表”进行打分；3 名同学评说打分后，再请读作文的同学谈谈自己对 3 位同学评分的看法，自己再给自己的作文评分；评 3 篇作文后，老师和学生一起归总：这类文章应该怎样写。

和学生一起发表作文

1. 和学生一起写下水作文

写下水作文不仅容易验证出的作文题目适合不适合学生写，明确写作的难点，还有利于提高教师在学生心目中的良好写作形象，对学生无疑也是一种写作激励。我已经在《学语文》《语文教学之友》《作文报》等报刊上发表了 40 多篇下水作文。

2. 把学生的习作用到自己文章的鲜活例子

在写写作指导类文章时，只有方法指导的空洞说教没有例子是没有说服力的，此时不妨将自己任教学生的习作（包括好、中、差）用在自己的文章中，实战分析，逐步解剖，达到例示和验证目的。这样师生文字同时发表，实现双赢。《作文与考试》杂志的“阅卷直播间”栏目全方位真实展示各个等第考卷的得分，诠释了作文得失分之因，使读者受益匪浅。

从 1996 年至今，我在省级以上报刊发表了 400 篇文章，指导学生在区级以上发表了 300 多篇（其中省级以上报刊上发表了 250 篇）习作，还做了“解决作文教学中的现实性问题探索”和“作文教学现代化研究”两个课题均以丰硕成果结题，功劳都归于我和学生一起走进了作文研究。

对解决作文教学现实性问题的思索①

问题

单独进行写作教学，割裂“听、说、读”和“写”的关系。忽视写作教学，把阅读教学当作硬任务，把写作教学当作软任务。瞄准应试，迷信“快速作文”等训练程式。训练无序，缺乏计划性；训练无重点，指导不到位；教学环节轻重不适，缺乏

① 刊于《学科教育》杂志 2002 年第 7 期后被中国人民大学资料复印中心 G31《中学语文教学》2003 年第 3 期全文转载.

科学性。有的甚至在写作过程中放手。难怪有人把作文教学现状夸张为“三个瞎子打天下”：一是“瞎子点灯”白费油，实际上不会教；二是“瞎子摸象”想当然，实际上不能教；三是“瞎子放驴”大撒手，实际上是不教。

流行的作文训练方法的共同弱点是把十分复杂的作文训练简单化，企求通过自然学科的训练程式让学生成批地生产出好作品。实践证明，这是不符合作文教学的认知规律的。鲁迅曾尖锐地指出：“小说技法之类的东西是很容易陷入徒然玩弄技巧的深坑里去的。”①美国的斯迪芬·德·克拉森教授通过长期的研究实验得出了结论：学生作文技能中的表达方式和结构方式等因素是可以并且能够教会的，但其他因素教不会。

“学生不会写作文，……最简单的原因，就是教师不会写作文。”②叶圣陶先生早就教诲我们：教师善读善写，深知甘苦，左右逢源，则为学生引路，可以事半功倍。钱梦龙说他曾任“花季的耕耘”教师作文赛的评委，应征的200多篇文章大多平平而已——评委们一致看法——教师的文章写不过学生。语文教师之于学生，最重要的是一个“服”字，他的人格魅力远胜于学识的魅力。他学你，佩服你，放心你，认为你有能力把他教好，他愿为你写作文。“下水作文”是提高语文教师自身写作水平的有效途径，但对学生的指导借鉴意义未必明显，因为写作是个人的复杂心智活动，是和阅历、思想认知、语言驾驭能力等紧密相关的，学生的素材积累、选材谋篇、锤炼语言能力等较老师相比是有差别的。“训练写作的人只须平心静气地问问自己：平时对于学生的训练是不是适应他们当前的积蓄，不但不阻遏他们，并且多方诱导他们，使他们尽量拿出来？平时出给他们的题目是不是贴近他们的见闻、理解、思想等等？总而言之，是不是贴近他们的生活？借此培植‘立诚’的基础？学生对于作文的反映是不是作为非常自然的不做不快的事，而不认为是教师硬要他们去做的无谓之举？如果答案都是否定的，便可知道写作教学的成绩不好，其咎不尽在学生，训练者实在应该负大部分的责任。”③

思索

构建开放的、活泼的、动态的学生全程自主作文训练体式

作文教学应当达到怎样的境界才算有成效？张志公先生说：“教作文要教给

① 朱德友，韩之友.鲁迅选集(杂文卷)[C].济南：山东文艺出版社，1990.
② 苏霍姆林斯基.给教师的建议[M].北京：教育科学出版社，1984.
③ 叶圣陶.叶圣陶教育文集[M].北京：人民教育出版社，1994.

学生实际应用的能力和不断自行提高实际应用的能力。或者，用个时髦的说法，教给他们在写作方面的‘应变能力’，也就是适应今后产生的各种新的需要的能力。”[①]素质教育观下的作文教学有综合性、主体性、实践性、自由性的特征。在作文教学中，以育人为总目标，以“情（情感）”为纽带，以“知（知识）”为支点，以“理（理性思考）”为核心，以“活（灵活）”为特征，促进学生主动、自由、持续、全面的发展。具体目标可分解为“四培养，四学会”：培养观察能力，让学生学会积累素材；培养思考能力，让学生学会筛选素材；培养想象能力，让学生学会丰满素材；培养创造能力，让学生学会编织素材。

作文教学过程应是一个互动的过程，离不开学生主体参与。在训练中教师要导情、导理、导法：导情是创设生活情景或问题情境，激起学生写作的热情和欲望；导理是引导学生进行讨论、分析、归纳，悟出生活道理；导法是指导学生学会思维方法和表达方法，让学生做自训主体。发挥学生在作文教学中主体作用的途径：尊重主体，让学生说自己的话；开发主体，让学生说更多的话；优化主体，让学生说优质的话。打破封闭的、僵化的、静态的训练程式，构建开放的、活泼的、动态的学生全程自主作文训练体式：学生自主命题（学生会钻到自己心里出题目，提高了知情意的商值，这样的命题能开启心灵之窗，打开记忆闸门）——立意自主（有自己的观点）——体裁自主（文体不限）——题材自主——字数自主——评改自主——投稿自主。经过一年的实验探索，我任教的高一（3）班（共 44 人）在市级以上报刊上发表了 43 篇习作（其中省级以上 34 篇）。

附自主作文常规流程：

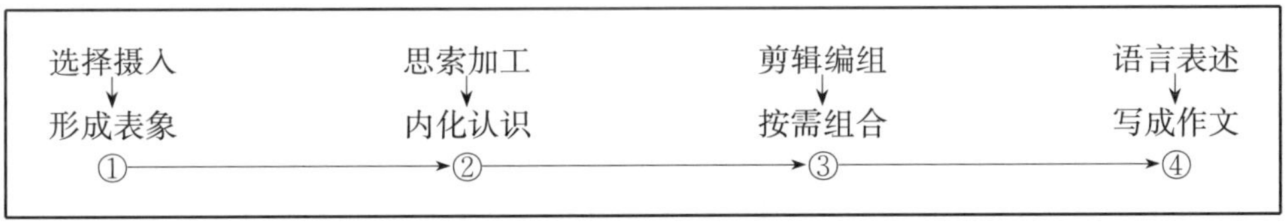

在作文教学中要正确处理四种关系：一是处理好阅读和写作的关系。阅读是基础，写作是阅读的自然延伸和合理发展。二是处理好课内和课外的关系。作文教学要以课堂为轴心，课内打基础，课外见功夫。三是处理好教与学的关系。学生是学习的主体，也是作文训练的主体，学生作文能力的培养是通过“历练”和“内化”完成的。四是处理好大面积和少数人之间的关系。进而也就解决了提高作文教学效率的三大难题：一是积累生活、投入生活、体验生活——原料

① 张志公.张志公文集[M].广州：广东教育出版社，1991.

素材关，这是重在解决“没话写”的难题；二是教给方法、作好示范、揭示规律——手法技巧关，重在解决“不会写”的难题；三是优化思维、陶冶情操、锤炼语言——思想语言关，重在解决“写不好”的难题。

经验告诉我们：作文教学无论何时何地都必须以人为本。追求人人爱作文，人人能作文，人人作好文，实现“自能作文，不待教师教——自能改文，不待教师改”的理想境界。

进行听说读写一体化训练

“现在一部分语文教师光管给学生讲语文课本，光管教学生作文，作了文给他们批改，这是错误的认识，必须赶快改变。必须认识到看书读书就是听他人的话——用眼睛于纸面上听他人的话；作文其实就是说自己的话——用笔在纸上说自己的话，读和听是同一回事，说和写是同一回事，不能丢开听和说不顾，光顾读和写，认清了这一层，语文教学才能切合实际，对学生真有益处。”①听说读写一体化是作文教学素质化的根本要求。

“作文这件事离不开生活……，必须寻到源头才有清甘的水喝。”①这就要求教师着力培养学生写作元认知能力。陶行知晚年针对书呆子现象，提出“亲民亲物亲赤子，问古问今问未来”，这里的三“亲”与三“问”，指的就是热爱人生，贴近生活，感悟生活。刘勰在《文心雕龙》中说的“流连万象之际，沉吟视听之间”，就是强调深入生活，下马观花，体察入微。观察不一定能感，观察不一定能悟，观察不等于发现。发现是可贵的，其可贵之处在于从人人眼中皆有的事物看见人家看不到的东西，即独具慧眼是也。发现的秘诀在于留心事物，质疑问难，探幽发微。“发现”贵在“发问”，要让学生每事必问，或扪心自问，或因事问人，或据事问因，或触类旁问。“发现”贵在“有法”，要传授给学生直觉发现法、质疑发现法、分解重组法、侧视求异法，联系比较法，借石攻玉法。学生缺少的不是生活，而是对生活的观察、感受和思考。因此，一定要培养学生的审美能力、思考能力，让学生成为生活的有心人。

阅读是借人功夫，写作是求己功夫。美国密执安大学教授威尔逊说，读对写、写对读都存在着相辅相成的作用，有一种提高写作能力的最好方法便是写读书报告。读书就是让学生汲取“上下五千年，纵横八万里”的人文精华。美国作家约翰·卢保克在《读书的乐趣》中说：书籍所赋予我们的思想比现实生活所赋予我们的更加生动活泼，正如倒影里面所反映的山石花卉常常要比真实的山石

---

① 叶圣陶.叶圣陶教育文集[M].北京：人民教育出版社，1994.

花卉更加多姿迷人一样。这提醒我们，必须构建作文的生态环境，用“换位移情、远距离联想、情境刺激”等方法来激活学生的情感体验。

“教学生作文，要端正学生对作文的认识。作文不是装饰品，不是生活的点缀，不能认为我现在作文了，就要说漂亮话，在生活中人是非说话不可的，作文无非是用笔来说话，这是生活的需要。”①作文是人们的书面说话。你嘴上说什么，再用文字写下来，你怎么说，就怎么写，这就是作文。马克思也赞成“你怎么说就怎么写”。可见，为了提高学生“说”的能力，从小学始应开设说话课。法国作家布封也体会出：写好，同时就是感受、想好和说好。把阅读课外读物和写作紧密结合在一起，用读促写，用读养写，用读悟写，用读鉴写。写日记是道德长跑，也是一种融听说读写于一体的很好的训练方法，要进行提高学生日记品位的实验探索，诸如为日记设计栏目，把日记办成一本杂志，写明心情指数等做法。归根结底是实施“六大解放”（解放头脑，让学生多“想”；解放眼睛，让学生多“看”；解放双手，让学生多“动”；解放嘴巴，让学生多“说”；解放时间，让学生多“学”；解放空间，让学生多“走”）来提高作文能力。

突出思维训练

写作是一种复杂的思维活动。苏霍姆林斯基认为：作文教学的目的，应让学生的思维由浅入深地发展，让学生的思想感情由幼稚走向成熟。思维是语言的内容，语言是思维的物质外壳和载体。教师在作文教学中首先是教练。“由作文练习启其精思之途，逐渐养成良习，则其效不仅在于作文而已也。”①

学生写作能力发展的一般思维规律是“积累——模仿，借鉴——创造”。“一个好的教练训练运动员是有严格的训练计划的，训练的计划是很科学的，否则就要影响运动员出成绩，语文训练也应当有并且可能有科学的方法。”②不管怎样训练思维，都离不开以下三种思维：一江春水向东流——顺向思维；反弹琵琶成新曲——逆向思维；横看成岭侧成峰——多向思维。在积累素材基础上的认识素材、分析素材也很重要，即“想”的训练亦要加强。在具体的谋篇布局过程中要训练学生：如何挖掘主题（写出理论深度），明确选材的价值取向，确定好行文思路，选取恰当的表达方式等等。

良好的作文思维习惯是学生具有作文能力的标志。“所谓能力不是一会儿

---

① 叶圣陶.叶圣陶教育文集[M].北京：人民教育出版社，1994.

② 张志公.张志公文集[M].广州：广东教育出版社，1991.

就能够从无到有的，看看小孩子养成走路跟说话的能力多麻烦，阅读跟写作不会比走路跟说话容易，要得其道；二要经常的历练，历练到成了习惯，才算有了这种能力。”①作文能力是一种心智技能，它包括感知、记忆、想象和思维，以思维为主要成分，作文是学生思维的结晶。

关注发展等级

情真——教学心理学研究发现，学生在学习活动中有两个心理过程：一是“感觉——思维——知识——智慧”（包括运用）的过程；一是“感受——情绪——意志——性格”（包括行为）的过程。智能在获得和运用知识的过程中形成和发展，它的心理过程产生着情感和智慧。英国符号论美学家苏珊·朗格认为：当某种感情被完美地表现出来时，我就说这件艺术品是优秀的；当某种感情未被完全表现出来时，我就说这件艺术品是粗制滥造的；当一件艺术品未表现出任何感情时，我就称这件艺术品是低劣的。作文亦同理。

意深——刘勰在《文心雕龙》中主张：“情者文之经，辞者理之纬。经正而后纬成，理定而后辞畅，此立文之本源也。”①洗涤心源，独立物表。用现代汉语来说：文章立意的出新，源自作者思想的创新，新颖的思维，才会有独到的感受。“思想是不出声的语言，语言是出声的思想，思想和语言是合二为一的，因此练习习作实际上也是练习思想。”①意深解独到。

创新——形成新意与活力的关键在“变”，“变”就是打破思维定势，突破传统模式。变则新，不变则腐；变则活，不变则板。创新文之命。

文采——文采的外在表现形式是语言，语言形象生动的五项原则：形象鲜明的用词、丰富细致的修饰、形神兼备的修辞、准确贴切的成语、通俗活泼的口语。如果记叙文没有细腻描写，议论文没有细致分析，说明文没有细致说明，那么感情重复一百遍也打动不了人，观念重复一千遍也征服不了人，知识重复一万遍也不能成为人所接受的知识，人的才情便得不到充分的表现，潜能也得不到应有的发挥。有文行而远。

把评改权还给学生

叶老曾在全国写作研究会上明确指出：“精批细改总之要不得，因为学生得不到好处，要启发学生自己修改文章，至于批改方法可以创造。”文章本是学生

---

① 龙必锟.文心雕龙全译[M].贵阳：贵州人民出版社 1992.

作，学生本是作文人，要恢复作文评改的人本位——学生本位。在评讲中，我们要唯为简要之启发与指点，俾使学生由是而自求得之，使学生处于主动地位。

先下发正规的修改符号，分项、分等评改和评分标准，作文讲评不仅评佳作，也评佳句、佳词，明确具体要求，精批细改例文三篇。精彩范文赏析——正面参照识文格；差作精批细改——反面对照悟要求。组织学生自批互批，自改互改。采用自我评改、二人互评互改、四人一组轮值评改交替使用的方法；比较鉴赏评改：一般从四方面入手，立意比较、选材比较、结构比较、语言比较。确定比较范围，选好比较角度。比较时要找出共同点和不同点，好的和差的地方能鉴别，并能具体阐述理由。四人一组轮值评改时，每次由一名学生负责朗读文章，指出语句、字词、标点错误，提出自己的评改意见；其余三生提出补充意见或评改意见，少数服从多数，由值改学生打出等第，写出评语。标准要灵活适用，诸如一篇议论文的评改标准：论点是否正确、鲜明、有针对性；所用论据是否真实、典型、恰当、支撑论点；如有分论点，分论点是否能服务于中心论点；议论是否合理、深刻，有启发性；叙议是否详略得当；是否能够联系实际；过渡是否自然，头尾是否照应，结构是否完整；语言是否通畅、简洁，是否有文采，是否有错别字；标点符号是否正确；书写是否工整，卷面是否整洁等。还要指导好学生的及时修改，因为改与作关系密切，改的优先权就应属于作者本人。教师要让学生以赏识的眼光批改作文，因为赏识是矫治作文心理障碍的最好办法。美国心理学家威廉·詹姆斯曾深刻指出：人性中最深刻的禀赋是被赏识的渴望。

《议论文写作提纲量化训练卡》的设计和使用①

写作提纲是文章的骨架，也是文章的蓝图，是文章的内容要点和行文的思路，也是对文章结构布局、层次段落的总体设计。学生编写和修改提纲，实际上是进一步构思的过程，也是一种思维训练，可以使文章条理化。因此，在动笔之前，尤其是写议论文先列写作提纲的做法，早就被很多语文教师所推崇，随之也就被广大学生所认可和接受。然而，有的学生因没养成编写提纲的习惯，致使学生不善于事先考虑材料的安排，提笔就写，尤其是考试时，不少考生舍不得花时间编写提纲，常常是“边设计、边采购、边施工”，由于胸无全篇，就容易犯取舍不

---

① 刊于2001年第3～4期《作文教学通讯》.

当、主次不分、杂乱无章、前后矛盾等错误。有的学生文章写了一半，写不下去了，撕掉重来。若是考试错已铸成，很难挽回；若是平日，虽能重作，但劳生伤时。所以，指导学生编写好写作提纲，就会帮助他们克服这些毛病。那么，怎样训练学生编写议论文写作提纲呢？

下面这则议论文写作提纲便是许多教师指导学生列的写作提纲式样：

《机遇与成功》写作提纲

一、提出中心论点：机遇不等于成功，它却可以导致探求者的成功。

二、论述中心论点：

1. 偶然的机遇能使人获得成功，而成功又与遇事者的认识、阅历等有关。

2. 一个具有丰富知识、敏锐感觉的人获得机遇的条件是要有好奇心和求知欲。

3. 机遇随时都存在于我们身边，不过它只属于那些勤于思索、勇于探求的人。

4. 机遇能使认识丰富的人发现规律、认识规律，从而促使他们获得成功。

上面的提纲可谓简明扼要，但我认为其空洞、宽泛，可操作性差，实用价值不大。成文时还需费很多精力去谋篇布局。为了让学生编写提纲一步到位，教会学生抓住写好议论文的关键所在，指导学生列好精细提纲，培养学生良好的列议论文写作提纲的作文习惯。我设计了《议论文写作提纲量化训练卡》（式样见后面示例），对学生进行训练。一段时间下来，学生列提纲的目标明确了，入门快了，少走了很多弯路，多快好省地提高了作文水平。

首先，出示《议论文写作提纲量化训练卡》，让学生明确目标，有的放矢，让学生带着尺度填写提纲。

设计说明：

1. 论证角度

如何选择正确的好的论证角度，是写好一篇议论文的关键。正所谓“横看成岭侧成峰，远近高低各不同”。同一材料，从不同角度看，有多种含义。论证角度是作文的前提，所以列提纲也应放在首位。教师在指导学生选取论证角度时，一定注意角度要正、要新、要高、要小。

2. 自拟题目

古人云“题者，额也；目者，眼也”。这就是说，题目是一篇文章的眼睛。“题好一半文”，可见，题目直接关系到文章的质量。一个好议论文题目的标准是准确贴切、鲜明醒目、简洁精炼、生动深刻。因为题目受论证角度制约，所以放在其后。教师还要指导学生拟出带有典型议论文文体特点的题目：如：……有感、……之我见、……小析、要……最好还要指导学生多拟论点型、论题型文题，少拟范围型、寓意型文题。

3．中心论点

论点是作者对议论的问题提出的见解和主张，乃三要素之首，它是一篇议论文的中心、灵魂和统帅。论点往往是一个判断式的陈述句。教师要指导学生在拟定论点上下功夫，力求正确、鲜明、精警、新颖，因为论点一错、满盘皆输，论点高明方为上乘。根据中心论点的核心地位在整个提纲量化分数中权重比例较大，这也是立意的体现。还有必要写明分解的分论点。

4．论证结构

就是对全文的行文顺序进行总体设计。这是谋篇布局的体现，所以在提纲中也应有其位置，常用的类型有总分式、并列式、层进式、对照式。其中总分式中的总分总式应用频率最高。

5．哲学原理

写议论文分析问题时绝不可能不用哲学原理。“分析的方法就是辩证的方法。所谓分析，就是分析事物的矛盾”①。反映唯物辩证法总特征的基本观点有三个：联系、发展、内外因。还有三个基本规律：对立统一、质量互变、否定之否定。还可具体分解为：物质第一性、主观能动性、具体问题具体分析、理论和实践相结合、实事求是、一分为二、实践第一、事物的主要矛盾等。哲学原理的运用能体现学生分析问题的能力，只要哲学原理正确，分析问题就会有理论深度。量化分数占整个写作提纲的权重较大。

6．如何提出问题

这项要求学生一定要写得具体，避免敷衍塞责。原则是引人入胜，一见钟情。常用的破题法有：其一，单刀直入、开门见山、提挈全篇；其二，伸缩题身，衍化题意；其三，由反面逼出文章的题旨；其四，影题法或用引文或用设问或用故事带出全文主旨。

7．分析问题的论据(论证方法)

在一篇议论文中至少要运用四种论证方法，论据可视情况定多寡：如立论，正面引证不可少，反面可或缺；正面例证论据至少二例，反面至少一例；驳论则相反。这是文章的中腹，扩展之便可成文，所以有必要让学生精细到位。俗话说“巧妇难为无米之炊”，教师要指导学生重视论据的积累和正确使用。

---

① 毛泽东.在中国共产党全国宣传工作会议上的讲话.

8. 怎样解决问题

一般的解决问题是对认识问题做出结论，对实践问题要提出办法。常用方法有：一展望未来，充满信心；二收拢全文，点明含义；三引用名言进行阐发；四启发鼓动；五从任务需要出发作结；六呼应开头，点明题目。提纲中写上解决问题的方法，旨在检查学生解决问题能力。

以上八点是写好议论文必不可少的常项，也是写议论文的关键步骤，不能不让它们在写作提纲上呈现出来。其次，用示范进行“典型引路”，教会学生如何填写《议论文写作提纲量化训练卡》。学生只有理解了这样做的规范性、科学性，才能积极为之。教师还要通过示范提纲向学生讲明每一步骤的必要性、原因和效果。

议论文写诈提纲量化训练卡

____年____月____日，姓名________，总分30，得分29

具体内容	量化评分标准	得分
材料：《伊索寓言》中北风和太阳比赛谁先脱掉行人身上的衣服，北风猛刮却没脱掉，太阳温和地晒却脱掉了行人的衣服。		
1. 论证角度：从太阳获胜、北风失败原因的角度	2	2
2. 自拟题目：好的方法事半功倍	4	4
3. 中心论点：方法是效率的守护神，好的方法能取得高效	5	5
4. 论证结构：总分总	2	2
5. 哲学原理：外因通过内因而起作用	5	5
6. 如何提出问题，引材料析因引出论点	2	1.5
7. 分析问题的论据和论证方法		
引证		
正面：① 成功＝艰苦劳动＋正确方法＋少说空话。——爱因斯坦		
② 读书之法，在循序渐进，熟读而精思。——朱熹		
例证		
反面：不注重讲求方法盲目蛮干者是愚蠢的。	2	1.5
正面：① 龟兔第三次比赛，龟方法对头，再次获胜；		
② 晏子智谏齐景公；		
③ 教法好的老师教学效果好；学法好的学生，学习成绩好。		
对比法		
反面：① 二叟钓鱼（甲方法好，乙方法不好）。		
② 某运动员因训练方法不科学面致伤。	4	4
其他论证方法：（因果法）毛泽东采取农村包围城市法，取得了革命胜利。		
8. 怎样解决问题：动脑筋比较鉴别，选取好方法。	2	1

再次，结合拟定的量化评分标准，教师搞好讲评、学生搞好修改。量化评分

标准每位教师可根据实际情况自行拟定(命题作文无需拟题的量化分数),目的是为了让学生明白孰轻孰重,通过得分了解自己构思的得失。有了量化评分标准,教师讲评写作提纲时随意抽取一篇读,群生均可评出其得分,相差无几。学生也能找出经验教训,进一步指导日后列提纲作文。讲评时,教师可以先示范评几次,逐一评分后装订成册,然后每生轮流参评,也可自评、互评、师评相结合,三番五次后,学生便可独立评分。这样久了,学生自然也能修改提纲了。

最后,教师还要指导学生将议论文写作提纲扩展成文时所要注意的过渡衔接、夹议等问题,使得提纲发挥其有章可循的最大功效。

小　　结

以上对“以学为本”的认知启动式语文学堂教学的原则、内容与策略的阐述，我试图构建“以学生为中心”、“以学为本”的包含基础知识、各类文体阅读以及写作的语文自学模式。总体来说，这种模式以学生为主体——基于“主体”、立足主体、依靠主体、为了主体；还要基于“实践”——充分实践、主动实践、有效实践。

以学生为中心，通过培养学习习惯让学生做主动有为的人，即“习惯出能力”；通过指导学习策略，让学生做学会学习的人，即“学法出成绩”。从而使学生自己能够将知识探讨归纳、整理论证、实事求“是”，“是”即知识内部所固有的规律性。只有抓住了规律、技巧，才能实现活“迁移”，才能举一反三、触类旁通。从活化到迁移，需要做好变式思维训练。学到陈述知识，学了本领；学会程序方法，学得智慧；学出策略成绩，学有感情，让知识长上感情的翅膀，让学堂焕发生命的活力。

教师是学生学习的主持人、启发者、引导者、参与者，不是领导者、填鸭者、牵牛者、旁观者。教师要解放学生的体力、解放智力、解放观念、给学生更多地时空。什么叫“能动”，就是凡是让学生“动”的就要让学生“动”。让学生自己的事情自己办。要开眼看世界，要开眼看学生。什么叫学生，就是在“学中生”简称学生。老师对学生的自学越支持，学生的学习积极性就越高。

课堂不是教师表演的舞台，而是师生交往互动的场所；课堂不是对学生单纯训练的场所，而是学生思维发展的场所。改善学习方式的归宿是学会自学，路径是教会学生提出问题——分析问题——解决问题。改变学生学习状态可能才是课改的核心。真正的“以学为本”高效学堂要完成三个转变：学的方式、评的方式、发展的方式。学的方式转变为“逐步自学”，评的方式转变为“评思维进步”，发展的方式转变为“主动发展”。是问题驱动了课堂教学，是对话演绎了课堂教学。教学必须完成转型进化，完成从传授知识向自主学习能力培养的转型进化。

“以学为本”的认知启动式学堂所追求的教学境界是：每一节课的教学都可以这样教；每一位具有基本教学素养的老师都可以这样教；每一所普通学校的学生都可以这样学。我们追求的目标是学生自能，正如叶圣陶先生所言，“学生须能读书，须能作文，故特设语文课以训练之。最终目的为：自能读书，不待老师讲；自能作文，不待老师改。老师之训练必作到此两点，乃为教学之成功”。①

---

① 叶圣陶.叶圣陶语文教育论集(下册)[M].北京：教育科学出版社，1980：716～744.

实践篇

“以学为本”认知启动式语文学堂的演练

记忆启动式：“版块法”学习基础知识演练

动机启动式：“加注法”学习文言文演练

情绪启动式：“小先生课”学古诗词演练

推理启动式：“问题化”学现代文演练

思维启动式：“自能式”学写作演练

第七章

记忆启动式:“版块法”学习基础知识演练

教材中的错误是难得的教学资源①

上海二期课改新教材(试用本)中存在不少错误,有的是内容放置错误,如《藏羚羊跪拜》不应放在所谓的“动物世界”单元里;有的是晚报水平的文章,如《哦! 冬夜的灯光》,译文的病句多达十几处;有的是学习建议有误,如李清照《如梦令·昨夜雨疏风骤》的“体会词中表达的怡然自乐的感情”;至于注解错误和有争议的就几十处了,恕不举例。

其实,引导学生“主动·合作·探究”出这些错误,也是一种较为高效的教学策略,因为教材中的错误也是难得的教学资源。

《“诺曼底”号遇难记》学习实录

教师:从课文标题你读出了哪些信息?

学生1:体裁是记叙文。

教师:哪个字看出的?

学生1:“记”。诺曼底号是一艘船的名字。“遇难”是死亡的意思。整个标题意思是“船死亡了”。

教师:请看第36节“‘玛丽’号也放下救生艇,赶来搭救由于它肇祸而遇难的人员。”中的“遇难”也是死亡的意思吗?

学生1:也是。

学生2:根据后文来看“当时的人员没有死”。

---

① 刊于2009年第10期《语文教学通讯》初中版.

教师：是的。所以词典上的“遇难”有两个含义：一是因各种自然和社会灾害而导致死亡；二是指遇到危险。课文中的两处使用都是正确的。课文中的哪些字的读音值得注意？

学生 3：第 15 段第二行的“猝然”的“cù”。

学生 4：第 6 段倒数第二行的“负载”的“zài”。

教师：其他同学还有吗？没有的话。请看第 11 段的最后一行有个字“呛”，怎么读？

大多数学生：“qiàng”。

教师：请同学们查字典。

学生 5：应读 qiāng，由水引起的咳嗽。不是由气体引起的咳嗽，不能读“qiàng”。

教师：课文中的哪些成语值得积累？

学生 6：失魂落魄，意思是形容心神不定非常惊慌的样子（教师板书之，五个成语下同）；相提并论，意思是把不同的或相差悬殊的人或事物混在一起来谈话或看待。

学生 7：小心翼翼，意思是举动十分谨慎，丝毫不敢疏忽。形容严肃虔敬的样子。巍然屹立，意思是形容山或建筑物高大的样子。

学生 8：井然有序，意思是条理分明整齐有秩序有顺序。

教师：同学们很有眼力，实际上，这些需要积累的重要成语在课本的哪里可以集中发现呢？

部分学生：课后作业里有。

教师：哪位同学能使用黑板上五个成语中至少三个以见习水手克莱芒的口吻，讲述当年哈尔威船长的故事。讲故事的要求，同学们知道吗？

部分学生：时间、地点、人物和事情的起因、发展、高潮和结局。

学生 9：时间：1870 年 3 月 17 日夜晚。地点：从南安普敦到格恩西岛的航线上诺曼底号小心翼翼地行驶。起因：雾海夜航；发展：载重快速前进的“玛丽”号撞坏我们的船。

教师：较好地用上了成语。“你”是谁？

学生 9：我的名字叫克莱芒，当时在诺曼底号上做见习水手。

教师：撞船的时间是 1870 年 3 月 17 日夜晚吗？

学生 9：是的。

学生 10：不对。是大约 1870 年 3 月 18 日凌晨 4 点钟。

学生 9:高潮:船上乘客都失魂落魄,哈尔威船长指挥人们井然有序逃生。我也被船员带上了救生艇。结局:60 人全部获救,我看着只有船长巍然屹立在舰桥上沉入大海殉职。

教师:落实了"我"第一人称讲述。咱们在讲述故事的同时就把文脉理清了。下面请同学们研读课文,圈划哈尔威船长的动作、语言描写,写出你的批注。

学生 11:我圈划的语言描写第 13 段(学生 11 读之)。

教师:再来一遍,读出船长的命令口气。

学生 11(又读了一遍):从中我能读出了船长是个绅士。

教师:何以见得?

学生 11:妇女先走,其他乘客跟上,船员断后。还有从后文第 34 段"哪个男人胆敢抢在女人前面,你就开枪打死他。"也可以看出。

教师:你看书注意了前后的呼应句,很好!有人说,雨果是人道主义的代表人物,从这里能看得出来,从后面第 41 段"克莱芒是见习水手,还不过是个孩子"也能看出。本段和第 10 段的数字说明了什么?

学生 11:船长有"忘我"精神。

教师:刚才老师巡视看到很多同学圈划了第 16 段到第 36 段的船长与别人对话,下面请 3 位同学来分角色朗读。

学生 12(船长)、13(机械师)、14(大副)分角色朗读。

教师:"船长"读得声音洪亮、语速较快,为什么?

学生 12:第 16 段中有四个字"简短有力"。

教师:(追问学生 12)作为船长的你为什么只问这三个问题?

学生 14:动力+机械,是确认船是否还能正常开,确定不能开了,再问时间,就得出了时间足够逃生。看出了船长的沉着、镇静,临危不乱。

教师:船长的精神品质,作者是有议论的,请找找。

学生 15:第 37 段中"事情总是这样,哪里有可卑的利己主义,哪里也会有悲壮的舍己救人。"告诉我们哈尔威船长就是舍己救人的人,不利己。

教师:文章的题记"真正的强者是那种具有自制力的人",应怎样理解?

学生 15:强者在本文指的应是"哈尔威船长","自制力"就是自己能控制自己吧。意思有点理解,但说不好。

教师:这句话是有些费解,这可能是翻译有问题。根据文本的重点词语提示,我们改成一个通俗易懂的句子,好吗?

板书:真正的英雄是________________的人

你在板书的横线上填入哪个词语?

学生 15:舍己救人。

教师:很好。其他同学对作者的议论语句还有什么感触吗?

学生 16:第 49 段——在英伦海峡上,没有任何一个海员能与他相提并论。写出了哈尔威船长无人可比的职业精神高度。

教师:你分析得很好。就是抽象了点。能结合第 47 节具体说说吗?

学生 16:我先读一遍这段吧。接着分析——“屹立”和犹如铁铸的比喻写出了……

教师:对不起,老师打断一下。下面请同学们揣摩哈尔威船长此时的心理,把他此时的心理想法写出来。(学生各自思考书写约 4 分钟)

教师:下面请同学们四人小组交流一下各自书写的内容。定一个主持人,一个记录人,除了交流写的内容外,还要交流为什么这样写,选出你组最好的或整合后在全班交流。声音四人听到即可,不要喧哗哦。(学生小组交流约 4 分钟)

教师:哪组先来?

学生 17:我们小组认为哈尔威船长当时的心理应该是“坚定”的:他想,乘客和船员都得救了,我完成了我的职责,我安心了。我不逃生,因为我要和船共存亡。

教师:其他组有异议吗?

学生 18:我也想问:“哈尔威船长有时间可以逃生为什么不呢?”

学生 19:我爷爷也是船长,爷爷曾经跟我说过——船是船长的生命,船在人在,这是船长荣誉规则!

教师:老师也查到这样说法的资料。学生 16 请你接着分析第 47 节。

学生 16:“犹如铁铸,纹丝不动”写出了“坚毅”,“黑色的雕像”写出了船长高大的形象和精神的丰碑。

教师:其实,船长的结局在前文是有暗示铺垫的,同学们发现了吗?

学生 17:第 14 段——实际上一共 61 人,但是他把自己给忘了。还有第 35 段中的“人们感到有一个伟大的灵魂出现在他们的上空”。

教师:我们来看看第 47 页的插图,谁能对插图发表一下见解?

学生 18:插图很好地画出了船长的神情“坚定”。

学生 19:我认为插图不应该画望远镜,因为书上写的是“他屹立在舰桥上,一个手势也没有做”,他拿着望远镜应该算手势吧。再说,在撞船之前他为什么不拿望远镜看呢,现在根本不需要看望远镜了啊!(很多同学附和:有道理)

教师:好眼力,值得表扬,看来咱们有必要写一封信给主编,建议他修改插图和题记,这个事情就落实给学生 19,好吗?

学生 19:好!

教师:临危不惧,遇险不乱,舍己救人是哈尔威船长的精神。尾段怎样理解呢?

学生 20:船长的做人之道就是“忠于职守”,有高度责任感,尽心尽力,这样的人就是英雄。因为他为自己的事业而献身!

教师:板书“哈尔威船长(遇难记)”。咱们总结一下,船长指挥的操作步骤是“明目标”——救人;“知船况”——动力、机械和时间;“严纪律”——女人孩子优先;“命快干”——60 人获救。哈尔威船长用他那“威严的指挥、有力的对话、悲壮的沉没”,永远活在我们心中。

[**布置作业**]

1. 课后自行查找雨果的文学常识并积累。

2. 写出“雾”的描写在文中的作用。

3. 有人说:“船长太不爱惜自己的生命,救出其他人后,应该积极逃生,没有必要和船一起沉下去,白白浪费生命。”请你试着分析哈尔威船长做出这一选择的原因。

[**板书设计**]

“诺曼底”号 }遇难记
哈尔威船长 }

真正的英雄是 <u>舍己为人</u> 的人

小心翼翼——发生

失魂落魄——发展

井然有序——高潮

巍然屹立 }结局
相提并论 }

[**教学反思**]

预初年级要做好双基教学,尤其是词语积累和文脉把握。把课上实是我的初衷。为此,我遵循了以下几个原则:

研究学生:本课在低年级上时必须做好预习,因为在低年级用一课时很难完成预定任务。因为借班上课,我课前让学生预学 15 分钟,建议学生把课文读两遍,标注注音和查词典解释重要词语和成语的含义。用 6 个成语结构板书,请学生围绕成语复述情节,努力把成语落到实处。

解读教材:“英雄”的范围没必要扩大到课文中涉及的所有人。质疑课文——题记的翻译、插图的设计存在问题。有些词语翻译的欠准确,如“逼”、“削”,第7段中的“人们”指代不明。有的段落内容可以删掉,诸如第48段。

教学底线:学生可以不理解船长与船共存亡的行为,可以说他傻,但不能怀疑他的人格和岗位精神。这是“生命教育”的底线。

过程设计:坚决不做“假如你是哈尔威船长会怎样做”的离谱假设。

教学遗憾:后面“断想”没有操作,成了老师的告诉。

第八章

动机启动式:“加注法”学习文言文演练

【改进后的课文样式】

螳螂捕蝉

刘　向

加注
园 中 有 树,其 上 有 蝉。
蝉 高 居 悲 鸣 饮 露,不 知 螳 螂 在 其
翻译
加注
后 也;螳 螂 委 身 曲 附 欲 取 蝉,而 不 知 黄 雀 在 其 傍 也;
翻译
加注
黄 雀 延 颈 欲 啄 螳 螂,而 不 知 弹 丸 在 其 下 也。
翻译
加注
此 三 者 皆 务 欲 得 其 前 利,而 不 顾 其 后 之 有 患 也。
翻译

《螳螂捕蝉》学习实录[①]

教师:同学们,学习是谁的事情?

学生齐:自己的。

教师:今天这节课老师引领大家自己学习文言文,好吗?

教师:下发删掉了尾句的课文(目的是经过处理课文,让学生感悟故事告诉

① 执教:曾宪一;学校:上海市干巷学校;班级:预初(5)班;时间:2012 年 4 月 25 日.

我们的道理)。请大家给课文加注释:把你认为需要加注释的先在右上角标号,然后把注解写在这个词语的上面。单独完成,可以借助《古汉语字典》。

学生:独立加注释。

教师:下面4人小组交流,前面左面同学为组长做主持,后面的同学为记录员。组长注意:依照一个句子加注情况每人依次交流;记录员注意:记录好本组达成一致的注释有哪些,存在分歧有哪些,存在分歧的解决结果是什么;全体注意:交流声音小一点。

学生:小组交流。

教师:哪个小组把你们的交流情况向全班汇报一下。记录员汇报,组长和组员补充。

学生:第二小组。

教师:哪个小组有不一样的或对第二组加注有异议的,请说出来。

预设重点注释有:居——位居、位于、处在,悲鸣——动听地鸣叫,委身——弯曲着身体,曲附——弯曲地靠近,傍——同“旁”等。学生如有提出,教师先请其他小组帮忙解决,实在解决不了的,由教师引导解决。

学生:散读课文。

教师:哪位女同学愿意读给大家听?

学生2:(自告奋勇)读课文。

教师:哪位男同学愿意读给大家听?

学生3:(自告奋勇)读课文。(在学生2和学生3读课文时,明显错音做订正)

教师:全班读一遍吧。

学生齐:全班齐读课文。

教师:为了知道读得断句和情感到不到位,必须先理解文章。下面咱们就给文言文加注释。

学生:独立加注释。

教师:借助注释字字对译翻译课文,请写在课文的下面一行。

学生:自行翻译课文。

教师:同桌之间交流一下,拿不准的或翻译有困难的提出来。

学生:哪位同学把自己的翻译展示给大家?

教师:请其他学生帮助解决。

教师:哪位同学关于课文理解有问题吗?

预设:悲鸣——动听地鸣叫;曲附——弯曲地靠近。

教师:翻译了也不等于真正理解哦,谁能不看着老师发的课文,从拿着弹弓的小孩子角度把故事讲给大家听。

学生:用自己的话讲故事。

教师:你能预设这个故事的结果吗?对这个故事你有什么感悟和评论吗?

学生做了假想。

教师:看看作者是怎么评论的吧?出示课文最后一句。同学们知道作者刘向是什么朝代的吗?有什么作品吗?

学生:不知道。

教师:撰《说苑》,编《战国策》。《螳螂捕蝉》选自《说苑·正谏》。给这句话先加注解再翻译。

学生:加注解再翻译。

预设:务——追求、要求得到,顾——顾及、顾念。

教师:谁能把自己的翻译说出来。

学生:这三位都想得到自己眼前的利益,却不顾自己身后的祸患。

教师:作者感悟出的具体道理是什么呢?用你的话简洁地说出来。

学生:瞻前顾后。

教师:从这篇文章你能推断"说苑"是什么意思吗?《说苑》是一部什么样的书?"说"是说法、观点的意思,"苑"是学术荟萃之处。合起来就是"学说的荟萃之处"。刘向曾任领校秘书,本书就是他校书时根据皇家藏书和民间图籍,按类编辑的先秦至西汉的一些历史故事和传说,并夹有作者的议论,借题发挥儒家的政治思想和道德观念,带有一定的哲理性。

教师:今天我们学习了一个成语的出处,这个成语是:螳螂捕蝉,黄雀在后(板书),这个成语告诉我们的道理是什么?

学生:瞻前还要顾后。(师板书)

学生:不能只看眼前利益。

学生:不能见利忘害。

教师:同学们今天学得怎么样呢?请自我命题检测。请两名同学到黑板上命题。

学生:交流命题,互作答案并讲解。

教师:同学们我们自己如果能用《古汉语字典》给文言文加好注释,学习文言文也就变得简单了,以后一定要多多尝试哦。

教师:今天的作业是——

必做题：1. 列表归纳本文的重要实词和虚词（以 150 个实词和 6 个虚词为主，总数不少于 9 个）。

词　　语	义项解释	例　　句	例句翻译

2. 请你给本文再命一套题并直接写出答案。

选做题：运用“加注法”翻译下面文段。

加注
吴 王 欲 伐 荆，告 其 左 右 曰：“敢 有 谏 者 死！” 此 时，其
翻译
加注
下 有 一 年 少 者，自 知 人 微 言 轻，谏 必 无 用，徒
翻译
加注
遭 横 死。 惟 日 怀 弹 弓，游 于 后 园，露 沾 其 衣，如 是 者
翻译
加注
三。 吴 王 问 之，对 曰：“后 园 有 树，上 有 蝉 正 饮 露，
翻译
加注
不 知 螳 螂 在 后 欲 捕 之 也！ 而 螳 螂 作 势 欲 扑，竟
翻译
加注
不 知 黄 雀 蹑 其 旁 也！ 黄 雀 伸 颈 仅 顾 啄 螳 螂，而
翻译
加注
不 知 树 下 之 弹 弓 也！ 彼 皆 欲 得 前 利 而 不 顾 后
翻译
加注
患 也！” 吴 王 听 后，甚 觉 有 理，乃 不 出 兵。
翻译

［附录］2014 年中考文言文课内规定的实词（150 个）

比 鄙 兵 病 察 彻 乘 从 当 道 得 定 伐 犯 方 负
赋 更 故 顾 观 归 好 号 还 会 患 及 极 计 济 加

假 间 简 见 竭 尽 进 居 举 具 俱 聚 遽 决 类 临
虑 论 漫 灭 明 名 命 谋 难 平 戚 启 强 窃 请 穷
求 取 去 全 任 入 善 少 舍 涉 生 胜 师 施 实 食
使 释 恃 属 说 素 汤 痛 亡 为 务 徒 狭 鲜 向 效
信 行 形 兴 修 徐 许 寻 业 遗 贻 夷 异 易 诣 益
阴 引 盈 余 狱 御 缘 远 云 责 章 知 止 致 质 众
专 周 走 足 卒 作 坐 布衣 菲薄 间隔 交通 节目 绝境
其实 阡陌 亲戚 驱驰 问津 无论 牺牲 鸿儒 白丁

2014 年中考文言文课内规定的虚词(6 个)

之 其 以 而 于 何

第九章

情绪启动式:“小先生课”学古诗词演练

《逢雪宿芙蓉山主人》学习实录①

小先生:示范背诵——日暮苍山远,天寒白屋贫。柴门闻犬吠,风雪夜归人。请同学们齐背。

学生(齐):背诵。

小先生:题目告诉了我们什么?

学生1:逢雪住宿在芙蓉山主人家里。

小先生:诗歌是抒情的,遇到这样一件事情会抒发什么情呢?

学生2:应该是表达感激之情。

小先生:诗人表达了感激之情吗?

学生3:没有,从诗句中一点也看不出来。

小先生:李白遇到汪伦直接表达了情感,怎么说的呢?

学生齐:桃花潭水深千尺,不及汪伦送我情。

小先生:没抒情写了什么?

学生4:写了不是太好的风景。

学生5:通过悲凉的风景抒发了悲凉的情感。

小先生:前面两句写的是悲凉的,下面两句呢?

学生6:写的是狗叫。

小先生:以动衬静,是更凄凉了。夜归人是谁呢?是谁夜归呢?

学生6:不知道?

---

① 小先生参看了郑朝晖老师的上课录像.

小先生:不知道不怪你,我查了资料,研究这首诗的学者们也不知道。别看我们背诵了,问题还在。诗歌、诗歌既是诗又是歌,那么歌有什么特点?什么东西能形成歌?

学生(七嘴八舌):节奏。

小先生:“韵”可以形成节奏,句子长短可以形成节奏。可是这首诗没有句子长短之分。

学生 7:断句,都是先两个字,后三个字。

小先生:但这是相同的,从外形上看不出,从内在可否看出?

学生 8:情感上的变化可以形成节奏。第 3 句的情感是惊喜,第 4 句写出了美好的情感。

小先生:节奏在于情感的变化。四句小诗也可以翻情感波浪哦。这也是这首诗为什么不能从头悲到尾的原因吧。换个角度,咱们从语言表现力方面看看还有什么特点?语言表现力第一体现在内涵丰富,第二体现在形象生动。那么哪些词语表现力特别丰富呢?再带着情感读一遍诗歌。

学生(齐):齐读一遍。

小先生:读得很好,前面沉重,后面高昂。

学生 9:“日暮苍山远”的“远”,不仅写出了空间距离远,还写出了“归”的遥遥无期。

小先生:你对“远”的理解一是路远,二是心远。这既是客观的描述,又是主观的感受。

学生 10:“天寒白屋贫”的“贫”是“少”的意思。山里的屋子少。

小先生:啊,你把“贫”字理解为“少”,解决了学术界一个很大的问题。

学生 11:“贫”是为了引出下文内容作铺垫,是反面烘托,是由压抑情感到抬升情感的过渡。

学生 12:“白”写得很有表现力,是雪的颜色,写出了萧条凄凉,写出了意境。

小先生:其实“白屋”还有别的意思,同学们可以课后去研究哦。前两句很有画面感。

学生 13:“归”字很好,尤其是在风雪夜的“归”,很有归属感。

小先生:我去投宿,不是回家啊!

学生 14:“归”字可能是与作者漂泊的经历正相关,加之逢雪,有一种绝处逢生的欣喜。

学生 15:“归”还写出了回家的感觉。

小先生：将诗歌再读一遍。我认为理解还不够。

学生 16：“暮”是傍晚，才引出投宿。因为天黑了，显得“白屋”更白了。日暮途穷，更感觉走投无路了。

学生 17：“暮”和马致远的诗歌意境相似。

学生 18：日暮就该回家，和“归”呼应。

小先生：出示 PPT“君子于役，不知其期。曷至哉？鸡栖于埘。日之夕矣，羊牛下来。君子于役，如之何勿思！”

学生 19：这诗的意思是：夕阳了，羊牛都知道回家了，夫君怎么还不回来？

小先生：这首诗和现在所学的《逢雪夜宿芙蓉山主人》情感上有什么不同？

学生 20：《诗经》这首诗是直白的，这首诗没找到归宿，而《逢雪夜宿芙蓉山主人》找到了归宿。《诗经》这首是“叫我如何不想他”。这首诗所表达的感情和《逢雪夜宿芙蓉山主人》的感情正相反，先是温暖的，后是冷酷感伤的。

小先生：我要追问，诗人刘长卿是不是真正的“归”了呢？

学生 21：他还是寄宿在人家。

小先生：那这里的情感全是“喜”吗？

学生 22：还有一丝悲伤。明天将继续漂泊的旅人。短暂的温暖更是冷的无期，是这种无尽的孤独感打动了我们。

学生 23：我们都是生命的漂泊者，我们寻找的不是物质的家，而是内心的精神家园。

小先生：所以我们每个人都有归家的恐慌，德国哲学家、诗人施莱格尔说过：哲学就是怀着甜美的乡愁寻找家园。哲学就是黄昏时要回家的感觉，唐诗的魅力在于直指我们每个人的内心。

第十章

推理启动式:“问题化”学现代文演练

案例一:说明文[①]

【课文】

南海:资源的宝库

① 南海,又称南中国海,是许多岛屿、沙洲、礁、暗沙、浅滩和其周围海面的总称。它们分布的范围南北绵延约 1 800 公里,东西分布约 900 多公里,共有岛、礁、沙、滩 200 多个。南海诸岛从北至南,可分为东沙、西沙、中沙和南沙四大群岛。

② 南海独特的地理和气候特点形成了当地渔业资源与海产资源的多样性。

③ 南海地处热带,海水温度适宜,水质未受污染,海洋中自然产生的饲料充足,为鱼类的栖息、繁衍和越冬提供了适宜的环境,因此南海的渔业资源非常丰富。南海现在已经探明的鱼类有 1 500 多种,具有经济价值的约 200 多种,主要有石斑鱼、马鲛鱼、乌鲳鱼、银鲳鱼、红鱼、鱿鱼、鲨鱼等。此外,南海还有很多珍贵的海产品种,如海龟、海参、海蜇、海蟹、海马、龙虾和海螺等。

④ 除了鱼类,南海的热带海藻类资源也极其丰富,经济价值较高的有石花菜、麒麟菜、马尾藻、紫菜等等。由于有这些丰富的渔业和海产资源,南海成为我国四大渔区之一,而且渔场面积达 182 万平方公里。

⑤ 南海气候适宜、雨量充沛,诸多岛屿上还有丰富多样的陆生生物,包括植物和动物。

---

① 执教:曾宪一;学校:贵州省纳雍县龙场中学;年级:初二(1)班;时间:2013 年 3 月 24 日.

⑥ 南海诸岛上生长着200多种高等植物，其中人工栽培的植物近50种。这些岛上植物都具有耐盐、耐高温、耐旱、喜钙、嗜肥的特征。在南海的主要岛屿上，都有茂密的树林。一般以麻枫桐树组成的纯林为主，称为热带海岛型常绿林。麻枫桐树高10米左右，胸径30～50厘米，从根部到树顶都可生长叶子，叶色淡绿带白。麻枫桐树林是海鸟筑巢、抵御风雨和栖息的主要场所。

⑦ 南海各岛屿还种植有各种热带水果、粮食作物和多种蔬菜，如香蕉、番木瓜、菠萝蜜、龙眼、荔枝、芭蕉、桃金娘、锥栗、橄榄、杨梅、酸豆、油甘子、榴莲、人心果、腰果、油梨、番石榴、甜蒲桃、芒果、山竹、柑桔、红毛丹、猴面包和酸豆等。

⑧ 南海诸岛栖息着很多鸟类，共有60多种。比较常见的有白鲣鸟、军舰鸟、海鸥、蓝翡翠鸟、锈眼鸟等等。白鲣鸟是南海诸岛最多的鸟类，体形似鸭，成鸟重约二三斤，周身洁白，它们大部分聚集在西沙群岛的东岛，与麻枫桐树相互依存。

⑨ 在西沙、南沙和中沙群岛海域，还有丰富多样的海底资源。

⑩ 南海的海底石油和天然气储量巨大，相当于全球储量的12%。南沙群岛的曾母暗沙盆地是南海石油和天然气开发的最好地区之一，蕴藏量约200亿吨，有"第二波斯湾"之称。西沙群岛、中沙群岛的海底也有上千米的新生代沉积物，这些沉积物与我国北部湾、海南岛的新生代沉积物有密切的联系，也是大有希望的海底石油和天然气产地。

⑪ 南海还有数量尚不清楚的可燃冰，蕴藏在水深350～3 200米的海底沉积物中。中国国土资源部现在已经启动了对中国海域可燃冰资源精确调查的专项任务，仅神狐钻探区内已探明有11个可燃冰矿体，面积约23平方公里，气体资源量约为194亿立方米，控制资源量达到41亿吨油当量。

⑫ 在西沙、南沙和中沙群岛海域还有成千上万吨含锰、镍、铜、钴等多金属的锰结核矿。当然，南海的波浪能、潮汐能、温差能等也是潜在的巨大资源。

⑬ 南海，是一个巨大的渔业资源宝库，一个永续的陆生生物宝库，一个取之不尽的海底资源宝库。

《南海：资源的宝库》学习实录

教师：一篇说明文，我们可以从哪几方面提出问题呢？

学生（七嘴八舌）**：**说明方法、说明语言、说明对象。

教师：文章的脉络、思路或结构方面，可以提出问题吗？

学生：可以，是说明顺序吧。

教师:老师下发一篇大家没有学过的文章《南海:资源的宝库》,咱们分组提出问题好吗?

第一组是有关说明方法方面的;第二组是有关说明语言方面的;第三组是有关说明对象方面的,老师把它称为概括说明对象的特征;第四组是有关说明顺序方面的。要求:写出问题的题干,尝试分析解答。每人至少提出一个问题哦。问题的题型可以设计为填空题、简答题、选择题等。

学生:开始提问题。教师巡视。(约七八分钟)教师找 4~5 个学生把自己的问题写到黑板上,并写上提问题人的姓名。

教师:同学们都很认真地钻研文章,提出了问题,可见咱们都具备提出问题的能力哦。读懂一篇说明文,谁能说说哪方面的问题相对来说最重要,通过这个问题我们就知道是否真正读懂了文章。

学生:作者告诉了我们什么?或者是作者怎么告诉了我们的?概括说明对象的特征最重要。

教师:概括说明对象的特征也可以包含说明对象的意义、好处和作用。那我们就从研究这道题目开始,好吗?请看第三组写在黑板上的问题。

问题:本文的说明对象是________。本文从哪几方面写出了南海是资源的宝库?(李香)

教师:请李同学分析和解答这个问题。

学生 1(李香):说明对象是南海,从标题就能看出。从最后一段的归纳可以得出答案:渔业资源、陆生生物、海底资源三方面。

教师:你分析得很好,整体把握了这篇文章。请你具体说说三方面的结构安排,好吗?

学生 1(李香):从第②~④自然段说明的是渔业资源;从第⑤~⑧自然段说明的是陆生生物资源;从第⑨~⑫自然段说明的是海底资源。

教师:分析到位,可见回答概括说明对象特征的问题,必然要考虑文章的结构。

这是一道涉及全文的大问题,我们能否在局部阅读过程中也能出一道可以有 3 个或 3 个以上答案的较大问题?

学生:全体学生提出问题约 2~3 分钟,写题干。

教师:哪位同学想好了?

学生 2:南海丰富多样的海底资源有哪些?

教师:你是怎么想出来这个问题的呢?

学生 2:第③和④自然段只有两方面;第⑥~⑦自然段也只是从两方面;只

有海底资源是三方面了。

教师:你的想法不错,能具体分析解答吗?

学生 2:一是南海的海底石油和天然气储量巨大;二是南海还有数量尚不清楚的可燃冰;三是有成千上万吨含锰、镍、铜、钴等多金属的锰结核矿。

教师:第二方面的“尚不清楚”是多还是少呢,还是真的不清楚呢?

学生 2:是多。

教师:对的。只有这三方面吗?

学生 2:不知道。

教师:哪位同学可以帮帮他?

学生 3:第⑫段最后一句也应算一方面:波浪能、潮汐能、温差能等也是潜在的巨大资源。

教师:补充完整,当然后面也是一方面。下面请同学们看说明方法方面的题目,好像可出这方面的题目很多,先看看黑板上王小莉同学的问题:

第③段使用的说明方法是________,作用是____________。(王小莉)

教师:哪位同学能分析解答?

学生 4:列数字,作用是准确地说明了南海的渔业资源非常丰富。

教师:请提出问题的人王小莉来评判。

学生 5(王小莉):这段还有举例子的说明方法,具体说明了有经济价值的鱼类品种多。列数字是为了准确说明鱼类品种多。

教师:前面同学的答案不完整。除了举例子和列数字之外其他同学还提出了其他说明方法的问题吗?

学生 6:我的问题的说明方法是作比较,题干是:划线句使用的说明方法是______,作用是______。划线句是第⑩段的第一句。

教师:你怎么判断出是作比较的呢?

学生 6:“相当于”的“于”就是比较的标志词。

教师:比较前面有关说明方法的题目,作比较的更有考查意义。同学要学会抓标志词来判断哦。再看说明语言的准确性类的问题,看黑板上张强同学的问题:

第⑧段中的“成鸟重约二三斤”中的“约”可否去掉,写出理由。

教师:好问题——“二三斤”本身就是区间数,怎么还用“约”呢?哪位同学作答?

学生 7:约是左右的意思,是二三斤左右的意思,如果去掉了,与客观实际不符,体现了说明语言的准确性。

教师:能具体说明怎么与客观实际不符了吗?

学生 7:就仅限于二三斤之间。

教师:是扩大了还是缩小了范围?

学生 7:是缩小了。

教师:还有其他有关说明语言准确性的问题吗?

学生 8:第④段的“南海成为我国四大渔区之一”中的“之一”可否去掉,写出理由。

教师:问题很好,同学们记下来,因时间关系,不再分析解答。再请看有关说明顺序的题目:

南海,是一个巨大的________宝库,一个永续的________宝库,一个取之不尽的________宝库。(王鹏鹞)

教师:王同学的这个问题在前面我们把它算作概括说明对象特征了。哪位同学从“时间顺序”、“空间顺序”、“逻辑顺序”提出了问题?

学生 9:我出了逻辑顺序的问题:本文的说明顺序是__________。

教师:具体什么逻辑?

学生 9:说不清。

教师:哪位同学能尝试分析一下?

学生:众生冷场。

教师:那我们分组讨论一下,好吗?先回顾一下都有哪些逻辑呢?

(学生分组讨论:约 4 分钟)

教师:哪位同学代表小组来回答。

学生 10:我们小组认为是由易到难,前面的容易理解,后面的不容易理解。

教师:也有同学说是由已知到未知,渔业资源丰富早为人知,海底资源大多不为人知。自圆其说有道理即可,未必非得一个标准答案。同学们,你还产生了什么新的问题和感悟吗?

学生 11:我明白了“南海争端”不仅仅是领土争端,更是争什么了。因为南海是资源宝库。

教师:同学们,谁能总结一下,一篇说明文可以从哪些方面来提出问题呢?

学生:重点四方面——说明顺序、说明对象的特征、说明方法、说明语言。

教师:“学,觉悟也”“问,学之端也”。学,然后知不足;问,然后知自己之不足。在学中问,在问中学。学是问的先决,问是学的进步!今天作业:请根据下面文章《漫说青铜器》,自己提出 4～5 个问题,并作答。

案例二：议论文

《从文体价值提出问题》学习实录①

一、教学目标

通过议论文文体价值角度明确应从哪些方面提出问题，并初步尝试评价所提问题。

二、教学重点

明确议论文应从哪几方面提出问题。

三、教学难点

评价所提问题。

四、教学准备(第一教时)

1. 尝试：下发一篇新课外议论文(见教学用课文)，请学生尝试提出4～5个问题。

2. 交流：小组交流所提出的问题，并归类。

3. 评价：初次尝试对2011～2013年上海中考的三篇议论文命题进行比较评价。

五、第二教时

【课文】

感悟生活

赵宪宇

① 面对生活，人们说得较多的是“感悟”，但感悟是什么？怎么感悟？似乎有些不甚明了。在这里，我概述三点。

② 一要悟理。理就是传统上所说的“道”。大千世界，万事万物，其存在、其消失、其流变、其静止，均有其理所在。中学生处于其间，就应该得到生活的真谛。这既是作文的要求，也是人生的必需。古今中外，许多佳作妙文都是以理见长。理可以说是文章的核心，无理的文章很难立得起来，也往往行而不远。

---

① 刊于2014年第2期《语文教学通讯》初中版.主题：尚学·崇思——构建以学为本的认知启动式学堂；班级：上海市徐汇中学初二(3)班；执教：曾宪一；时间：2013年11月28日；课时：第二教时.

③ 要从物象万千的世界中悟出理，且是让人共鸣的理，尽管手段、技巧很多，但本质的东西还是要用好辩证法。遇事遇物，要一分为二，甚至一分为三，要正反思、进退想、多角度想。书读百遍，其义自见；物思百遍，其义也能自见。面对生活，平静客观科学理性地思考，总能有所收获。即使遇到挫折，也要乐观。我们虽不主张像庄子一样亲人亡故也引吭高歌，但学会宽容，理解生活，就会别具慧眼。据说中国现在文坛最具实力和成就的是知青作家，很可能那段极不寻常的经历给他们带去了无法计量的创作财富。因此，在任何情况下，保持一种乐观向上的思考，丢了马也觉得是福；否则，拾了芝麻，却有可能丢掉西瓜。

④ 二是悟情。“问世间情为何物”，情是生活的血脉，在我们学生的作文中就是命脉。俗话说，情人眼里出西施。其实，情人眼里也出美景。小时候，看河南豫剧《朝阳沟》，王银环对山沟沟没感情时，一草一木都厌烦；而当她要离开朝阳沟时，想到了山里人的热情厚道，这一草一木又变得“对我笑了”，让她感到“人也留来地也留”。

⑤ 面对生活，要投入地去爱。而要想体会到一物一事、一草一木的情感，“移情别恋”至关重要。

⑥ 看到自然山水，主体要主动介入，这样你眼中的山水也就有了情感。草叶间的蝴蝶，碧空中的星月，都让人产生了无限的遐想。一幅幅动人的景象，总给人许多美的享受。这都源于人把自己融入了自然、融入了生活，而把自己的感情赋予了一切，一切也都会化作情人。“举杯邀明月”，就会“对影成三人”。

⑦ 三是悟智。所谓“智”，主要是指才识、见识，往土点讲就是学点聪明。在充满奥秘的世界里，如果调动自己的各种感官，用自己的心去体会，就会发现别具一格的东西，这很符合现在所提倡的创新思维。

⑧ 看到一片枯叶，就知道秋天来了，一叶知秋。古代有位和尚，别人问他看到江上无数往来的船只载的都是些什么。他说，千帆竞发，其实只有两条船，一条装的是“名”，一条装的是“利”。据说，基辛格博士曾问周恩来总理，中国有多少厕所，周恩来马上答道“两个”，一个是男厕所，另一个是女厕所。这些都体现了一种智趣。法国著名戏剧家特里斯坦·贝尔纳有一次参加一家报纸举办的有奖智力游戏，其中有这样一个题目：如果法国最大的博物馆卢浮宫失火了，情况只允许抢出一幅画，你会抢哪一幅？结果在该报收到的成千上万份答案中，贝尔纳以最佳答案获得该题的金奖，他的回答是：我抢离出口最近的那幅。

⑨ 悟智的方法固然也很多，但总的来说，就是思维的触角要多一些，争取顿

悟。顿悟，就是灵感思维，是智慧的体现，需要修炼，需要积累。一个人只要锲而不舍，灵感之光就会在心里不断闪现。

教师：华裔诺贝尔奖获得者杨振宁教授曾指出："中国学生普遍学习成绩出色，特别在运算和推理方面比国外学生有明显优势，但中国学生最大的缺憾，就是不善于提出问题，缺乏创新精神。"

怎么解决不善于提出问题的问题呢？第一课时请大家给新发的文章《感悟生活》提出问题，并以小组合作方式归类了问题。下面哪个小组能说说你们是从哪些角度提出问题并归类的？

一

学生1：我们组都从中心论点角度提问了，具体问题是"本文的中心论点是什么？"

教师：你能试着回答本文的中心论点是什么吗？（师板书：概括论点）

学生1：感悟生活。

教师：这是个短语，中心论点应是一个观点、见解的正面的肯定式陈述句哦。

学生2：我们要通过悟理、悟情、悟智来感悟生活。

教师：你的答案是正确的，只是太具体了，可以再用上位概念来概括吗？

学生3：我们要感悟生活。

教师：大家对这个概括还有意见吗？没有了，就暂且以此为中心论点！老师想问大家一个问题"为什么非得从论点角度提出呢，论点不问不行吗？"（师板书"论点"）

学生4：不行，因为议论文是以议论为主要表达方式的文章，必须要有自己的观点、见解，而这个观点、见解就是论点，如没有论点就不是议论文了。

教师：你讲得很对，论点是议论文的核心文体价值，这是提问题的最重要的角度。同学们都明白了吗？（板书课题：从文体价值提出问题）

学生：明白了。

教师：谁还提出了和论点相关的问题，问题的题干是什么？

学生5：本文从哪几方面论述了论点？

教师：你能回答从哪几方面吗？

学生5：悟理、悟情、悟智三方面。

教师：完全正确。也有人把此问题叫做概括议论对象的特征。学生1，你们小组还从什么角度提出问题了呢？

二

学生1:论证方法角度。

教师:还有什么角度?

学生1:论证结构角度。

教师:这两个角度你认为对于阅读一篇议论文来说哪个更重要?哪个角度能反映你把文章读懂了。

学生1:论证结构。(师板书:论证结构)

教师:“论证”什么意思?(师板书:论证)

学生1:论述、证明的意思。

教师:关于论证结构的题目你们的题干是什么?

学生1:本文的论证结构是什么式?

教师:答案是什么?

学生1:总分式。

教师:说说理由。

学生:第一段是总,剩下的是分。

教师:哦,你是这么看的,其他同学有不同意见吗?

学生6:并列式。

教师:请陈述理由。

学生6:论证部分(本论)应从第二段开始,所以悟理、悟情、悟智是并列关系。

教师:学生1你同意学生6的意见吗?

如果同意说明不是你提出这个问题的本义吧;如果不同意你的题干要修改了哦,要把“论证”两个字拿掉。

看来我们很有必要把议论文的结构和议论文的论证结构还得区分一下。论证结构主要指的是三段论结构的哪个部分?

学生:本论部分。(师板书:引论——本论——结论)

教师:老师再追问——为什么提出问题一定要考虑从论证结构角度提呢?

学生7:因为这是文章的文脉,行文思路,是整体把握,读文章怎么可以不理清文章的思路呢?

教师:有道理。老师又有了新问题产生,有同学从论证思路角度提出问题了吗?(师板书:论证思路)全文的论证思路是开篇提出我们要感悟生活,然后从悟理、悟情、悟智三方面论证了我们怎样感悟生活。就某个段落或几个段落可否提出论证思路的问题呢？想试试吗？

学生自己试着提出问题(约4分钟)

学生提不出，教师引导：论证思路就是“提出问题——分析问题——解决问题”过程。(师板书：提出问题——分析问题——解决问题)，换个角度，提出问题提出的“是什么”，分析问题就是阐明“为什么”，解决问题就是“怎么办”。(师板书：是什么——为什么——怎么办)以后同学们写议论文一定要遵循这样的论证思路哦！

作者是怎样解决悟智的呢？

学生8：顿悟，争取顿悟。

教师：第⑨段是解决问题，那第⑧段是不是分析问题？第⑦段是不是提出问题呢？现在，谁能草拟这个问题的题干？

学生9：从第⑦～⑨段的论证思路是什么？

教师：很好，从第②～③、④～⑥段是否也可以按这个思路提出问题呢？

学生：可以。

教师：同学们，实在提不出问题的时候，不妨从答案往回推来草拟问题的题干哦！

教师：继续回答“怎么悟理，怎么悟情？”

学生9：要用辩证法；要投入地去爱。

教师：从解决问题的角度来看，本文的中心论点应怎样概括？

学生9：我们要学会感悟生活。

教师：同学们说加“学会”两个字有必要吗？

学生(齐)：有！

教师：如果在一篇议论文的标题、首尾段找不到现成的语句作为中心论点的话，看看文章从几方面分析论证或解决了什么问题，这个问题往往就是中心论点。请大家记到笔记本上！

三

教师：学生1，你们小组还从什么角度提出问题了呢？

学生1：论证方法角度，具体题目是“第⑧段运用的论证方法是什么，其作用是什么？”(师板书：论证方法)

教师：你自己能回答吗？

学生1：举例论证法，具体论证了几种智慧的实例，这些人都是智慧的，悟智要变换触角来顿悟。

教师:还提出了其他问题吗?

学生 10:第④段王银环的故事用的论证方法是什么,作用是什么?

教师:请回答。

学生 10:例证法具体论证了投入地去爱就会产生好的感情。

教师:论证方法常用的有几种?

学生(齐):例证法、引证法、正反对比论证法。

教师:我们是怎么判断论证方法的呢?

学生 11:论据。(师板书:论据)

教师:论据最多的是哪个段落?

学生(齐):第⑧段。

教师:这段是什么论据? 论据有几种?

学生(齐):是事实论据,有事实和理论论据两种。

教师:能分析第⑧段的第一个论据吗?

学生 12:第一个论据是所有的船都是在追求名利。

教师:这是第一个论据吗?

学生 13:这是第二个,不是第一个,第一个是"一叶知秋"。

教师:对的,一句话也是一个论据哦。请分析为什么"一叶知秋"?

学生 13:观察到一片叶子掉下来,就知道秋天来了。智慧体现在把握事物内在规律,有预判的先知先觉能力。

教师:分析得很好,掌握规律是智慧。谁能分析一下贝尔纳的答案为什么获得金奖吗?

学生 14:他的答案关注的是人的生命,这是根本。

教师:你太厉害了,一下子就道破天机。再从可能性角度分析一下贝尔纳的答案为什么获得金奖吗?

学生 14:最近的最有可能成功。

教师:透过现象看本质,分析到问题背后的真正原因最为重要。

四

教师:下面结合板书咱们梳理一下议论文的知识。

议论文的三要素是论点、论据和论证,三者的关系是论点统帅着论据和论证,论据和论证是支撑论点的。

三段论式论证结构是引论——本论——结论。论证结构分为总分、并列、层进、对照式四种。

在引论里提出问题，即是什么论点，是什么；在本论部分分析问题，为什么；在结论部分里解决问题，怎么办。

文体价值主要体现在：论据分析＋概括论点＋论证结构＋论证思路＋论证方法。

同学们再想一想“议论文的语言有什么特点？”

学生15：以议论为主，有逻辑性，主要体现在有关联词语上。

教师：可以尝试从这方面提出问题吗？

学生16：第②段的“既……也”或“既是……也是”

教师：知道是什么关系吗？

学生16：并列关系。

教师：正确！谁还提出了问题？

学生17：第⑦段的“如果……，就……”

教师：知道是什么关系吗？

学生17：假设关系。

教师：正确！谁还提出了问题？

学生18：第⑨段的“只要……就”。

教师：这是什么关系？

学生：不知道。

教师：这是充分必要关系。相当于数学里的“当且仅当”。

五

教师：同学们能从议论文文体价值角度来比较评价一下老师发的三篇文章（近三年的上海中考卷议论文部分）的价值吗？先独立评价。

学生自己评价（3分钟），小组交流（3分钟）。

教师：哪位同学能谈谈你的看法？你课前初次评价时的观点是什么？通过本节课的学习你再来评价一下三篇文章的命题，有变化吗？说说理由。哪组有分歧？

学生19：分歧是：我认为“学会舍”这篇最好，学生20认为“过有容的人生”最好。我们都认为2011年命题最差，只有一道题涉及议论文的文体价值，即论证方法的识别及其作用；

教师:你为什么认为 2013 年"学会舍"命题最好?

学生 19:"学会舍"涉及"概括论点"、"结构"、"论证方法"、"论据分析"、"议论语言的逻辑性"等 5 个核心文体价值题目。"向字典鞠躬"只涉及论证方法。

教师:学生 20 请阐述你的理由,请将"过有容的人生"和"学会舍"比较那个命题符合议论文问题价值的更多。

学生 20:"过有容的人生"没有论证方法方面的问题,比"学会舍"少。

教师:那个更好答案出来了。现在谁能说说怎么提出问题?

学生 21:要先弄清楚是什么文体,从文体价值来确定提问角度。

学生 22:问题的题干指向要具体明确。

学生 23:要深入思考,深入问题的实质。

教师:这节课学到现在,哪位同学能说说如果是说明文要从哪些方面提出问题呢?

学生 24:说明方法、说明语言、说明对象等。

教师:其他同学有补充吗?

学生(齐):没有补充。

教师:不全面,看来我们很有必要对说明文的文体价值系统梳理哦。就本篇文章《感悟生活》或关于议论文从文体价值提出问题谁又产生了新的问题?

学生 25:议论文的结构和论证结构究竟如何区分?

教师:你的问题太好了,正是学术界还没有定论的一个问题,允许老师请教专家再来回答你,好吗?

学生 26:这篇文章第⑧段的几个例子真的都是智慧吗?

教师:这个问题很好,课下再请同学们做分析是大智慧还是小聪明。同学们,送给大家一句话来共勉——爱因斯坦说:提出一个问题比解决一个问题重要!

作业:

1. 自我修改第一教时提出的问题,重新再提问,回答刚才两位同学提出的新问题。

2. 写出对爱因斯坦的话"提出一个问题比解决一个问题更重要"的认识。

3. 下发一篇新的课外议论文《辩证看压力》,请学生自我提出问题,并作答,然后尝试修改文章。

附板书：

从文体价值提出问题

议论文					文体价值	
		论据			论据分析	议
论点	<		>	论点	概括论点	论
		论证			论证方法	语
|		|		|		言
引论	—	本论	—	结论	论证结构	的
|		|		|		逻
提出问题	—	分析问题	—	解决问题	论证思路	辑
|		|		|		性
是什么	—	为什么	—	怎么样		

【专家点评】

曾老师是一个很善于主动积极建构自己教学思想的老师，他的课是重在建构、重在框架、重在系统，他的汇报重在图表、重在概念、重在分类、重在阐述，这对于一般老师来说是不容易做到的。我觉得这样的追求恰恰体现了徐汇区这次学术节的主题——从自主发展到卓越发展！自主发展是主体发展的心理趋向，是自我要求，是态度，是价值选择；卓越发展有目标在里面、有含金量在里面、有创造性在里面。

他的建构行为也充分体现在他的课当中，曾老师的课有勇敢性，是“高处着眼，大处入手”，是从全局以文本、文体为对象进去的，高处着眼就是从人的创新精神的培养来看语文课的立意，这是很好的。立足于创新精神培养的高度，来指导语文课就是高水平，跳出文本站在育人高度来上课。

有勇敢地探索性在里面，好似打开大门，是整个系统化地介入，把整个议论文的论点、论据、论证结构、论证思路、论证方法等等，这是非常难驾驭和操作的。有四个系统框架：一是着眼于学生发现提出问题的心理系统，是一个复杂的认识系统，从疑问——好奇——质疑——问题，是有很大差距的；二是议论文知识系统，这个系统也很复杂；三是例文的系统理解；四是学生的认知系统，面对的是初中学生。要把四个系统重叠、交叉、运作、突破开来，形成尺水兴波的过程非常难。曾老师敢于在语文教学中突破常规，探索他所追求的建构的教学特色所付出的艰辛的劳动。因为是探索的、艰辛的、尝试的、突破的，肯定会给我们带来揣摩、思考甚至反对的地方，这正是这节课的价值所在，引起了我们新的思考，引起了我们系统化的思考。课和理念是一致的、匹配的。

还有一点更有价值的地方值得学习，在艰难的探索系统框架当中，初二年级的学生居然在讨论文本的“智”的时候远远超过了原作者的水平。我对文本是有疑惑的，通常情况下情和理构成矛盾关系，又补了一个“智”的关系，理是客观的存在，情是主观的产物，智是主客观结合的产物，理、情、智三者也许是感悟生活的三维，文章在讨论“智”的过程当中有些草率，几个例子有点小聪明不是大智慧，而这一条恰恰是曾老师引导学生开掘出来了，了不起的学生！“一叶知秋”是人们对科学规律性的把握，更有概括性，这是大智慧啊！作者没有点出来，而是被学生发现出来了。第二处学生的精彩是“生命要紧”的理解，学生不是讲方便的问题，而是将生命要紧，这是大智慧的体现，是在众多事情中学会抓主干，抓主要方面。作者没写，是学生讲的。第三处精彩是关注生活、观察生活也是人的大智慧的要素，善于观察、敏于观察，在生活实践大千世界当中体验，不是引用作者原来的话，这是大智慧的体现。观察是非常了不起的一种心智，学生抓主体的思维方式判断超越了文本的价值。曾老师这一课的标题是从文本价值发现问题，隐含了一种需求，就是对文本价值的超越。文本价值是多方面的，有内容方面的，有结构方面的，也有观点质疑方面，这些都是最高的发现。这对我的震撼是徐汇中学学生对我的学习的满足。

建议：如果不再拓展去比较其他命题，现场让学生修改原来文本关于“智”的讨论这一段，就是把抓规律、抓主体、抓观察来改写“智”的内容，从文本价值引发新的思考，文本给我的价值发现是我能修改文章的价值，这个价值就不仅仅体现在发现问题方面，更体现在学生的卓越成长方面。

（评课人：上海市特级校长、特级教师，上海市市北中学校长　陈军）

曾老师的教学设计是系统预设，是非常周密的，板书演示是漂亮的不同书法字体，上课完全属于厚积薄发，关注学生的生成，是学生思辨式的议论。曾老师的课是从理论到实践逐步展开，从顶层设计到逐步落地。曾老师是追求“尚学崇思”的教学风格，他是一个孜孜不倦的研究者，以学生为本，从提出问题的主线，注意到策略方法，注重哲理思辨，注重到文体价值。从思维品质上激发学生的学习兴趣和学习的情趣，把教育外在的资源和学生内在的情感互动，这是注重人的发展的思维，是学生觉悟和日益独立，直到志趣形成的过程。

（评课人：徐汇区原副区长、徐汇区教育学会会长　顾奎华）

案例三：散文（记叙文）

【课文】请见本书第103～105页。

《穿黑衬衫的数学老师》学习设计①

学习目标：通过解读穿黑衬衫的数学老师的人物形象，学习用侧面描写“我手写我心”。

学习准备：学生自拟题目，写一篇不少于500字的“我喜欢的一个人”文章。下发课文时把标题去掉。

学习过程：

一、导语：同学们知道这副对联“指数函数、对数函数、三角函数，数数含辛茹苦；平行直线、交叉直线、异面直线，线线意切情深。”是写哪个学科的老师吗？

二、沉浸体验文本：了解C老师人物形象——作者写了什么

请同学们默读课文，圈划你认为需要深入理解的重要句或段，用不同颜色的笔选两处就“怎样理解”和“作用或好处”做批注，并提出一个你认为有价值的问题。

交流批注，记录者提出小组还有待解决的问题。

按照“写了什么”、“为什么写”、“怎么写的”这个思路给问题分类。针对学生提出的问题，别的小组帮助解决，或教师引导解决。如果学生没问题或问题很少，老师可以追问，检查学生是否真正理解了文本内容。

预设学生提出的主要问题：

1. 怎样理解第6段的“痛，并快乐着”？

从生理角度讲，学习肯定是痛苦辛苦的，但从获取知识收获后的心理角度讲，是快乐的，特别是有自己崇拜的老师教，就学得更加愉快。

2. 揣摩第10段我哭时的心理。

自己喜欢的学科没考好不应该，对不起老师，辜负了喜欢的数学（担心老师对我印象会不好）；把老师当成了倾诉心声的对象，说明了我对老师的信任和爱戴。

3. 怎样理解文末“如何用有光彩的生命，去一下子照亮一种工作，一种职业，甚至照亮其他人的命运”。

---

① 执教：曾宪一；学校：上海市第四中学；班级：高一（1）班；时间：2007年9月27日.

先独立思考，再交流，提问一名想当老师的同学。好老师能点燃学生心灵自信的火种，照亮学生的命运——为学生的美好前程起了铺路作用(表)。老师教会学生做人道理、学习方法和科学知识，以自己的学识、品格让学生敬佩、崇拜、甚至爱慕，能让学生喜欢自己进而喜欢自己任教的学科的老师是成功的(里)。教师要在岗位上发热发光，为学生的生命执灯。老师是雕塑家，塑造着一批批学生的人格……(升华)。(指导学生如何做批注)

4. 请你从抓特征(象征)的角度，给这篇文章加个题目。

明确：穿黑衬衫的数学老师。"黑衬衫"好在哪里？外貌的个性特性(克服了写人脸谱化)——麻辣、潇洒、时尚，记忆分明深刻，也体现内在个性智慧。

三、感悟文本，体味文中"真情"——作者为什么写

1. 你怎样看学生崇拜甚至爱恋老师？

让学生先独立思考，然后讨论。这种爱恋是纯洁的、真诚的、真实的、出自心底无私的爱戴，真情——对老师的爱恋，对老师的感怀，对老师的感动感激。这种爱恋是正常的、健康的，敬佩有个性的人，爱美好事物和人之心，人皆有之。

"真"是"情"的源头，"实感"来自于"真情"的感动。敢于流露真情。情到深处自然真。作者"我手写我心"——奥地利著名作家卡夫卡说："写作，就是把自己心中的一切敞开，直到不能敞开为止。写作也就是绝对的坦白，没有丝毫隐瞒，也就是把整个身心都贯注到里面"。

写抽烟是否影响C老师的形象？(备用问题)

既写优点也写不足，这样更加真实，有缺憾恰恰是真实的指标。

2. 品味"真情"延伸训练：

"前段时间，妈妈去杭州学习，去了好长时间，可能有一个月吧。今天，妈妈终于从杭州回来了，我非常高兴！因为妈妈的怀抱很暖和，因为妈妈回来了，爸爸的生日就能过得更好，因为妈妈在家里会给我读书……妈妈不在家的时候，我很想她，想妈妈的感觉，是一种想哭的感觉。"

解读这段文字中的真情：真情实感体现在最后一句，每个人想妈妈的感觉都是想哭的感觉——这是人类共鸣的情感。真情是一句朴实无华实在的话。我手写我心，有真意抒真情，不在于辞藻华丽，字数长短。

这篇题为《妈妈回来了》的作文，仅107个字。是浙江省诸暨市三年级小学生郦思哲两年前写的。此文在海内外5万多篇作品中脱颖而出，荣获首届冰心作文奖小学组一等奖。

四、探究文本的写作借鉴——作者是怎么写的

直接写C老师的笔墨并不多，通篇用的是侧面描写。《艺概》的作者刘熙载

说："正面不写写反面，本面不写写对面、旁面，须知睹影知竿乃妙。"

文中是怎样进行侧面描写的？

黑衬衫写C老师的个性酷帅；一毕业就教高三（反常），专业水平过硬；课堂笔记（侧面），注重养成良好学习习惯；网上链接（后面），很多学生爱恋C老师，多年后的评价。

侧面描写的例子：

1.《陌上桑》中写秦罗敷的美貌：行者见罗敷，下担捋髭须。少年见罗敷，脱帽著帩头。耕者忘其犁，锄者忘其锄。[过路人看到她，不由自主地放下担子捋着胡须注目而视；少年人看到她，脱下帽子戴上帩头（古代男子束发的头巾），想引起她的注意；耕者忘记了身边的犁，锄者也忘记了手中的锄]

2. 于漪是校长、语文教育家等，但她只喜欢人们称呼她"于老师"。一天，于漪老师正在和别人谈话，小孙女叫了她半天"奶奶！奶奶——"，她也没听见；小孙女生气了，叫了她一声"于老师"，她马上就听见了。

侧面描写的作用就相当于"旁证"，用于不方便正面描写的效果更真实可信。鲁迅先生有言：有学生崇拜的老师，肯定是好教师。作者或许因"怀春"而"怀旧"，或许因"爱屋"而"及乌"。从上面的侧面描写也能提炼出学生喜欢和崇拜的老师标准。

五、作业

必做题：先圈划出自己写的"我喜欢的一个人"中的侧面描写，写出其表达效果。如没有侧面描写请试着添加一二处，并写出表达效果。

选做题：1. 命题作文：以"吾爱吾师"为题，写一篇真情文章，多于700个字。

2. 任务型作业：做个有心人，平时注重侧面观察，准备在明年教师节给你现在某学科任课老师写一篇文章。

案例四：寓言

《〈宽容〉序言》学习实录①

一、交流"幸福"，学而知困

教师：今天我们共同来研读的是荷裔美国作家房龙的一篇具有寓言特征的

① 时间：2009年4月2日；地点：上海市徐汇中学；执教：刘侠；评课人：曾宪一；情况说明：上海市中青年语文教师教学评比一等奖获得者教学展示课；使用教材为沪教版高中语文三年级第一学期教材.

序言——《〈宽容〉序言》，同学们都作了很认真的预习，并写下了对文中的四处“幸福”的涵义理解。接下来我们首先交流一下大家的看法，哪位同学愿意先来谈谈，你对文中四处“幸福”的理解？

学生 1：文中四处“幸福”分别在第 21 页的第一行、最后一行、22 页最后一行、24 页第四段内。我认为第一、二两处的幸福没有什么区别，都是人们过着平静的生活，无忧无虑。

教师：你为什么这样认为？

学生 1：文中说“晚上，人们饮毕牲口……尽享天伦之乐。”说明人们的生活平静、快乐。第三处“幸福”是漫游者在外面看到的幸福生活，是比村民们此时的生活更幸福的一种生活。最后一处幸福生活是人们在经历了磨难之后重新过上的幸福生活。

教师：这时的幸福和先前的幸福一样吗？

学生 1：不一样。

教师：怎么不一样？

学生 1：不清楚。

教师：谁想得更清楚？

学生 2：是比以前更幸福的生活。前两处的幸福是见识浅薄的人们自认为的幸福，是用律法维持的幸福；后两处幸福是物质上更富足，精神上更自由的幸福。

教师：看来大家都认同三四处的“幸福”更高于一二处的“幸福”，表现在：物质上更富足，精神上更解放。那么，作者讲述这个由一个层面的“幸福”到另一个层面的“幸福”的寓言故事，想要告诉我们什么呢？

学生 3：告诉我们应该突破禁锢，追求思想的自由，这样才是真幸福。

学生 4：文章题目是《〈宽容〉序言》，所以我认为作者是要告诉我们应该宽容新思想。

教师：结合题目来思考，这是不错的思路。你觉得文中的宽容和我们今天一般理解的宽容完全相同吗？

学生 4：不太一样，但具体说不清楚。

教师：“宽容”在原文中用的是“tolerance”，这个词房龙写作时期所通行的《大不列颠百科全书》上的解释是：容许别人有行动和判断的自由，对不同于自己或传统观点的见解有耐心公正的容忍。作者是要提醒读者对漫游者这样持不同于一般意见的观点的人要有足够的包容。宽容这个词的理解提醒我们，看翻译作品不理解时，去查一查它的原文还是很有必要的。你们认为作者是想要我们宽容作品里的谁?

学生(齐):漫游者,因为他为人们带来了更好的生活。

教师:如果漫游者没有给人们带来新生活就不该被宽容吗?

学生:……

二、关注语词,探寻文脉

教师:同学们通过对四处"幸福"的比较探究,理清了文章的脉络,并且也初步理解了文章的主旨,但看来还有一些问题没想得太明白。让我们先来交流交流同学们在预习时还关注到了哪些像四处"幸福"一样反复出现的,或者在反复出现过程中略有变化的词句。

学生5:我找到了"漫游者"和"先驱者"这两个称呼,其实是指同一个人,称呼的变化体现出村民们对他的态度从反感转变为感激。

教师:人们的态度为什么会转变?

学生5:因为先驱者引导人们走出了绝境,获得了更幸福的生活。

教师:事实证明先驱者是对的,所以人们对先驱者非常感激。可是为什么之前人们称他为"漫游者",而且很反感呢?我们不妨来仔细研读一下文中漫游者在刑场上的那一部分文字,先请一位同学来为我们朗读一遍漫游者最后的讲话,好吗?

(学生6朗读,声音洪亮,感情丰富)

教师:你在朗读的时候感觉漫游者在想什么?

学生6:恨铁不成钢啊!

教师:用"哀其不幸,怒其不争"可能更合适些。你们觉得漫游者的话真诚吗?他的话是对的吗?(学生点头)

教师:是啊!漫游者如此真诚的呼唤,冒着生命的危险回来带大家一起出去,可是村民们是怎么回应他的?——吼叫、杀害,甚至尸体被抛到山崖下面,成为人们唾弃的对象。人们究竟为什么不愿意相信漫游者的话呢?

学生7:害怕被上帝惩罚。

教师:谁告诉他们会被上帝惩罚?

学生7:守旧老人……不,是律法。

教师:都对。谁再来说说自己找到的其他词句?

学生8:我找到了文中有两处提到"知识的小溪",第一次描写它水流很细,象征村民们见识浅薄,后一处"知识小溪"枯竭了,预示了村民的生活走向了灭亡。

学生9:我还关注到了一个词语"恐惧",文中出现了两次,还有一个类似的词“恐怖”。开始，无知山谷里的生活是“恐惧总是陪伴着人们”，23 页漫游者发表了自己的观点后，“人群中发出了恐怖的吼叫”，最后“由于恐惧而逆来顺受的人们”战胜了内心的“恐惧”，选择了离开无知山谷。

教师：人们一开始为什么恐惧？

学生 9：害怕得不到“应得的份额”的食物。

教师：你猜想谁来决定“应得的份额”？

学生 9：守旧老人。

教师：人们一开始的生活就是伴着恐惧的，这也证实了同学们刚才说的，先前无知山谷里的幸福生活，并不是真正的幸福。而当漫游者想要带他们脱离这种“恐惧”的生活时，人们却更“恐惧”，发出了“恐怖的吼声”。“恐怖”和“恐惧”有什么不同？

学生(齐)：恐怖更严重。

教师：恐怖是人们的生命受到威胁时感到的恐惧。

教师：还有其他的词句引起你们的关注吗？

学生 10：我还关注到了“陌生世界”和“绿色牧场”，体现了村民们对外部世界认识发生了变化，和“漫游者”与“先驱者”的称呼变化类似。

教师：看来相同的人、相同的物，却在不同的时候得到截然相反的评价，变化的并不是这些人和物，而是看待这些人和物的标准。

学生 11：我还看到“律法毕竟是律法”反复出现了几次，前两处都用了转折词“但”、“不过”，反映了村民们和守旧老人内心其实也很矛盾，他们并不残忍，只是必须遵守律法。他们心里想要“宽容”，但又很无奈。

教师：你读得很细啊！前两处人们都遵守了律法，可是第三处为什么不遵守了呢？

学生 11：因为生命受到威胁，人们突破了律法。突破之后人们反而找到了新生活，作者是在讽刺律法。

三、迎难而上，深入内核

教师：同学读得都很仔细，不仅关注了字面上的重复，还关注到语言信息上的重复与表达形式上的变化。还有一个词，同学们没有提到，它在文中只出现了两次，但我觉得它对深入理解文本很有帮助，那就是“智慧”和“智慧老人”，请同学们想一想，这个“智慧老人”是指谁？

学生 12：我们觉得“智慧老人”是先驱者。

学生 13：我觉得是首先决定反抗守旧老人，并带领大家走出来的人们。

学生 14:我觉得肯定不是“先驱者”。

教师:为什么?

学生 14:文中说“几年以后,人们建起了一座新大厦,作为智慧老人的住宅,并准备把勇敢先驱者的遗骨埋在里面。”所以“智慧老人”和“先驱者”肯定是不同的人。

教师:我同意你的观点。这样看来,这里的“智慧老人”很有可能是那批首先出来探路,带领大家走出来的人。前后两处都用到“智慧”,作者这样写的意图何在呢? 讨论一下。

(3 分钟后,小组代表回答)

学生 15:我们小组讨论认为,“祖先的智慧”是先前村民们认为是智慧的东西,“智慧老人”是后来人们认为很有智慧的人。两者是不一样的。

教师:那么作者把先前和当下崇拜的对象都用“智慧”来指称,有没有什么特别的意图呢?

学生 16:前一处的“智慧”虽然是浅薄的,但也是人们经验的总结;后一处的“智慧”是人们现在认为对的事物,将来可能也不一定是对的。

教师:作者是想告诉我们:“智慧”都是一定时间里人们的聪明才智和经验的总结。作者将先前的崇拜对象称为“守旧老人”,而现在的崇拜对象称为“智慧老人”,同是“老人”,这其中是否也有意图呢?

学生 17:守旧老人守的是过去认为正确的“智慧”知识;“智慧老人”是当下智慧的化身,将来可能也会像守旧老人一样被推翻。

学生 18:所以,我再联系到题目“宽容”,作者想要告诉我们,必须对新鲜的思维和想法进行宽容,这样“智慧”才能不断发展。

学生 19:我觉得“智慧老人”会不会也变成“守旧老人”取决于他是不是真正的“智慧”,真正的智慧应该是永远保有先驱者的创新精神,如果他因循守旧,就有可能成为新的“守旧老人”。

教师:同学们说得太好了! “智慧老人”是带领人们走出山谷的人们,今天人们对“智慧老人”和先驱者的崇敬很有可能会发展成为明天人们的盲目崇拜,形成新的“守旧老人”群体,甚至形成新的“律法”。作者想要揭示:“不宽容”是一种历史循环,当一个时代的人集体陷入一种思想束缚的时候,总是有一批头脑清醒的人出现,他们勇敢地付出汗水、鲜血甚至是生命的代价,打破禁忌,开辟出新的世界,但不幸的是他们的存在往往又会成为下一个时代的束缚,直到再有新的先驱者将它打破。

教师:这层意思我们还可以从哪些地方看出来?

学生 20:石头上写明"感恩朝拜的后代",以及文章的结尾"这样的事情发生在过去,也发生在现在,不过将来(我们希望)不再发生。"

教师:回过头来看我们一开始所理解的两种类型的幸福,现在我们觉得它们之间的转化不应该是单纯的从不幸福到幸福,而应该是不断循环,螺旋上升的。

教师:同学们,从四处"幸福",到反复出现的"恐惧"、"恐怖","律法毕竟是律法",再到"漫游者"、"先驱者"的变化,"智慧"的两处照应。这一切都像是作者为我们预留下的一条条通幽曲径,穿过这些小径,我们终于抵达了作者的思想内核。站在历史和思想发展规律的高度上来看待"宽容"的价值和意义。

教师:站在这个高度去思考,你还认为"宽容"的对象仅仅是先驱者吗?同意是先驱者的举左手,认为不仅仅是先驱者的举右手。

(绝大多数学生举了右手,仍有少数学生举左手)

教师:我很高兴很多同学对文章有了新的认识,我也很高兴还有一些同学持不同意见,这都是你们自己思考的结果,你有权利保持你自己的观点。我想听听认为"应该宽容的对象不仅是先驱者的"说说你们的观点。

学生 21:我觉得应该宽容守旧老人:因为他们也曾经是智慧老人。

教师:但不仅如此,更因为他们也是"不同意见"的持有者,他们有权利保有他们自己的观点,即使他们的观点是错的。但是,他们无权用自己的观点来决定漫游者的生死。谁的不宽容都不是有意的,从某种程度上来说,这种因无知和恐惧而产生的不宽容是人类共同的劣根性。关于《宽容》这本书的核心意图,书中的第十章有所阐述,他所反对的是"官方的不宽容",因为"个人的不宽容是不会杀人的",而官方的不宽容会使民众把残杀看作一种义不容辞的崇高行为。

四、读而不尽,课后延伸

教师:读懂一篇有内涵的文章不是一件容易的事,同学们上课一开始自以为读懂了文章,通过这节课对文章的主旨和表达都有了更深的理解。但这还不是终点,回去让你的爸爸妈妈或者爷爷奶奶来读一读这篇文章,如果他们经历过文化大革命,他们可能会更有感触,因为他们那一代人看到了许多活生生的"不宽容"的悲剧。不管怎样,我希望今天在座的每一位同学的心里都能播下这颗"宽容"的种子,因为,一个懂得宽容的民族是最有希望的民族。

教师:布置作业——《〈宽容〉序言》让我们从历史学、社会学的高度重新认识了"宽容"的内涵和意义,关于"宽容"你还有怎样的思考?有没有关于"宽容"或"不宽容"的体验?请就此写一篇文章,文体不限,标题自拟。这个作业请大家用一周的时间来完成。

板书：

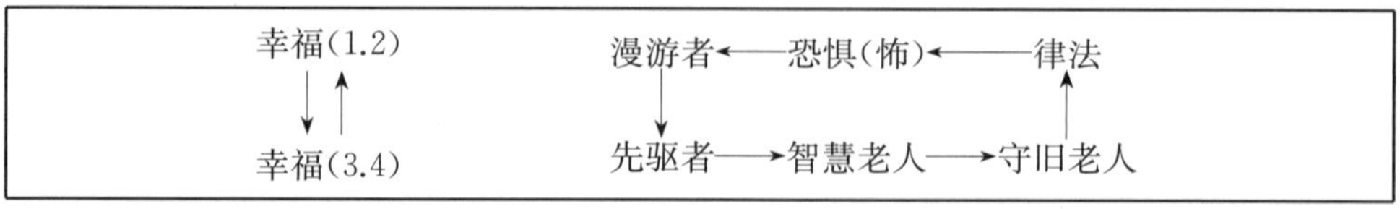

【执教者思考】

《〈宽容〉序言》是房龙为他的《宽容》一书所作的序言，《宽容》初版于 1925 年，再版于 1940 年，作为专门论述应对异见宽容的著作，房龙为学术界乃至一般的广大读者都增添了一份独特的精神遗产。它以时间为顺序，展示了一系列为宽容而奋斗的先驱者群像。由于从宽容与不宽容的消长起伏这一角度透视历史，对历史事件和人物的评价独到，因而别开生面。整个历史在我们面前呈现出一幅全新的、不同以往的画面。事实上，它成了概览人类的精神被奴役和获得解放这两极相互纠缠的史诗，是人类争取一个更加多样化世界的蹒跚足迹。《〈宽容〉序言》正是集中反映了《宽容》这本书的思想精髓。文章的写法也很特别，一是以形象说理，作者以丰富的想象和联想，虚构了一个“创新”与“守旧”两大势力斗争的故事，以无知山谷、守旧老人、漫游者等典型象征性地表达了《宽容》一书的主旨精髓；二是文章以叙事散文诗般的笔触，在细腻、传神的记叙描写中，不动声色地表达了自己的观点，读来耐人寻味。

作为试用本教材高中三年级第一学期第二单元的第一篇课文，《〈宽容〉序言》很好地体现了单元的主题——思想和精神的力量。从某种意义上来说，房龙笔下的“漫游者”就是《〈激流〉总序》的作者巴金，就是执著地“相信未来”的食指，就是清醒地反思着“中国的钥匙丢在那里”的梁小斌。

从语文学习的角度，高三学生已经具有了一定的阅读能力，对于寓言、序言的文体特征已比较清楚，读懂这篇文章的基本情节、典型形象的象征意义，以及文章所表达出的“应对异见宽容”的主旨并不算难，如果教师在课堂上花大量的时间帮助学生去梳理，一方面浪费时间，更重要的是不利于激发学生的学习主动性，不能构成认知冲突的课堂只会养成学生的思维惰性。因此我将对文本的基本理解前移到课前预习，通过对四处“幸福”的理解来检查学生的理解程度，以便根据学生的实际情况及时调整课堂教学的起点。我希望这节课从学生自以为已经看懂文本开始，在继续研读中发现新的理解障碍，继而通过学生自主研读和教师点拨，拨云见日，抵达文章更深层次的精神内核。

这是一篇寓言，也是一篇序言，但我并不想简单地从寓言的象征性入手，分析人物间的矛盾，揭示文章主旨；或是从序言的表达功用入手，探寻主旨，推断作品内涵。我针对高三学生的实际学力，选择了从具体词句入手，通过对文本语言信息的重复与变化的探索，逐步深入对文章的理解。避开了学生熟悉的大路，带领学生寻着极易被忽略的小路，走向文本深处。如此设计有三个意图：一是帮助学生形成一种主动关注文本重要词句的意识，提高他们透过表面语言信息揣摩文本深层内涵和表达意图的能力；二是借助这些具体的词句为抓手，引导学生的思维形成碰撞，包括同学之间的碰撞和自己前后认识之间的碰撞；三是让学生在品读与思考之后，对作者生动而含蓄的表达匠心有一种真切的体悟，进而产生由衷地欣赏与钦慕之情。预习作业及课堂教学的主体环节都是围绕这两个意图设置和展开的。

作业的安排是想要进一步激发学生对“宽容”的话题进行深入地思考，在他们的心中埋下“宽容”的种子，引导他们去反思现实生活中的“不宽容”，我想这与高考作文关注生活、学会思考的导向也是吻合的。

语文教学以阅读为本，改革旧的耗散性讲析模式，注重阅读教学的整体感悟，以多种渠道培养良好的阅读习惯，突出学生的文化背景积淀，突出语文教育的人文熏陶。但任何一节课都只是整个语文教学的一个环，无法也不必解决学生的所有问题，如果这节课让学生切实去关注了文本的语词和思想，并一定程度上激发了学生的阅读和思考积极性，引导一部分学生对“宽容”的话题有非常深入地思考，为其将来的人生埋下了一颗人文关怀的种子，便已经达成了我的初衷。

【观课评价】

这课属于典型的剥笋式浅文深教，发展学生思维力；教师事先做了很好的预学，没有主题先行；我们要宽容教出自己风格的教师，改变观念是一场革命，我们确实要有敢于寻找新大陆的勇气和智慧。

对这节课我的大体评价是：教学流程符合“沉浸——体验——感悟——思辨”的思维流程；问题链清晰，层层深入，水到渠成；抓住对应语词教学，举重若轻；板书设计较为实用；学习翻译作品要关注原著；讨论的使用较为恰当，难能可贵形成了两种观点，教师没有主观定论，这是最大的魅力——开发思维；读的处理较好。总评：做到了“明白”、“深刻”、“生成”、“留白”。

建议：积累作业不妨出一个题目——为本文加一个正标题；也不妨在语言训练上出一道鉴赏题；写法探究、写作借鉴可以布置为探究作业，否则文体价值不明显。

案例五：小说一

《〈边城〉节选》教学设计①

教学目标：解读节日古朴的风俗美和善良淳朴的人情美。

教学过程：

(一) 导入

教师：请同学们先看对联——雄黄驱瘴千门福，碧水竞舟十里欢。

教师：这是一幅和什么节日有关的对联？

学生(齐)：端午节。

教师：从哪里看出来的？

学生(齐)：雄黄驱瘴。

教师：具体解释一下。

学生(齐)：额角上用雄黄蘸酒画了个王字(下文喝雄黄酒)——防蛇和蚊虫叮咬，有驱邪作用。

教师：今天我们就来看看沈从文先生笔下的湘西端午节发生了什么。

(二) 整体感知

教师：大家已经预习了，选文写了几个端午节？

学生：3 个。

教师：第 3 章写的是第几个端午节？

学生：有说第 1 次，有说第 3 次。

教师：是第 3 次。同学们能给每章拟定一个小标题呢？第 3 章的小标题是什么？

学生 1：官兵与民同乐。

教师：通过什么活动体现了与民同乐呢？

学生 1：龙舟赛。

教师：再看第 4 章。

学生 2：遇到傩送。

---

① 本人 2008 年 12 月 11 日在江苏省华罗庚中学上的同课异构观摩课，苏教版节选的是第 3～6 章.

教师：你抓住人物了。第5章呢？

学生3：翠翠遇到大老。

教师：第6章呢？

学生4：送亲花轿过河。

教师：同学们概括得怎么样呢，我们边学习边体会。

备课预设：

第3～6章分别拟一个小标题。

第3章：端午赛船——第3个端午节，边城人们紧锣密鼓筹备舟赛的热闹场面。第4章：邂逅傩送——两年前第一个端午节，翠翠在河边看舟赛后找爷爷，巧遇二老傩送的情形。第5章：巧遇天保——上一年第2个端午节翠翠和外祖父看舟赛时巧遇大老天保的情景。第6章：憧憬爱情——写迎婚送亲的花轿渡河，引发了翠翠对爱情的美好向往。

教师：《边城》本来是一部小说，因为节选的这四章内容没有典型的完整情节，也无较大的矛盾冲突，结合语言特点，我们还是把它当散文学，好吗？

学生：好。

(三) 沉浸体验——古朴的风俗

教师：我们先来看第3章第2段——3个节日过去三五十年前如何兴奋了这地方人，直到现在，还毫无什么变化——仍能成为那地方居民最有意义的几个日子。你读出了什么？

学生5：是最热闹最有意义的集会。

教师：多长时间了？

学生5：三五十年。

教师：历史很长久，我们用个词来概括它？

学生5：古朴。（师板书）

教师：下面我们品读第3段赛船场面，哪个细节给你留下了深刻印象，用了什么描写方法呢？划船的人什么样子？

学生6：外貌描写，还有动作描写。

教师：请你把他们读出来，好吗？

学生6：每只船可坐十二个到十八个桨手，一个带头的，一个鼓手，一个锣手。桨手每人持一支短桨，随了鼓声缓促为节拍，把船向前划去。坐在船头上，头上缠裹着红布包头，手上拿两支小令旗，左右挥动，指挥船只的进退。擂鼓打锣的，多坐在船只的中部，船一划动便即刻蓬蓬镗镗把锣鼓很单纯地敲打起来，为划桨水手调理下桨节拍。一船快慢既不得不靠鼓声，故每当两船竞赛到剧烈时，鼓声如雷鸣，加上两岸人呐喊助威，便使人想起小说故事里梁红玉老鹳河时水战擂鼓情形——划船的人紧张激烈，看比赛的人都得到了这种“更快”的快乐——船与船的竞赛——集体英雄。

教师：整个划船场面的特点用文中一个词来形容的话，是什么？

学生(齐)：剧烈。

教师：这段描写有两个故事，梁红玉的故事知道吗？

学生 7：抗金女英雄，用 8000 打败了金兀术 10 万大军。

教师：两个故事的作用是什么呢？

学生(齐)：突出了划船的剧烈、激烈。

教师：从人员分工来看，要想取得划船的胜利必须注重什么？

学生(齐)：合作。

教师：这就是集体项目的特点——体现的是集体英雄。实际上，不仅是这一点，整个端午节总的氛围是怎样的？

学生 8：集体快乐。(师：指着对联中的“欢”字)

2. 捉鸭子

教师：我们再来看端午节的下一个风俗活动是什么？

学生(齐)：捉鸭子。

教师：文中对傩送水性是如何描写的呢？

学生 9：一到次子傩送年过十岁时，已能入水闭气汆着到鸭子身边，再忽然从水中冒水而出，把鸭子捉到——天保傩送两人皆是当地泅水划船好选手。

教师：你找得很好，文中后面有没有哪个情节能证明他是个泅水高手？

学生 10：“再过来些我就捉住你！”于是静静地等着，但那鸭子将近岸边三丈远近时，却有个人笑着，喊那船上水手。原来水中还有个人，那人已把鸭子捉到手，却慢慢地“踹水”游近岸边的。

教师：划船体现集体英雄，捉鸭子呢？

学生(齐)：个体英雄(人与鸭子的竞赛)。

教师：端午节总的氛围变化了吗？

学生(齐)：没有，还是热闹、开心、喜悦——欢乐。

3. 放烟火(元宵节)

教师：我们再来看端午节之外还有一个风俗活动是什么？

学生(齐)：放烟火。

教师:是什么节日?

学生(齐):元宵节。

教师:放烟火的过程中哪个句子写得最精彩呢?

学生 11:到了十五夜晚,城中舞龙耍狮子的镇筸(gān)兵士,还各自赤裸着肩膊,往各处去欢迎炮仗烟火。城中军营里,税关局长公馆,河街上一些大字号,莫不预先截老毛竹筒,或镂空棕榈树根株,用洞硝拌和磺炭钢砂,一千捶八百捶把烟火做好。好勇取乐的军士,光赤着个上身,玩着灯打着鼓来了,小鞭炮如落雨的样子,从悬到长竿尖端的空中落到玩灯的赤肩背上,锣鼓催动急促的拍子,大家皆为这事情十分兴奋。鞭炮放过一阵后,用长凳脚绑着的大筒灯火,在敞坪一端燃起了引线,先是嗞嗞的流泻白光,慢慢的这白光便吼啸起来,作出如雷如虎惊人的声音,白光向上空冲去,高至二十丈,下落时便洒散着满天花雨,人人把颈脖缩着又怕又欢喜。玩灯的兵士,在火花中绕着圈子,俨然毫不在意的样子。

教师:这些语句用了什么修辞方法呢?

学生 11:比喻、拟人、夸张。

教师:哪句话写出了放烟火时大家的共鸣?你们放烟火时也会有这种感觉。

学生(齐):人人把颈脖缩着又怕又欢喜。

教师:这里不仅体现了军民集体同乐,更体现了和谐和乐的节日文化。(补充板书:古朴风俗美——和乐)这些风俗和当地的环境密切相关,有着浓郁的地方特色。因此有人称沈从文为中国湘西的"风俗画家"。

(四) 品味感悟——淳朴的人情

教师:风俗不仅仅包括自然环境,更包括人。一方水土养一方人——我们来看看文中的人都是怎样的人呢?不妨从语言的钩挂关联,从事件来推究人物性格。先来看爷爷:

1. 爷爷(顺带帮忙看渡口的那老人):善良——有同情心、淳朴——有责任心——仗义君子

学生 12:很爱孙女。

教师:文中哪里看得出来?

学生 12:带孙女看龙船赛。去之前嘱咐。

教师:还有吗?

学生 12:关心孙女的婚事?

教师:你怎么知道?

学生 12:第 6 章里看出来的。

教师：也是一种爱（亲情），还有吗？上面是作为家庭人，作为社会人爷爷是怎样的呢？

学生 12：朴实、诚恳。

教师：有个词叫“淳朴”，我们是用三点水的“淳朴”还有用绞丝旁的“纯朴”呢？（板书这两个词）

学生（齐）：用三点水的。

教师：为什么？

学生（齐）：更能体现淳厚的品质。

教师：你再说说文中哪里还体现爷爷淳朴呢？

学生 12：祖父就说：“他送我好些钱。我才不要这些钱！告他不要钱，他还同我吵，不讲道理！”（不要钱）

教师：还送烟叶和茶叶，这种人打着灯笼都找不到哦。还有吗？

学生 13：爷爷很有童真。不服老。

教师：文中还有两个人物和爷爷有关系的，大家关注到了吗？

学生 14：关心孤单老人，很体贴，为别人着想。爷爷请孤单老人帮忙看渡船，实际上且因为那人比渡船老人更孤单，身边无一个亲人，也无一只狗，因此便约好了那人早上过家中来吃饭。

教师：爷爷很善良、有同情心。不仅这点，爷爷还有一种品质，孤单老人醉了，爷爷怎么做的？有个词大家抓一抓。

学生 15：人既醉倒后，无从入城，祖父为了责任又不便与渡船离开。

教师：哪个词语最关键？

学生 15：责任。

教师：淳朴还体现在责任心上，文章还有哪里体现了责任？

学生 16：祖父静静地拉船过对岸家边时，要翠翠先上岸去，自己却守在船边，因为过节，明白一定有乡下人上城里看龙船，还得趁黑赶回家去。（守渡）

教师：“外祖父对外孙女的疼爱有加”也是一种责任心。爷爷是个善良、有同情心、有责任心、为别人着想、很仗义的君子，同时又是权威最普通的摆渡人（老百姓），再来看最富有的人物顺顺又是怎么样的人呢？和爷爷有没有共性品质呢？

2. 顺顺：淳朴——有责任心、善良——有同情心（乡情）——仗义君子

学生 17：他是船老大，他下水救人呢，当作别论。凡帮助人远离患难，便是入火，人到八十岁，也还是成为这个人，一种不可逃避的责任！把帮助别人当成自己的责任，这和爷爷都是相同的品质。

教师:建议同学们把这句话背下来,牢记在心,好吗?

学生 17:大老把河中的鸭子捉回家里后,因为守渡船的老家伙称赞了那只肥鸭两次,顺顺就要大老把鸭子给翠翠。且知道祖孙二人所过的日子十分拮据,节日里自己不能包粽子,又送了许多尖角粽子。(乡情)最有钱的人顺顺、和普通人的代表爷爷等一群人都具有质朴、淳朴、善良为他人着想、以助人为乐、很仗义的共性人品。

教师:你分析得很好,谢谢你哦。顺顺的两个儿子是不是也具备这样的人品呢?

学生(齐):也具备。

教师板书:淳朴人情美。再看看文中的主角是什么样的人?

3. 翠翠:淳朴——通情达理、纯真——情窦初开

学生 18:翠翠很天真,有两点可以看出,一是每次上街都等爷爷不乱走,二是男人看她时或说不好的话就认为是坏人。

教师:她是怎样爱爷爷的呢?

学生 19:她等不到爷爷担心爷爷会死——"爷爷死了呢?"便仍然占据到心里有一会儿。

教师:这是一句晦气的话,她为什么会这么想呢?

学生 19:她很惦记爷爷。

教师:只是一般的惦记吗?准确地说是什么?

学生 19:担心。

教师:对,担心出事儿,为什么会担心呢?

学生 19:因为两人相依为命。

教师:体现了对爷爷的眷恋之情,爱之切,担心得很急切。文中哪句话在所选章节出现得最多?

学生 20:"大鱼咬你"。

教师:这句话谁说的?

学生 20:傩送说的。

教师:这句话真正的意思是什么?是他在吓唬她吗?

学生 20:是吓唬她。

教师:真的只是吓唬吓唬她吗?大鱼怎么才会吃到她。

学生(齐):掉到水里。

教师:这是吓唬吗?

学生(齐):不是,是担心她掉到水里。是关心。

教师:这种关爱是从反面说的,也是你们这个年龄段的人的一个特点。这句话反复出现几次?

学生 21:喽啰说:“翠翠,你大长了! 二老说你在河边大鱼会吃你,我们这里河中的鱼,现在可吞不下你了。”

教师:这句话是吓唬吗?

学生(齐):不是,是表扬。

学生 22:翠翠自己说:“不是翠翠,不是翠翠,翠翠早被大河里鲤鱼吃去了。”

教师:这句话什么意思? 爷爷懂吗? 你不关心我,有人关心我哦。

学生 23:爷爷说:“前年还更有趣,你一个人在河边等我,差点儿不知道回来,天夜了,我还以为大鱼会吃掉你!”

教师追问:祖父知道傩送说过这句话吗?

学生(齐):不知道。

教师:翠翠念念不忘这句话,说明她有怎样的一种心理? 这说明了什么?

学生 23:翠翠不仅是记住这句话,更是记住了说这句话的人。翠翠对傩送有好感了。

教师:傩送派人送翠翠回家,就等于在端午节送给了翠翠一个爱心粽子,第一层,体贴! 第二层,关切!“大鱼咬你”这句话反复出现,前后照应,使故事情节连贯紧凑;还使翠翠的感情倾向明朗化。哪里看出不忘怀呢?

学生 24:故意说:“我记不得,我记不得。”其实她那意思就是“你这个人,我怎么记不得?!”

学生 25:两人皆记起顺顺家二老的船正在青浪滩过节,但谁也不明白另外一个人的记忆所止处。

学生 26:留下一个热闹的印象,但这印象不知为什么原因,总不如那个端午所经过的事情甜而美。

教师:对一个人产生好感,可能就是一句关心的话,你读懂了。在隐隐约约的好感基础上有了那么一点情感,对十五六岁的孩子我们用什么词语来形容呢?

学生(齐):情窦初开。

教师:这个可能同学们比我体会得更深刻哦。

学生(齐):笑。

教师:翠翠这种感情是健康正常的吗?

学生(齐):是。

教师:翠翠可以用那个“纯朴”了,是不是?

学生(齐):是。

教师:闻一多先生说,古代“鱼”是“匹偶”或“情侣”的隐语。可不可以把这节课开始时那位同学概括改成翠翠的角度来重新概括一下。

学生27:情窦初开——憧憬爱情。

教师:金介甫先生说:“不靠日历时间来记录岁月的消逝,靠民间节日,人的纪念日来说明季节的到来。”就是说通过民俗、仪式中的行动展现了人物的性格。风景就是人。

(五)创作动机

教师:本文写了什么风俗,什么人,作者想告诉我们什么呢?揣摩一下作者的写作意图,好吗?

学生28:像桃花源一样,本文通过写湘西美景,写人的善良品质,也有批判现实。

教师:你的批判现实是什么意思?

学生:我猜测——作者和陶渊明一样吧。

教师:你比作者想得还远,但我们先来尊重作者,好不好。看看作者自己怎么说的吧。

沈从文:边城人都具有一种单纯的善良、原始的可爱,他们表现了一种“优美、健康,自然而又不悖乎人性的人生形式”。

怎么理解“优美”、“健康”、“自然”?

学生29:优美指的是善良的人性,健康指的是心态和情感的健康,自然指的是自然而然的流露,不矫情不做作。

教师:解读文学作品就是一种审美体验、审美思考、审美判断的过程,刘西渭先生称赞《边城》是一部证明人性皆善的杰作,是一首诗。通过本节课,我们有理由相信:世间自有真情在——人性本善!

布置作业:下发一首诗。

学到现在,同学们还有什么问题要提出来吗?我不相信一节课能解决同学们提出的所有问题。

(六)学生质疑

学生30:文中两个水手的谈话写妓女好像不太好吧?

学生31:“作业”里有解读:边城茶峒远离闹市,保持着淳朴的民俗民风,无论大小节日庆典还是婚丧嫁娶,都是展示淳朴民俗的舞台;无论妓女船夫,过路商贾,还是渡头船总,河中水手,都有一颗淳朴善良的心,延续着代代相传的淳朴民风。

附板书设计：

古朴风俗美

《边城》节选<　　　　>　和乐

淳朴人情美

（七）布置作业（1必做，2和3选做）

1. 自己查找资料，了解并积累有关沈从文的文学常识。

2. 课外完整地阅读《边城》，给下面这首诗歌写鉴赏文字，不少于300个字。

边城情未了

我看见一双忧郁的眸子，
望穿那盈盈秋水；
我看见一双断扣的草鞋，
踏遍那淡淡春山……
悠扬的歌声，
急急消逝。
寄寓白塔之下，
在那个雷电惊魂的夜晚，
白瓦訇然，
爷爷远去。
于是，
一个人，
等着，
守着。
重复了多少次望夫石的誓言，
哭干了多少孟姜女的泪水。
盼来的，
是一趟趟渡船的吆喝，
是一阵阵如酥的细雨，
是一年年归燕的剪影。
明天，
明年，

有多少岁月容你等待，
船头，
船尾，
有多少憧憬填塞距离。
来不及收尾，
不分时空，
这份执着，
飘在水上，
随波逐流。
人生的河道，
归复东流奔大海。
翠翠，你累吗？
让这柳枝舒展你紧锁的眉头吧，
翠翠，你倦吗？
让这虎耳草抚慰你感伤的心灵吧，
翠翠，你孤单吗？
为了陪伴你，
我的心飞越万水千山。

3. 沪版教材节选的是第1章和第13章(首和尾)，苏教版节选的是第3～6章，你认为这两个节选作为高中语文教材哪个更好？写出理由。

案例五：小说二

《荷花淀》教学实录①

【学生预学问题汇总】

1. 关于人物

女人为何没有名字？

通篇为何未对女人进行任何外貌描写？

① 执教人：何明；时间：2013年9月18日；班级：徐汇中学高三(1)班.

一直忍着泪的女人最终为何流泪了？
男人为何称女人为落后分子？女人为何呼男人为狠心贼？
第13、31段，水生“笑”与第6、41、79段女人“笑”，有何不同？
水生为何要奋力去追那盒饼干？

2. 关于环境
文章开头为何详写女人编席？
第48段与前后文似乎关联不大，为何要描写这只菱角？
荷花淀仅在第60～63段出现，为何以此为题？
既是战争题材的小说，为何不着一笔战争的激烈？

3. 关于情节
作者为何略写伏击战，却花大篇幅写惜别、闲聊之语？
男人的作战计划并没有女人做诱饵，这场战争的胜利是否偶然？
第40段“水面没有一只船”，女人怎能突然发现日本兵的踪影？
遭遇敌军，女人前后反应反差太大，女人的成长未免太迅速了吧？
当兵不是一件容易事，为何将军队生活写得如此轻松？

教师：请同学们看注释①，关注作者的信息。有什么发现？

学生：孙犁已经一个世纪了。

教师：是的，2013年孙犁诞辰100周年，纪念这位“荷花淀摆渡老人”最好的方式是走进他的文字，传承他的精神和风骨。

教师：昨天的作业，请同学模拟水生的口吻，向区小队队长介绍村里的这一群女人。杨同学的作业很有意思，“这是……的女人……，那是……的女人……，还有我的女人……，一群落后分子！”请问为什么有这么多省略号？

学生：荷花淀这一群女人，在孙犁的笔下无名无姓，甚至面目不清。

学生：小说里，“女人”这个词一共出现23次。17次指代“水生的女人”，6次泛指“女人们”。

教师：昨天的作业，同学们围绕这一群女人提了很多问题，焦点是：她们的名字为什么是女人？请问，这群女人生活在哪个时期？

学生：抗日战争时期。

教师：哪个阶段？书中有没有具体的文字交代？

学生:第15段“假若敌人再在同口安上据点,那和端村就成了一条线,淀里的斗争形势就变了。”说明是抗日战争紧张激烈的阶段。

教师:战争让我们联想到很多名词,很多画面。比如……

学生:硝烟弥漫、尸横遍野、淋漓的鲜血……

教师:最沉重、最残酷的字眼是什么?

学生:死亡。

教师:你能从文字读出这份残酷,这份沉重吗?请同学们读一读、品一品第14～29段。

学生:散读。

教师:最是细节见精神。看似轻描淡写的几笔却能尽显人物的心事。

学生:“女人的手指震动了一下,想是叫苇眉子划破了手。”第1～3段提及白洋淀女人个个是编席好手。此时却被苇眉子划破了手,可见女人分了心。战争年代,男人参军是意料之中的事,但生离死别永远是这么突然,这么意外。

教师:此处女人手指震动了一下,内心颤动了不止一下。

学生:“女人还是呆呆地坐在院子里等他。”生命的不可预知,是战争投在人们心目中的阴影。这种等待,它的全部内涵就是一个“别”字,这“别”的背后是看不到底的黑洞。

教师:注意看,前面一句话写了什么?

学生:“鸡叫的时候,水生才回来。”既交代了水生女人满腹心事呆呆等了一晚上,又让我们想象无数的女人就这样呆呆地在院子里等着也许再也不能回来的丈夫,一晚又一晚。

教师:这就是好文章好文字的魅力!有着太多的空白、太多的潜台词,让我们去想象。我们能联想到唐人诗句很多相似的画面。

教师:李白的……

学生:“长安一片月,万户捣衣声。”

教师:杜甫的……

学生:“爷娘妻子走相送,尘埃不见咸阳桥。”

教师:我们可以联想到“雪落在中国的土地上,寒冷在封锁着中国呀……”,谁的诗句?

学生:艾青。

教师:从古至今,战争就这样突然地把许多的女人牵扯了进去。

学生:第24～29段分了很多段,有可能这就是是夫妻最后的话了,嘱咐的话语读来有遗言的感觉。

教师：什么样的嘱咐话语让女人忍了一夜的眼泪还是禁不住掉下来？

学生：这句话直接把死亡的问题面对面地挑开。

学生：这句不仅是在嘱咐他的女人，也在说给自己听。遇到敌人，他也会去拼命。因为，比起生命，女人的贞节，男人的尊严，民族的气节更重要。

教师：战争，从来就不能让女人走开！不仅不能"走开"，女人还要承受比男人更多的风雨与苦难。我很高兴，同学们从清丽的文字，读出战争的残酷和沉重，这种味道，比读那种慷慨悲歌式的故事，更持久更强烈！

教师：除了强忍心中的悲痛，女人还能说什么？

学生："你总是很积极的。"—女人是低着头说这句话的。"总是"是责备的，"积极"是赞扬的。说明女人是矛盾的。女人有抱怨，藏在认可和称许中；有不满，隐在理解与支持中。"你走，我不拦你。家里怎么办？"这是大女人和小女人观念的斗争。妻子是不愿意丈夫参军，但是于情于理都不能阻拦。

教师：当年有个印刷厂粗心地将句号印成了逗号。孙犁得知后认真地说："这是原则性错误！"你能理解孙犁的认真吗？

学生：若为逗号，那么支持丈夫是假，拖他后腿才是真；采用句号，表明的是一种理解，一种支持，一种绝不阻拦的姿态。前者刁蛮的小女人，后者温柔的大女人。

教师：不起眼的标点，却常常能蕴涵着人物复杂的心理变化。

学生："你明白家里的难处就好了。"男人离开后，家里上有老，下有小，女人想让丈夫知道自己所承受的压力。

教师：你认为应该重读哪个词语？

学生：只要你"明白"，从此，再重的担子，我也挑了，再苦的生活，我也认了。

教师：虽是三言两语，却能细腻再现女人微妙心理，同学们能品出这么多的话中话，弦外音。那么，女人无名无姓，面目不清，重要吗？

学生：不重要了。这些细节对话描写已足够丰富了。我想到了高一学过的一首诗，臧克家笔下的当炉女，她果敢咬住牙根："什么都由我承当！"

教师：生离死别的关头，正是人情感升华的时候。作者带着生命温暖的笔端，伸向这群既是普通，又是典型女人的心灵，女人在与苦难抗衡中的坚韧和高贵！"含不尽之意于言外"。好的语言朴素无华却真挚动人，请同学分角色朗读。

学生：分角色朗读。

教师：女人的果敢从何而来？

学生：夫妻之情。在那样残酷的年代，这份诚挚的情与平凡的爱，让他们彼此温暖、彼此扶持。

教师：小说展现的是典型的中国式爱情，含蓄内敛，外冷内热。课后请继续关注传神的对话和生动的细节来细细品味这份情。除了爱情给予女人果敢的力量，还有吗？课前不少同学提问，为何要详写前三段？

学生：齐读。

教师：诗化的小说，客观景物往往被主观情化。你读出作者几层情绪？

学生：勤劳的女人在编席，席子是洁白的地面雪和天空云，月光与雾气交织成一片银白。整个白洋淀是同一个色度，这是一个和谐、宁静世界。这样的美好不容任何人破坏。

教师：孙犁谈及《荷花淀》创作主旨曾说，"当时，一个老太太喂着一只心爱的母鸡，她就会想到：如果儿子不去打仗，不只她自己活不成，她手里的这只母鸡也活不成。"

学生：这三段说到女人在编席，苇眉子是柔滑修长的，我想到《蒹葭》一诗，蒹葭，也就是芦苇这个意象，是柔而坚韧的，女人亦如此。"蒲苇韧如丝，磐石无转移。"第2段有个很形象的比喻，"……就成了一条苇子的长城。"既写出白洋淀芦苇之多，更有一种坚不可摧、牢不可破的力量，这是女人们保卫家园的决心。

教师：白洋淀不仅是美的世界，也是力量的存在。这样的情景相生的描写，后文还有几处，请同学找找看，读一读。

学生：第61段，"大荷叶……就像铜墙铁壁一样。粉色荷花箭……是监视白洋淀的哨兵吧！"比喻、拟人的修辞方法，既是情节的暗示，荷花淀中即将发生一场伏击战，又是赞颂根据地人民就是那抵御侵略者的铜墙铁壁与哨兵。

学生：第48段"那棵菱角就又安安稳稳浮在水面上生长去了。"很惬意、很诗意的一笔。尽管菱角力量还不够强大，但是生命力很顽强。只要还在淀里，还在自己的乡土上，他们肯定也会安安稳稳地生长。

教师：玛格丽特的小说《飘》，里面有一句话，我印象很深，"世界上只有土地和明天同在。"爱的表现形式是呵护，当不能平静地呵护至爱时，只能选择捍卫！这就是荷花淀女人母爱的本能！

"善良的东西、美好的东西，能达到一种极致。在一定的时代，在一定的环境，可以达到顶点。我经历了美好的极致，那就是抗日战争。"这是孙犁对他书写战争岁月的独特解读。女人——战士的女人——战士，从儿女情长走向英雄气概，这是至真至纯儿女情接受血与火洗礼之后的必然归宿！天下兴亡，女子亦有责。

"大道低回，大味必淡"来自孙犁晚年书赠友人的一幅墨迹，意思是：最高的道往往是低落迂回的，最美的韵味往往是平淡悠远的。试以此为题，写一篇评论文字。

【教学反思】

黑塞说："我们要先向杰作表明自己的价值，才会发现杰作的真正价值。"杰作需要我们认真对待，需要我们在读的时候花力气、下功夫……

质疑撞出思维的火花

教参上的观点只是代表编者的看法，并不是御定的标准答案，它永远无法代替教师自己对文本的认识，更不能成为备课活动的指挥棒。

课后"思考与练习"中"《荷花淀》是战争题材的小说，但却没有让我们感到战争的血腥、残酷与沉重。"引起我的注意，引发我的思考。

我却读出潜隐在小说"悲"的意韵，战争的残酷与沉重也是人们面临的生死选择。这样的表达，在四十年代让人震颤，在今天依然能打动我们。

质疑不只是教师才有的"特权"。当学生交上预习作业，我很高兴。高兴的是学生能够紧扣文章表达主题这一思路来质疑，这与我的教学思考是一致的。这说明一段时间来我对学生"不唯上、不唯书"意识的培养还是有一定成效的。

我筛选了指向集中、矛盾突出的两个主问题，"她们的名字为什么是女人？""女人的果敢从何而来？"然后再据此确定我的教学目标与教学步骤。具体的探讨思路，从是什么到为什么的层面都有所涉及。这样的探讨对习惯浅思维的学生是一种挑战，也是一种提升。

朗读放飞思维的翅膀

我理解的情感来自哪里？还是要回到文本来印证。解读小说不能"只见文字不见人"，还必须引导学生透过文本的语言层，去窥探人物的心灵世界。

朗读则是情感体会的重要方法，让学生带着明确目的去读，凭借语言文字还原成语言形象，朗读的过程中就有思维的过程，这样的朗读就是积极的、主动的、有效的。

你从文字中读出这种残酷吗？请散读第14～29段。男人说要参军，女人说了哪几句话？请默读。带着对人物这份理解，请同学分角色朗读。"女人编席"这一部分描写，给你怎样的感受？请齐读前三段。这样情景相生的描写，后文还有几处，请找出，并大声朗读。

"书读百遍，其义自见"，学生反复诵读一句话、一个字甚至一处标点，体会作者遣词、造句、谋篇的匠心，这样平等对话才能得以实现，才可能读出恍然大悟。

旧知激活思维的灵动

语文教学的厚度在“新知”的吸收与“旧知”的回顾。高三语文学习更应重视教材的前后联系，上下贯通，使学生脑中的语言梳理通过合理链接，有效归纳后更有序化、条理化。如艾青《雪落在中国的土地上》表现战争残酷的本质；臧克家《当炉女》展现人物高贵的心灵；《蒹葭》中的蒹葭即芦苇的意象特征；玛格丽特《飘》阐述土地存在的意义。

案例六：戏剧

《窦娥冤》(第二课时)教学设计①

(一) 导入新课

在现实生活中，我们受了委屈，往往会说：我比窦娥还冤。看来，窦娥的确有冤。今天就让我们走进文本，走进窦娥，来品读她的冤！

(二) 交流预习，分析表格

我们先来交流昨天的课后作业，关于三桩誓愿的填写。以张煦和同学的作业为例：

三桩誓愿	血溅白练	六月飞雪	三年抗旱
时间	瞬间	六月	三年
地点	刑场	山阳县	楚州
监斩官态度	不打紧	胡说	打嘴

结论：随着三桩誓愿发生时间越来越长，范围越来越广，监斩官态度也越来越恶劣，说明一愿比一愿荒诞离奇，看来窦娥确实有冤、而且是奇冤。

(三) 质疑结论，探究疑点

1. 窦娥该不该许下这三桩誓愿？(若三桩誓愿都实现的话，谁会受到伤害？)

如果她的愿望实现的话，首当其冲受到伤害的是楚州百姓，一人冤将成一州难，将演变成多米诺的灾难传递。

(1) 窦娥有何冤？文中何处有交代？试用最简洁的语言概括。

---

① 设计人：上海市徐汇中学何明老师.

第二部分：窦娥和刽子手同婆婆的两次对白交代窦娥冤的事实，无罪却被判有罪。窦娥对此判决【快活三】【鲍老儿】低回哀怨，凄怆悲凉，写尽内心的冤屈，写尽凄惨的遭遇。

(2) 窦娥为何有此冤？（第一部分：赴法场）

谁迫使她认罪？自己。她为何做出这样的抉择？

联系前二折及本折情节，我们来梳理窦娥短暂一生中几次主动的抉择，理由是什么？

流氓张驴儿为霸占窦娥为妻，下药误杀己父，提出私休，窦娥的选择是官休，理由是相信父母官会给守贞的自己一个公道；公堂上桃杌县令要打蔡婆婆，受尽吊拷绷扒仍拒招的窦娥此时的选择是只得屈认。理由是怕婆婆年老，受刑不起，但青天大老爷不会给尽孝的自己一个公道……一系列矛盾冲突中，窦娥选择了她认为正确的道德行为。结果却是恪守贞孝的窦娥，被明镜高悬的公道判了死罪。

《说文解字》：冤，屈也。从兔从冂。兔在冂下，不得走，益屈折也。冂即网，现实生活织就了怎样的一张网？

【端正好】【滚绣球】激越悲愤，是窦娥对天地的质疑、斥责，更是对黑暗现实的血泪控诉。现实就是一张清浊不分、善恶不分、好歹不分、贤愚不分的网。

私休→官休→拒招→屈招→斥天 守贞(忠)　尽孝(孝)　公道(义)

(3) 窦娥为何如此申冤？（第三部分：立誓愿）

首先是品读 10 支曲子中的最后 4 支。试想，如果去掉窦娥发下的三桩誓愿，直接摆在读者面前的就是受刑而死，这个故事还会如此感天动地吗？

从“三桩誓愿”的内容，从“皇天也肯从人愿”等曲词看，窦娥把申冤的希望仍然寄托于“天”。私休→官休→拒招→屈招→斥天→求天。

窦娥可以为婆婆而死，可以为捍卫贞孝而死，但不能因不公道而冤死，那么谁能还窦娥一个公道？现实情境是山穷水尽，辩白无路、诉告无门。她只有发誓祈求超自然力量来还守贞尽孝的自己一个公道。从这个意义而言，窦娥的受难并不是单纯的个体的毁灭，而是忠贞孝义传统道德观、价值观在黑暗现实中的集体的受挫。这样的冤屈足以让作者以浪漫主义的夸张手法设计惊天动地的三桩誓愿，来彰显出它的积极意义。

【耍孩儿】【二煞】【一煞】【煞尾】慷慨激昂，犹如地下岩浆，携带巨大的破坏力冲破一切既有的秩序，以一种势不可挡的破坏力、冲击力带给观众强烈的心灵震撼。

悲剧是把人生有价值的东西毁灭给你看。

——鲁迅

剥去三桩誓愿狰狞的外壳，进行多维度、多视角的观照，我们才能真正目睹其美好闪光的内核。

2. 三桩誓愿应验，窦娥沉冤昭雪，为何我们依然说这是大悲剧？

《窦娥冤》同许多中国古典悲剧一样，除感人肺腑的剧情以外，也有一个相对完美、能给人的心理平衡的团圆结局。前人批评此为“光明的尾巴”，是否应该割去，才能成就其为大悲剧？

讨论：窦娥如何申冤？

作者借三桩誓愿应验所产生的灾异现象，将窦娥临刑时的自我释放到天地之间，然而，即使是这样惊天动地的申冤方式，在剧本所反映的元代混乱不堪的社会秩序中，没有任何一个讲述者能够将这样一种冤情传达，是不能洗脱窦娥冤情的。于是第四折中窦娥以鬼魂现世，担当讲述是非善恶的裁判，来实现对其生命桎梏的精神救赎。正如王国维评：“剧中虽有恶人交构其间，而其蹈汤赴火者，乃出于其主人翁之意志，即列之于世界大悲剧中，亦无愧色也。”

（四）总结升华

舞台小天地，天地大舞台。戏剧让我们在感受艺术的同时，也感悟生活的真谛。在孤独和困苦中仍坚守道德的底线，在软弱与无奈后仍保留高贵的操守。从蒙冤—申冤—申冤，窦娥这条自我精神救赎之路，感天动地泣鬼神。

在刀枪斧钺下，关汉卿不畏权贵，坚决不改《窦娥冤》，这一粒蒸不烂、煮不熟、锤不扁、炒不爆的铜豌豆响当当地屹立于天地之间！

悲剧之美正在于这种崇高的心灵选择。

（五）布置作业

1. 整理三桩誓愿对应的典故，并思考用典对写三桩誓愿有何作用？

2. 提出你整理过程中存在疑惑的问题，并试着解答疑惑。

第十一章

思维启动式："自能式"学写作演练

案例一

"选择议论的角度"学习实录①

（一）学情分析

写议论文必须有理性思维作为支撑。议论文含有很大的辩证思维成分，写好议论文是需要用哲学思想来分析、判断、归纳和逻辑推理的，最好先掌握一些常用的因果、条件、转折等复句关系。不少学生写议论文时存在障碍：不会审题，不能多角度进行立意，也不会用比较等方法确立有价值的论点，更不会调遣自己知识储备库中的论据来进行论证，不能按照一定的规律去安排论证结构和论证方法等。因此，抓好议论文的写作入门教学就显得尤为必要，其中的要义之一就是如何选择恰当的议论角度。

（二）目标定位

通过课堂训练和教师引导，使学生初步具有下列意识：

1. 能从几个角度思考同一个事件或现象，进而对同一个事件或现象拟定多个中心论点。

2. 通过比较、分析来确定价值较大的论点。

议论文的论点不必强求一致，由于事物具有多重性、复杂性，有的事物本来就可以从多角度或多层次来思考；又由于社会的发展，学生的生活经历、思维习惯、论述角度等不同，所以对于同一事件或现象，学生所立论点和论述风格各不

---

① 刊于2009年第7～8期《语文教学通讯》高中版，合作者：陆志平.

相同也不足为怪。随着社会发展，人们对某些观点有了新的见解，如对历来脍炙人口的“班门弄斧”和“理直气壮”这两条名言，就有人提出“班门之前要敢于弄斧”和“理直何必气壮”等新论。因此，不同的作者会有不尽相同的立论，只需从原材料本身所蕴涵的主题出发去立论和论述，能言之有理即可。从这个意义上来说，议论文训练其实也是一种思维训练。

（三）教学实录

教学安排：1 课时。

教学内容与步骤：

教师：大家都知道“愚公移山”的寓言，这则寓言告诉了我们什么道理？

学生：要不怕苦难，持之以恒就会成功。

教师：最后是愚公移的山吗？

众学生：好像不是！

教师：那是谁？那能算愚公成功移山了吗？

学生：是两位山神移的。

教师：因此有人认为愚公的智慧在于“用自己的执著精神感动了领导，让领导派外援来帮助完成任务”。

（众学生笑，点头）

教师：有一句话叫：精诚所至，下句是什么？

众学生：“金石为开”。

教师：可见，从不同角度看待一件事情真的可以得出不同的答案。

（板书：1.运用发散思维立意）哪位同学能够总结这种方法？

学生：多方面。

学生：多角度。

教师：这是一种切入的方式，所以我们用“多角度”比较好。（完成板书）

教师：“滥竽充数”这个故事的寓意是什么？

学生：讽刺没本领的人冒充有本领或以次充好的现象。

教师：这是什么角度？是从旁观者的角度进行的立意。我们还可以从南郭先生的其他角度来立意？还能从其他人物的角度立意吗？

学生：从南郭先生明知自己没本领就主动逃之夭夭的角度，也可论证南郭先生有自知之明，激流勇退。

学生：从齐宣王的角度可以论证“昏庸不明的人，容易被人钻空子，受人利用”的道理。

学生:从齐湣王的角度可以论证“如有察人之明,南郭先生之流只能逃之夭夭”的论点。

教师:可见,同一个事例,我们可以得出很多感悟,这就叫“横看成岭侧成峰”。从这个事例可以看出,从多个人物角度出发是寻找议论角度的主要方法之一。

教师:虽然我们找了好几个议论的角度,但是我们对这几个论点加以分析,就可以看出哪些是缺乏新意的,议论价值不大;哪些是有新意的,议论价值大。那么我们一起来分析一下,在上述论点中,哪几个是比较陈旧的或议论价值不大的呢?哪几个是比较有新意的?

学生:齐宣王和齐湣王的论点都是从领导者的角度来谈的,对于我们高中学生来说议论的意义不大。而“不能欺骗他人或以次充好”的论点,又有点落入俗套。所以比较有新意的还是从南郭先生身上引出“人要有自知之明,激流勇退”的论点。

教师:那么怎样来自圆其说呢?

学生:南郭先生缺乏吹竽本领,当改革来临时,他不哭不闹,也不找关系请求照顾,而是自动离开,有自知之明、激流勇退之精神。

教师:应该表扬你的敏感。但是与前文南郭先生的行为相比,你们有什么思考?

学生:这与前文南郭先生浑水摸鱼的行为逻辑产生了很大的矛盾。

教师:我建议你在其中加上“幡然醒悟”这个词,这样就不会产生立意与人物走向上的矛盾了。

教师:通过大家的分析比较,我们可以看到:对于同一事件或现象,我们可以从几个不同的角度出发进行思考,进而可以拟定多个论点。当然,对这些论点,我们还需要加以比较鉴别,从中找出有价值的、有新意的论点。

出示材料一:鲁有执长竿入城门者,初竖执之,不可入。横执之,亦不可入。计无所出。俄有老父至,曰:“吾非圣人,但见事多矣,何不以锯中截而入?”遂依而截之。

(学生思考回答,师生探讨最佳议论角度)

教师:请两位学生按不同的角度分别谈谈各自的论点。

学生:从执长竿者的角度可以得出的论点是:做任何事都必须勤于思考,做事要学会变通,对他人意见应仔细辨别等。

学生:从老父的角度可以得出的论点是:瞎指挥反而办坏事,乐于助人别弄巧成拙,经验主义害死人等。

教师:同学们的观点都很好,说明我们都具有了一定的多角度发散思维能

力。除此之外，我们对有些材料还可以运用对比思维来进行立意。（板书：对比）

教师：“孔融让梨”的故事大家都知道吗？

学生：知道。

教师：请说说这个故事蕴涵着什么道理？

学生：是赞颂孔融懂礼仪，懂得谦让。

教师：一般中国的父母对这种行为是赞美的。但大家是否想过：小孩子见到一大一小的梨，其天性是挑大的还是小的？

学生：当然是挑大的。

教师：所以从孔融母亲教育孩子的角度来看，大家有没有发现问题？

学生：是在鼓励孩子说假话，用虚伪的行为掩盖自己真实的想法。

教师：如果你是孔融的哥哥，你处于什么境地？

学生：我是哥哥，我就会把大的留给弟弟吃。如果我吃了大梨，就是不懂谦让。（众学生笑）

教师：可见，孔融把他的哥哥们也推上了一个难以选择的境地。从中我们可以得出一个什么结论？

学生：文明的社会应靠法律和制度来规范人的行为准则。

教师：如果这件事发生在美国，按美国人的行为习惯，你们估计美国母亲会如何分梨？

学生：估计是来一次掰手腕比赛，谁赢谁吃大梨。

学生：估计是剪草坪比赛，谁快谁吃大梨。（众学生笑）

教师：为什么会这么做？

学生：是为了让他们从小就知道：人只能凭自己的本领吃饭。

学生：是为了从小培养他们的竞争意识。

教师：很好。通过上述比较分析，我们归纳一下，从这个材料可以得出哪些富有新意的观点？

学生：凡事都应有一定的规矩，没有规矩不成方圆。

学生：过分的谦让是一种虚伪。

学生：应从小培养孩子的竞争意识。

学生：应从小教育孩子做真实的自我。

教师：可见，我们可以运用对比思维的方法对材料进行对比式立意。

（板书：2.运用横向思维对比式立意）我们再用这个方法来分析下面的这则材料。

出示材料二：一只蚂蚁爬墙，失败了六次，可是它还是在沿着原路向上爬，不肯改变方向。有人说："多么可敬的小蚂蚁！"也有人说："多么愚蠢的小蚂蚁！"

学生：说它可敬，是因为它有执著的精神，得出的结论是：人要有执著的精神。

教师：很好。这是从正面得出的论点。那从反面来看呢？

学生：说它愚蠢，是因为它做事缺乏灵活性，得出的结论是：做事要有灵活性，不可固执己见。

教师：也许还有其他的观点。可见，很多事物都可以用比较思维从正反两方面来看待，这就是"矛盾论"。

教师：此外，我们还可以运用第三种方法来进行立意，即我们有时使用的"逆向思维"。逆向思维就是与一些传统的见解唱反调，以起到标新立异的效果。（板书：3.运用逆向思维的求异式立意）

教师：大家知道"近朱者赤，近墨者黑"通常是什么含义吗？

学生：意思是说外界环境对人起着非常大的影响。

教师：大家是否想过，外界环境是外因，这是否过分强调了外界环境的决定性作用？

学生：我觉得内因才是起决定作用的。

教师：对。那么针对这个成语，如果我们反其道而行之该怎么说？

学生：外因为次，内因才是关键因素。

学生：近朱者也会黑。

学生：近墨者也可以红。

教师：很好。这些都是运用逆向思维得出的结论，而且言之有理。下面我们运用这一方法再来重新认识下列成语。（板书："勤能补拙"、"扬长补短"、"见异思迁"）

学生：对"勤能补拙"，我的新看法是：只靠勤是不能补拙的，用正确的方法更能取得事半功倍的效果。

学生：对"扬长补短"，我的新看法是：与其扬长补短不如扬长避短。

学生："见异思迁"一般是指有些人没有坚定的立场，我的新看法是：见异应该思迁。

教师：很好。通过以上的讨论我发现大家的思维很积极，视野也开拓了不少。下面我们一起来综合运用上述几种立意方法，分析下面的这则材料。

出示材料三：人有卖骏马者，比三旦立于市，人莫知之。往见伯乐曰："臣有骏马，欲卖之，比三旦立于市，人莫与言。愿子还而视之，去而顾之，臣请献一朝之贾。”伯乐乃还而视之，去而顾之，一旦而马价十倍。

教师：首先如果我们运用发散思维多角度立意，可以推出哪些论点？

学生：从马的角度来分析，我们可以得出结论：人才还须有慧眼相识。

学生：从卖马者的角度来分析，我们可以得出结论：良好的方法可以帮助自己成功。

学生：从伯乐的角度来分析，我们可以得出结论：要爱惜人才。

学生：从买马者的角度来分析，我们还可以得出结论：做事要有自信，不可盲目轻信。

教师：那么如果我们对同一个人的行为，运用横向思维对比式立意，又可以得出哪些结论呢？

学生：对伯乐的行为，从正面来看，他是充分发挥了自己的“名人效应”，体现了自己的社会价值；从反面来说，他没有坚持原则，有见利忘义、拜金主义的不良倾向。

学生：对卖马者的行为，从正面来看，他是充分懂得市场经济原则，把自己的滞销产品推销出去；从反面来说，他以次充好，运用欺骗的手段，把良马当千里马，获取了十倍的暴利，反映了他的狡诈、精明。

教师：以上几位同学的发言都很有见地。当然，中间横向对比的几个结论中其实已经含有了逆向思维的方法。可见，这几种方法在我们思考时是可以综合运用的。

小结：（略）

作业：对下列两则材料进行立意训练，然后选择一个最佳角度，写一篇800字左右的议论文，题目自拟。

有个参加五项竞技的运动员，每次比赛都缺乏勇气，常常受到同胞们的指责，只得离开本乡。过了一段时间，他回来了，吹嘘说，他在别的城市多次参加比赛，如何英勇，在罗得岛他跳得如何远，没有一个奥林匹克选手比得上他。他说，当时在场的人只要来到这里，都能为他作证。这时，有个人对他说道：朋友，如果是真的，你就不需要什么见证人。这里就是罗得岛，你跳吧。

（提示：该材料可以论证要做行动的巨人，勿做语言的巨人，少说大话，多干实事；空话害己害人；谈谈虚荣心等。）

有一个人养着两条狗，他叫一条打猎，另一条看家。猎狗出去，捉到什么猎物，主人都分一份给看家狗。猎狗很生气，指责看家狗说，自己每次出去打猎都很辛苦，而看家狗却什么事都不做，光享受别人的劳动果实。看家狗回答说：你不要责备我，还是去责备主人吧！是他教我不劳动而享受别人的劳动果实的。

提示：可以按材料的内容顺序，多角度展开议论。如：从“猎狗出去，捉到什么猎物，主人都分一份给看家狗”中可以论证“坐享其成思想要不得”。从“猎狗很生气，指责看家狗”中可以论证理解：“多和气，少嫉妒”。从看家狗最后的回答中可以论证“溺爱是害”等。

(四) 教学反馈

[精彩作文]

大器早成①

老子说：“大器晚成。”说的是担当大事的人，需经过长期的磨炼。

“大器晚成”是怀才不遇者的自我安慰，耽误了多少英雄少年。世易时移，新的时代呼唤新的观念：出名要趁早，大器须早成。

我国科学家赵红洲对1500～1960年全世界1249名杰出科学家和1928项重大科学成果进行统计分析，结果发现科学创造的最佳年龄区是25～45岁。随着科技发展，科技创新、创造的最佳年龄大大前移。“大器早成”成了一种普遍现象、必然现象。据国家自然科学基金委员会最近统计，1986年基金项目主持人45岁以下者仅占12.2%，而2007年则跃升为59.1%。

在科学界，牛顿23岁创立微积分，海森堡24岁创立了量子力学，沃森也在23岁发现了DNA双螺旋结构。在艺术界，莫扎特、贝多芬都是在6岁前就作曲或开演奏会。在文学界，屈原21岁写出《橘颂》、23岁写出《离骚》，近代的张爱玲、曹禺等人都是在20岁左右就写出了代表作。在军事界，霍去病、孙策、李世民等更是小小年纪就建功立业。这样看来，推动人类文明进程的大半活动都有“神童”参与，又何谈大器晚成？

心理学理论认为，儿童学习语言的最佳年龄大约在7岁。研究等领域也存在一个成功期，理论上说一个人过了23岁就过了智力高峰期。当代的科技创新、创业者，大都起始于20岁左右。他们不但早熟、早慧，而且是早创业、早成功。因此，如果这个年龄以前没奠定成功基础的话，多数人一辈子就无所作为。

毋庸讳言，也有不少大器晚成的例子。但谁能说得准自己是早成还是晚成？在这个步伐愈来愈急速的社会，走得快的不单是人的脚步，还有日趋激烈的竞争。不主动树立“大器早成”的观念，必然迅速落后于时代节拍之外，最终一事无

---

① 刊于2009年第4期《格言》，作者怀谷.

成。迟暮的英雄，一如姜子牙和廉颇，纵使仍有一身本领，在世的时间不多，精力也有限，何其寂寞。

另一位先哲孔子说："四十五十而无闻焉，斯亦不足畏也已。"(《论语》)意思是说，如果一个人到四五十岁还没有什么出息，这辈子也就不值一提了。眼下的社会，职场竞争的激烈程度远远大于孔子那个年代。从世界财富排行榜上可以看到，财富新贵们的年龄日趋年轻化。

二十岁或三十出头的年轻人担纲知名企业的CEO，已经不是什么新闻。在这样一个时代，成功要趁早，并非狂妄之辞。社会为你提供了平台，关键就在你有没有实力，能不能抓住机会。

大器早成，不是让望子成龙的家长拔苗助长，都去培养一个又一个"神童"。

大器早成，不是教你盲动和浮躁，不认真学习和不踏实工作。

大器早成，更不是教你投机取巧，为了自己成功而不择手段。

大器早成，要求立志要早，规划自己的人生要早，并且目标坚定。

大器早成，要有尽早成功的勇气，更要有坚持不懈的恒心和毅力。

张爱玲说："出名要趁早，来得太晚的话，快乐也不那么痛快。"聪明的年轻人应该有"大器早成"的理念，再加上"大器晚成"的准备，你才能不断地矫正自己，不断走向成功。

(五) 教学感悟

本着"案例先行"的归纳法教学原则，本着"教师当好教学主持人，学生当好学习主人"的操作原则，整个教学过程主要抓了以下几个环节：

1. 如何选好论证角度

这是写好一篇议论文的关键。正所谓"横看成岭侧成峰，远近高低各不同"。同一材料，从不同角度看，有多种含义。论证角度是作文的前提，所以列提纲时应放在首位。教师在指导学生选取论证角度时，需要注意：立意角度要正、思想要新、起点要高、切口要小。

2. 如何拟定中心论点

论点是作者对议论的问题提出的见解和主张，是议论文三要素之首，它是一篇议论文的中心、灵魂和统帅。论点往往是一个肯定式的判断式的陈述句。教师要指导学生在拟定论点上下工夫，力求正确、鲜明、精警、新颖，因为论点一错，满盘皆输。论点高明方为上乘。

3. 比较论点的价值

世界是多样性的，每个人对同一事物往往会有各自不同的看法，这都很正常。我们不能要求学生众口一词，这既不可能，也没必要。但也不是所有新的论点都是可用的，还要看它有无议论的价值。人人皆知的论点难免落入俗套，当然没有议论的价值；有些论点虽然新却脱离学生的生活实际，无法展开议论；有些观点虽然新却过于偏激，也不适于立论。应该尽量做到论点在意料之外，情理之中。

本课的学习难点是观点和材料的统一，因此重点结合实例点拨：一是要弄清观点和材料的关系，即证明与被证明的关系；二是观点与材料的论证角度要高度一致，不能油水分离；三是要明确观点是从材料中提取的，还需要用材料去证明。总之，观点与材料的统一是议论文的基本要求。

案例二

"作点辩证分析"教学设计①

（一）设计说明

注重对事理、现象和问题的辩证分析，是提高议论文论证效果的一种有效的方法。教学目标是让学生初步具备思辨能力，促使学生的思维由具体性、形象性、情感性向概括性、抽象性、哲理性转化。教学重点和难点是教会学生使用一些基本的哲学原理来辩证地分析问题。教法是专题讲座＋摹仿启导式。

（二）教学过程

1. 导语设计

"天下事有难易乎？……学之，则难者亦易矣，不学，则易者亦难矣。"（彭端淑《为学》）这句话包含着辩证法，哪位同学能给大家诠释之？

明确：难和易是相对的，是可以转化的辩证分析。毛泽东就曾称赞鲁迅后期的杂文"最深刻有力，没有片面性……就是因为这时候他学会了辩证法"。

2. 辩证分析过程中常用的哲学原理

所谓"辩证分析"，就是运用辩证唯物主义的观点、立场和方法来看待、分析事物现象和问题。作辩证分析主要是用辩证思维来分析问题。辩证思维具体指的是联系的观点、发展的观点、对立统一的观点、内因与外因的观点和量变与质

① 刊于2001年12月14日《作文报》高中版.

变的观点，等等。

联系的观点：客观世界是普遍联系而又互相制约的，你离不开我，我离不开你，彼此之间具有各种各样的联系。正如苏轼的诗所说："若言琴上有琴声，放在匣中何不鸣？若言声在指头上，何不于君指上听？"琴声就是指头与琴发生了某种联系而产生的。

发展的观点：事物是发展变化的，"天行有常，不为尧存，不为桀亡"，"士别三日，刮目相看"讲的就是这个道理。发展是硬道理。

对立统一的观点：世界上一切事物都是矛盾的，矛盾着的双方既对立统一又相互依赖。例如付出和获得、奉献和索取、助人和利己之间都存在着这种关系。

内因与外因的观点：事物的变化有内部原因和外部原因，即内因和外因，内因是变化的依据，外因是变化的条件。蒲松龄有一副对联："有志者，事竟成，破釜沉舟，百二秦关终属楚；苦心人，天不负，卧薪尝胆，三千越甲可吞吴。"其中就蕴含了这个道理。

量变与质变的观点：事物的变化是一个由量变到质变的过程。如"一趾之疾，可丧七尺之躯；蝼蚁之穴，可溃千里之堤"这里面就包含了一个由量变到质变的过程。

除了上述观点，辩证思维还有其他一些观点。我们在学习写作的过程中，如果能学会用辩证法分析客观事物，解决有关问题，就能增强文章的说理效果，逻辑严密，使人信服。

（三）注意事项

第一，在分析问题时要用一分为二的观点。既要看到事物的这一面，又要看到那一面；既要看到积极的因素，又要看到消极的因素，否则，就会犯片面性的毛病，或从一个极端走向另一个极端。第二，要具体问题具体分析。辩证分析千万不能架空。第三，辩证分析，也应有所侧重。每一篇议论文都是针对某种社会现象发表看法的，因此，辩证分析时也应有针对性，有所侧重。

（四）借鉴实例

"有志者事竟成"是汉光武帝刘秀的话。最初见于《后汉书·耿弇传》。应该说凡是获得成功的人，都具有远大志向，有坚定的奋斗目标，即所谓先立其志，后有所成。诺贝尔不就是为了解除建筑工人繁重的劳动，才开始试验制造炸药的吗？所以他才能历万险而终不悔，终于获得成功。一个浑浑噩噩，"饱食终日，无所用心"的人；一个胸无大志，"做一天和尚撞一天钟"的人，永远不可能走上成功之路。（先肯定"成事者必有志"）

然而，古今中外许多事实也证明，有志者事未必成。（反面论证“有志者事未成”）希特勒志在奴役全世界人民，袁世凯志在拉历史车轮倒退，他们的志愿违背社会发展规律，必事与愿违；祖逖、岳飞立志北伐、收复中原，鲁迅先立志实业救国、学医救国，都可说是符合历史前进的方向的，但终因客观条件的限制而饮恨长叹。也有的人，经常立志，信誓旦旦，但缺乏矢志不渝的毅力，最终不也一事无成吗？（指出“有志事成”的条件）

那么，“有志者事竟成”这句成语难道错了吗？否，在一定条件下，有志者终将成功。（以下分项分析论证）

首先，所立之志应符合自然规律，符合社会发展规律。这样，就能在全体人民的集体奋斗中找到自己的位置，就会有历史前进的巨大“合力”帮助你披荆斩棘奋勇前进。

其次，所立之志必须有“力”、“物”，即自身条件和客观物质条件相佐才能成功。这是王安石在《游褒禅山记》中所阐明的观点。他说：“有志，但力不足者，亦不能至也。有志与力，而又不随以怠，至于幽暗昏惑则无物以相之，亦不能至也”。这就精辟地论述了宏伟目标、险远的道路与必不可少的主、客观条件几方面的内在联系。这里所说的“志”，不仅是指前进目标，也指达到目标的坚定不可动摇的信心。有了这样的信心，又尽己之力，才能达到目的，才可以自己无悔、别人无讥。可见，立志之后，还必须充分调动主观条件去努力实践它。没有春天的播种，夏天的浇灌，哪有秋天的收获，冬天的品尝？志、力、物三者俱全，客观条件具备，才能获得成功。这样说来，立大志、立常志，创造各方面的条件来努力奋斗，你就能跨入成功者的行列。

［**点评**］

“有志者事竟成”一语，古往今来，谁人疑之？本文作者却有不同看法，这不同看法主要是通过反驳论证，即找出对方论点的不严密处进行反驳，从而得出自己的观点。作者运用自己所学过的逻辑推理知识，首先肯定了“成事者必有志”。接着，又通过对古今中外大量事实的分析，提出“有志者事未必成”，最后则从王安石的《游褒禅山记》中得到启发，指出既有“志”，又有实现“志”的主客观条件，才能实现自己“志”，即理想、目标。论证过程可谓左右逢源，分析深刻，使人对“志”的实现过程有了一个清晰而又全面、深入的认识。